ジェンダー化される身体

荻野美穂

keiso shobo

はしがき

　この本には、私がこれまで十年余にわたって書いてきたもののうち、ジェンダー化された身体の歴史に関係するものを選んで収めてある。ジェンダー化された身体とは、〈女〉および〈男〉という性の違いが所与の大前提として設定された文化の中で、それにそって訓育され、立ち上げられ、生きられていく身体のことである。

　どれだけそのことに自覚的であるかは別として、私たちは日々をそれぞれの身体として生きている。そしてその身体の特徴もしくは条件のひとつとしての性別は一般に、私たちが誰であるかを規定する最も普遍的で本質的な要素であるとされている。いいかえれば、私たちの社会は人が身体的な性に関して〈女〉あるいは〈男〉以外のものとして存在することを想定せず、許そうとしない社会であり、インターセックスやトランスジェンダーの人々の苦悩や闘いもそこに淵源している。

　だが、ほとんどすべての社会に〈女〉と〈男〉にあたる語があり、二元的な性別ないし性差が存在すると前提されているとしても、そのことはそれぞれの内実が首尾一貫していたり、不変であることを意味しない。本書をお読みいただくとわかるように、何が〈女〉あるいは〈男〉という性の特質ないし本質であるかという理解は、時代や文化によっても、文脈によっても可変的であり、現在多くの人が性別の絶対的根拠であると信じている性器の違いでさえ、つねに同じような重要性や意味づけを帯びて存在しつづけてきたわけではない。〈母性〉のような性別に特化した本能的要素とされるものについても同様である。

それでは、性差についてのある特定の「本質」が想定された文化の中で、ジェンダーによってしるしづけられた〈女〉や〈男〉の身体は、実際の人々のからだにおいて具体的にどのように立ち上げられ、演じられ、生きられてきたのだろうか。そのように生きられる過程で、これが〈女〉あるいは〈男〉という身体／性差の本質だとする規範的言説に対し、どのような言説による、または行為による批判や抵抗、あるいは迎合やずらしが行われてきたのか。さらに性差の規範と実践における変化やヴァリエーションは、時代状況の変化や権力の問題とどのような対応関係にあったのか。これらが、この本に収めた論考を書いていく途上で一貫して私を動かしていた問題関心であった。

私がそのように身体にこだわりつづけてきたのは、ひとつには、私たちが生や世界を経験し認識するのは何よりも身体を通して、あるいは身体としてであって、いかに高邁あるいは抽象度の高い思想や言説であっても、物質的肉体存在としての人間のありようといかなる意味でも関係を持たない、まったく遊離した状態で形成されることはありえないと考えるからである。

第二の理由としては、フェミニズムの身体への対し方についての不満や懸念があった。序章および第一章で詳述しているように、フェミニズムは身体的性差の問題に関して、〈女〉というジェンダー・アイデンティティの実体的基盤として生殖機能を中心とした身体的差異を賞揚するか、さもなければ身体的差異に拘泥することは生物学的宿命論の肯定につながるとして、差異を論じること自体を忌避するかの二者択一的発想に流れがちであり、私はどちらの方向性に対しても違和感があった。とりわけ、フェミニズムが生物学的宿命論を敵視するあまり女の身体的現象や経験について論じないままでいることは、かえって触れてはならない、あるいは触れることができない「与件としての生物学的身体」なるものがあるという幻想を温存することになるのではないか、そもそも身体に正面から向き合うのを恐れること自体、じつは性差宿命論の裏返しなのではないかという思いがあった。そこで、むしろ意識的に歴史における身体的諸経験の事例を追究し、性差を持つ身体をめぐる言説や実践がどのように変化してきたか、〈女〉と〈男〉というジェンダー・カテゴリーの中身にはどのような矛盾や混乱、ほころびがつきまとってきたかを具体的に明らかにすることによって、「生物学的身体」の普遍性や自明性という呪縛を破りたいと考えたのである。

　そうした問題関心の点では首尾一貫しているとはいうものの、本書に収めた論考のうち最も古いものは一九八八年に活字になっており、いま読み返してみると議論の掘り下げ方が不十分であったり、そこで展開している批判が現在の研究状況には必ずしも当てはまらない部分があることに気づかされる。だが、ここでは現在の視点からの修正や加筆を行ってつじつまを合わせることはせず、そうした欠点も含めてほぼ初出のままの内容で再録することにした。それは、こうした問題点は私自身の限界によるばかりでなく、この十年余の間にジェンダーや性差や身体に対する関心が飛躍的に高まり、理論的にも思考をより深化させるための機会や手がかりが格段に増加した結果でもあるので、そうした気運を作りだし研究を進展させていく過程にささやかながら参与していたことの記録として、拙論をお読みいただければと考えたからである。したがって手直しを行うのは、注や文献、表記の統一、誤植の訂正など、編集上必要な部分と、最小限の補足説明にとどめた。文献に関しては、各論文の執筆後にも現在まで内外ともに膨大な数の関連文献が出版されつづけており、それらから新たに学んだことも多いが、原則としてそれらを追加補充することは行っていない。

構成については、全体を三部に分け、第Ⅰ部にはジェンダー化された身体の歴史を考えるための私なりの思考枠組み、もしくは方法論に相当する論考を集めた。第Ⅱ部のテーマは、性差や身体は当事者により、あるいは他者による客体としてどのように定義されてきたか、そこで定義をめぐるどのような争いや変容が見られたかを検証することである。そして第Ⅲ部には、ジェンダーについてのある規範的な文脈のもとで、実際に身体はどのように生きられたか、規範への適応や逸脱はどのようなかたちで起きたのかを示す事例的研究を収めた。もっともこの分類はあくまでもおおよその目安にすぎず、個々の仕事の中ではこれらの諸関心が混在していたり、重複している場合もあることを、おことわりしておきたい。そして、ポスト構造主義的ジェンダー理論への評価も含めて、性差を持つ身体の構築について今どのように考えているのか、現時点での思考を整理するために書き下ろしたのが序章である。

ジェンダー化される身体／目次

はしがき

序章　性差を持つ身体の構築

はじめに

近年、身体は、過剰気味とさえいえるテーマである。かつては学問的研究の対象にはそぐわないと考えられ、もっぱら医学の領域に追いやられてきた身体が、人文系の諸分野でも一種の流行として論じられるようになってかなりたつ。病気や死、臓器移植にセクシュアリティのように直接生体としての身体に関連することがらばかりでなく、王制や革命から都市まで、多種多様なモティーフが身体の名のもとに研究され、身体という語は、高度に抽象的なものから即物的な肉体の状態まで、あらゆるものを放りこめる合切袋の観がある。そこではじめに、本書ではどのような意図から身体をとりあげるのかを明らかにしておく必要があるだろう。ここで対象としたいのは身体一般ではなく、性によってしるしづけられた身体、ジェンダー化された身体であり、身体がジェンダー化されるとはどういうことを意味し、それはどのようにして行われたり経験されたりするのかということである。

私たちは誰もが身体を持って、あるいはより正確には身体として生きている。その身体のありよう、特徴を説明しようとするとき、多くの場合、最もはじめに来る概念枠組みは〈女〉あるいは〈男〉という性の別であろう（人によっては、「大きい」や「小さい」、あるいは「肌の色が黒い」、「障害がある」といった規定が最初に来るかもしれないが）。性別は多くの社会において、人間が世界を認識可能なものとして切り分けるときの最も基本的な分類枠組みのひとつである。そしてたいていの場合、性別の基盤には肉体的な差異、とりわけ性器の違いが存在すると暗黙裡に前提されている。西洋化された世界では、解剖学的性差、生物学的性差などの呼称で指し示されるものである。

だが、性別がそのように基本的な分類枠組みとされているにもかかわらず、身体を論じる際に性差という要素をどれだけ意識するかに関しては、ジェンダーによってかなり偏りがある。すなわち、そうした意味での身体を意識した研究は圧倒的にフェミニズム以降の世代の女性によって行われており、このことは、私も含めて彼女たちは自分自身の女という身体を、拘束性ととらえるにしろ賞揚するにしろ、真剣に考えるべき課題として強く意識してきたことを示している。それに対し、多くの、とくに男性の研究者にとっては身体はそもそも切実なテーマとは考えられていないか、たとえ身体を論じるにしても、「人間」一般の身体のようにきわめて抽象的で理念的なものとして（ただしその内実は男の身体感覚が基本となっているのだが）論じる傾向が強いように思われる。あるいは性別が意識された場合でも、対象として論じられるのは客体としての女の身体であることが多い。先に述べた例でいえば、たとえば白人は「肌の色が白い」ことを、あるいは健常者は「障害がない」ことを自分の身体の説明すべき特徴として真っ先にあげたりはしないだろうように、人は自分が痛痒を感じていないことがらには意識が向きにくいが、同じような現象が男というジェンダーとその身体についても見られるのである。男の身体を問題化した研究が、トランスジェンダーやゲイなど、〈男〉であることに困難や居心地悪さを感じる人々の間からまず始まったことも、こうした事態を反映している。

本書では第三章や第六章において、男というジェンダーの身体を論じる回路の乏しさやその中での言説のステレオタイプについて若干の考察を試みているが、中心となるのは〈女〉という性差を組みこんだ身体がどのように構築されてきたかという問題である。だが、いったい身体や性差が「構築」されるとは、どういう意味なのか。一般には、土台としての身体や肉体的性差そのものは、つねにすでにそこにあるものであり、その上に後天的、人為的に積み上げられるさまざまな役割や意味づけがジェンダーであると理解されがちである。それに対し、ジュディス・バトラーに代表されるポスト構造主義的ジェンダー理論では、セックス、すなわち生物学的性差といわれるものはジェンダーに先在する与件ではなく、ジェンダーによって遡及的に捏造された神話にすぎないと主張されている。しかしその場合、生身のからだ、物質的な肉体はそこでどのような位置にあり、いかなる役割を果たしていると考えればよいのだろうか。私自身、身体と性差をめぐるこうした問いにまだ完全に納得のいく答えを見出せたわけではないが、本章では、フェミニズムが身体的性差についてどのように考えてきたか、これまでのところ最も白熱した議論が展開されている英語圏のフェミニストを中心にその格闘のあとをたどる作業をとおして、現時点での考えを整理してみたい。

1 フェミニズムと身体の問題化

冒頭でも述べたように、比較的最近になってアカデミックな研究のテーマとして容認されるまでは、身体は学問の知的伝統の中では長らく見えない存在であった。近代西欧的な心身二元論的価値序列のもとで、身体は純粋理性と対置され、それに至る上での障碍物、または精神に対する物質性、文化に対する自然として思考の埒外に追いやられてきたのである。身体は語られるべき主体から排除された他者であり、身体を語ることは、基本的に医学や生物学など自然科学の領分とされてきた。その中であえて身体が問題にされるときは、身体は主体を混乱させ、誘惑し、退廃させる場・誘因と見なされ、しばしば女と同一視された。女の身体が無秩序や逸脱、不安定、病理と同義であったのは、女の身体が男の欲望を喚起し誘惑するものであると同時に、男にはない月経や妊娠、出産、授乳といった、予測・統御が困難で、物理的にも心理的にも自他の境界をあいまいにし攪乱するような現象をともなっていたからである。シルドリックらの表現を借りれば、女の身体は「自己と他者との正しい区別を乗り越えて漏れ出ていく傾向を持ち、汚染し、呑み込んでしまう」危険な身体なのであり、イデアとしての自らの境界のうちで自足すべき確立した個人／主体を不安と混乱におとしいれるものとして、恐れられると同時に貶められるべきものとされてきた（Shildrick & Price 1999 : 3）。

こうした女＝身体＝負という意味連関を持った文化の中で成立したフェミニズムは、否応なくその出発点から女の身体性、とりわけ生物学的性差や解剖学的性差といわれる差異の問題にどう対処するかを迫られることになった。性と生殖に関連するこうした肉体の違いこそ、女を男から区別し差別化するうえで最も根本的でうむをいわせぬ強力な根拠として、つねに持ち出されてきたものだったからである。現在、フェミニズムの世界でも身体を論じる研究者の多くはミシェル・フーコーの権力論から多かれ少なかれ影響を受けているといわれるが、それは理論的洗練に関していえることであり、身体の問題化や、女の身体のありようを支配や権力と関連づけて説明しようとすること自体は、すでにフーコーが注目される以前からフェミニズムの中心的テーマのひとつとなっていた（Bordo 1999 : 247）。第二次世界大戦直後から中絶が合法化されていた日本と異なり、欧米にフェミニズムが広がりはじめた一九六〇年代にはまだ多くの国で中絶が厳しく規制されていて、最初の課題として避妊や中絶の自由を要求する運動が展開されたことも、生殖とそのコントロールという側面から女の身体の問題をクローズアップする効果を持った。

だが、性差によってしるしづけられた女の身体をどう評価するかという問題は、フェミニズムにとって根本的であると同時に厄介なものでもあった。女が男と対等の権利や機会を求めるのは、女が本質的にも機能的にも男と異ならないからなのか。とすれば生殖機能のような性差の存在は、とるにたりない問題として捨象されてよいのか。その一方で、中絶の権利や母性保護のように女固有の要求を立てるとすれば、それは重要な部分で女は男とは異なる存在であると主張することであり、そうした身体的差異のゆえに男とは異なる取り扱いを受けることもやむをえないと認めることにつながるのではないか。フェミニズムにたえずつきまとってきた「平等か差異か」というディレンマは、せんじつめれば身体的性差をどう解釈し、位置づけるかという問題であったといえる。

この問題に対するフェミニズムの対応は、大きく二つの方向に分かれた。まずリベラル・フェミニズムとラディカル・フェミニズムの一部に見られたのは、女が男と平等な主体になるために、身体的性差やその重要性を否定ないし極小化しようとする傾向であった。にもかかわらず否定しきれない女の身体的特徴、とりわけ意のままにならない生殖機能は桎梏ととらえられ、女が主体として自らの身体を完全な意志的統御のもとに置けるようになることが、解放であると考えられた。代表的な例としてしばしば引き合いに出されるのが、第一章でふれているシモーヌ・ド・ボーヴォワールやシュラミス・ファイアストーンである。他にもアメリカ合州国で一九七〇年代に、ERA（男女平等憲法修正条項）の批准をめぐって世論を二分する論争が起きたとき、フェミニスト組織であるNOW（全米女性機構）が、社会のすべての面で男女平等が達成されなければならない以上は、女が徴兵され、男と対等に兵士として戦闘に参加することも容認されなければならないと主張したことも、ひとつの顕著な例といえるであろう（荻野 2001）。平等とは同一性と同義であると考えられ、女の身体は機能的に男の身体に同化していくことが求められたのである。あるいは経口避妊薬ピルが、一九六〇年の発売以来、健康への懸念がくりかえし指摘されながらも多くの女性によって使用され続けてきたのも、飲み忘れさえしなければ排卵を抑制し月経周期を完全にコントロールできるピルが、予想外の妊娠という身体の逸脱や裏切りを許容しようとしない心理に合致していたからであろう。さらに女性の社会的進出と並行して高まったフィットネスやボディ・ビルディング、あるいは美容整形などへの熱狂も、自らの身体を客体として完全な管理のもとに置きたいという欲望の表れであった。

これに対し、女性身体を女というアイデンティティの基盤として位置づけ、身体的性差、とくに「産む性」としての能力を高く評価しようとしたのが、ラディカル・フェミニズムの中の文化派フェミニズムの立場である。フランス語圏ではエレーヌ・シクスーやリュス・イリガライ、ジュリア・クリステヴァなどが、性的差異を持つ女の身体を（彼女たちがどこまでそれらの差異を実体とみなしていたかについては議論があるが）男根中心主義的な知の世界の拘束から逃れ出るための思考の基点に据えようとした。英語圏では、たとえばアドリエンヌ・リッチが、特権的抽象思考とその抑圧から女を解放する戦いは、抽象化された「身体 the body」ではなく、女として、物質（マテリアル）としての自分のからだ（my body）とその経験から始めねばならないと主張した。

受胎能力と母性の政治学。オーガズムの政治学。強姦と近親姦の、妊娠中絶の、産児制限の、強制的不妊手術の政治学。買春と夫婦のセックスの政治学。性の解放と呼ばれてきたものの政治学。慣習として強いられる異性愛の政治学。レズビアン存在の政治学。……このからだを超越するのではなく、それを自分のものとして取りもどすこと。この特定の生きている人間個人である一人の女のからだに、私たちの思考と発言をふたたびつなぐこと（Rich 1986b＝1989 : 313）。

リッチは、異性愛とは自然などではなく、種の再生産と男性支配のためにさまざまな強制を通して維持されている政治的制度であるとして、女同士が性的にも精神的にもつながりあうレズビアン連続体を提唱した（Rich 1986b＝1989 : 87）。しかし彼女は母性という女の「産む力」自体を否定的に見ていたわけではなく、それは父権制のもとでは従属や抑圧の手段に使われてきたが、「女の資源」として女自身の手に取り戻されるならば、抵抗やエンパワーメントの拠点ともなりうるとしている（Rich 1986a＝1990 : 404）。また多くのフェミニストが、男とは異なり、女の文化にはその身体性や母性に由来する、ケアや相互依存、関係性などを重んじる固有のポジティヴな価値や倫理が存在すると主張した。

こうしたフェミニズムにおける思想的動きと重なり合いながら、女の身体の回復をより実践的なかたちで行動に移したのが、一九七〇年代のはじめから現在まで続く女と健康運動の流れである。女による女のための女のからだ百科全書ともいうべき『からだ・私たち自身』に象徴されるこの運動の目標は、女が性やからだについて詳しく正確な知識を持ち女同士で助け合うことで、家父長的な医学や医師の支配から自分のからだと生を取り戻すことにあり、女が自分のからだを異常とか病的、あるいは負担ととらえず、多様性を持ったからだをそのまま肯定的に受容するためのさまざまな情報や技術が提供されてきた。男権主義的な西洋医学に対する批判から、東洋医学や民間療法などのオルタナティヴな方法が重視される点も特徴的である。女と健康運動で扱われる問題は、避妊・中絶、妊娠・出産など生殖に関するものから、子宮癌やその他の女性に固有の病気、異性愛と同性愛を含むセクシュアリティ、老化、エイズや性感染症、性暴力、美容整形や摂食障害、国際的家族計画援助とその問題点など、広範囲にわたっている（Boston Women's Health Book Collective 1984＝1988, Hyman & Rome 1996＝2001）。

このようなフェミニズム内部での女の身体に対する見方の相違は、たとえば月経という現象への対応にも反映している。性差の意味を極小化したいフェミニストの多くは、月経など大騒ぎするほどの問題ではないと「啓蒙的な無関心」（Lander 1988 : 117）を装い、積極的にそれについて語ろうとしなかった。その中でジャーメン・グリアは『去勢された女』において、「われわれ女は月経によって狂気にとりつかれるわけでもなければ、病人になるわけでもない」、したがって生理休暇も必要ないと、月経の影響を過大評価する見方を否定しつつ、すぐ続けて「ただ、できることなら月経なしで暮らしたいと思うのだ」と述べて、月経の存在を「厄介きわまりないもの」と感じていることを認めた（Greer 1971＝1976 : 58–59）。

一九七一年にアメリカの女と健康運動の中で、女性が手製の簡単な吸引装置を別の女性の子宮に挿入し吸引することで、数日はかかる月経を数分で終わらせてしまう方法が考案された。これについては感染などの副作用を警戒する声もあったが、一部のフェミニストは、月経のわずらわしさから女を解放するばかりでなく、初期の中絶を女同士で行う手段としても使えることから、女がはじめて自分のからだを完全に意のままにコントロールすることを可能にした、「革命的」で「最もわくわくさせられる」発見であるとして歓迎した（Lander 1988 : 118-121）。

一方、女性身体こそ女の優越性の根拠であると考える人々は、月経を創造力や浄化と再生の象徴ととらえ、月経についてオープンに語りあったり本を書くだけでなく、詩や映画、絵画などのアートのテーマとして取り上げて賛美した。ジュディ・シカゴによる「月経中のトイレ」その他の作品、タンポンを替える女性を撮影したエミリー・カルペッパーの「ピリオド・ピース」、あるいは経血を「戦いの化粧」のように顔に塗り、「私の血を愛することを知ったとき、革命が始まる」という詩を書いたカレン・リンゼイなどはその例である。また、月経中の女を小屋などに隔離する風習は近代化以前の日本を含め世界各地に見られたものであるが、フェミニストの中には、従来は女の不浄視やタブーとして説明されていたこの慣習は、むしろ女たち自身が自分の利益や霊的エンパワーメントのために始めたものであるという新しい解釈を唱えた者もいた（Lander 1988 : 121-127 ; Code 2000 : 334）。

ルイーズ・ランダーはこうしたフェミニズム内での対照的な態度について、月経吸引を歓迎したフェミニストたちは月経と生殖とを関連づけ、吸引を男中心の制度への抵抗の手段ととらえていたのに対し、レズビアンの多い文化派（ランダーの表現では「形而上学的」）フェミニストの方は、月経を出産よりも月や女神や再生と関連づけ、それ自体をひとつのイヴェントとして見る傾向が強かったためであると分析している（Lander 1988 : 126）。

2　セックス／ジェンダー二元論のパラドクス

文化派フェミニズムは、フェミニスト自身にさえ否定的に見られがちであった性差を持つ女の身体を、積極的、肯定的にフェミニズム理論に組み入れようとした。だがその半面、先進諸国のとくに白人中産階級女性の経験を基準とした身体観を、あたかも普遍的なものであるかのように人種や時代、文化を異にするすべての女性に適用しようとしたり、女の生殖能力や身体的特性に過剰な意味を付与するあまり、再び生物学的決定論に陥りかねない危険性をはらんでいたために、本質主義的であるという批判を受けることになった。これに対し、生物学的決定論に批判的なフェミニストたちが導入したのが、セックス／ジェンダー二元論である。この考え方についてフェミニズムの中で最も初期に書かれた本の中で、アン・オークレーは次のように説明している。

〈セックス〉は男と女の間の生物学的差異、すなわち目に見える性器の違いとそれに関連した生殖機能の違いを指す。だが、〈ジェンダー〉は文化の問題であり、〈男らしさ〉と〈女らしさ〉への社会的分類を指す。……人が男であるか女であるかは通常、生物学的証拠によって判断される。男らしいか女らしいかは、同じ方法では判断できない。その基準は文化的なもので、時代と場所によって異なる。セックスの不変性は認めなければならないが、同時にジェンダーの可変性も認められねばならない（Oakley 1972：16）。

セックス／ジェンダー二元論は、性差を身体的差異以外の性役割や規範、表象などの種々の位相に分けて考え、ほとんどの性差といわれるものはジェンダーのレヴェルに属するもの、すなわち文化的構築物であり、したがって可変性を持つと主張するためには、非常に有用であった。性差別の解消のために攻撃すべき対象は性別そのものではなく、ジェンダーとしてのさまざまな社会的に作られた制度や慣習、人々の考え方などであるという説明はわかりやすく、相対的に受け入れられやすかった。近年、日本でもジェンダーという語が行政文書にまで登場するようになったことが示すように、思考訓練としてこの二元論的説明が持った啓蒙的効果は大きかったといわねばならない。また、不変のセックスと可変性を持つジェンダーという考え方は、時代や文化によって女たちの経験が大幅に異なっていて多様である一方、性や生殖にかかわる部分では非常に共通性が大きいように見えることを説明するためにも好都合であった。

だが、フェミニズムがジェンダーの分析やいかにそれを変革していくかという問題に関心を集中し、セックスがいわば棚上げにされて視野外に置かれた結果、問題も生じてきた。ひとつは、セックスの問題は医学や生物学などの科学の領分、フェミニズムの課題はジェンダーの探究という棲み分けが行われたために、性ホルモンや遺伝子の研究、脳のハードウェアにおける性差、動物行動学における最新の知見などを根拠として、「セックス・レヴェルの性差は実在するばかりでなく、人間の思考や社会的行動もそれによって大きく規定されている」といった「セックスの逆襲」ともいうべき主張が科学分野からなされた場合に、それに対してフェミニズムからは有効な批判や反論ができにくいことである。これは、「フェミニストはあんなことをいっているけれど、所詮男と女はからだの構造が違うんだから、考え方も行動も違っていて当たり前だ」という通俗的反応が安住しやすい環境を作ることになる(1)。

第二の問題としては、セックス／ジェンダー二元論がフェミニズムの内部においても、所期の目的であった生物学的決定論の超克に必ずしも成功していないことがある。ジェンダーという概念はセックスを否定したり、それに替わるものとして登場したのではなく、むしろ生物学的性差の実在を前提としたうえで、何もかもがセックスといえるわけではないと主張しようとするものであった。リンダ・ニコルソンの表現を借りれば、この二元論においてセックスは「その上にジェンダーが構築されるはずの用地」の役割を与えられていたのである（Nicholson 1994＝1995：107）。そこでは身体は通時的、通文化的に不変の一種のコートラックのようなものと想定されていて、そこにさまざまに異なる文化的人工物がひっかけられるが、基本のラック（女あるいは男の身体）が共通であるために、そこにかけられるもの（たとえば「女」や「母」というアイデンティティ）も通文化的に似通ってくることになる。ニコルソンはこうした考え方を生物学的基盤主義と呼び、そこには何らかの程度の社会構築論的発想が含まれているにもかかわらず、「女の身体にまつわる何か、具体的には私たちの生殖能力が、必ずしもある特定の社会的結果をもたらすのではないにしても、にもかかわらず通文化的に一連の男性側の反応の場となり、そのような反応はその犠牲者としての女たちの経験にある種の共通性をうちたてるに足るほど性質が共通していると示唆」するならば、結果的に「このような立場と生物学的決定論との違いはきわめて小さい」ことになると指摘している（Nicholson 1994＝1995 : 117）。

この生物学的基盤主義の問題性は、セックスのみに限らず、身体を本質的に不変な自然または所与とみなし、その表面をさまざまな文化・権力による解釈や書き込みが通り過ぎていくと考える、自然／文化の二元論的身体観についても共通していえることである。こうした発想は、いかに私たちが、物質的なるものは文化や言説とは独立に「客観的実在」として存在するという科学的思考枠組みを無意識的習性として身につけてしまっているかの証左であり、前述の科学分野からの「セックスの逆襲」に対する反論が往々にして十分な説得力を持ったものになりにくいのも、このことと無関係ではないであろう。

したがって、追い出そうとしたはずの生物学的決定論を裏口から招き入れてしまうという、セックス／ジェンダー二元論のこのパラドクスを克服するためには、セックスについての思考を棚上げにするのではなく、セックスとは何か、それは身体の構築においてどのような位置を占めているのかについて、さらに別様の考え方の可能性を探っていくことが必要になる。そこで次に、セックスをもジェンダーの枠内に取り込むことによって二元論の解消を目指した、ポストモダンあるいはポスト構造主義と呼ばれる思潮における身体論を見てみよう。

3　ポストモダン・フェミニズムの身体論

前述のニコルソンは、身体そのものがすでに「つねに社会的解釈を通して見られている」ものである以上、生物学的基盤主義の罠に陥らないためには、身体に男性／女性の区別についての通文化的主張の基盤を求めることを断念しなければならないと主張している（Nicholson 1994＝1995：106, 110)。女性史の分野で同様の立場を最も尖鋭に打ち出したのは、ジョーン・W・スコットである。彼女は次のように述べて、身体的差異に「女」というアイデンティティや経験の共通性の根拠を想定しようとするフェミニストたちを批判した。

ジェンダーとは、性差の社会的組織化ということになる。だがこのことは、ジェンダーが女と男のあいだにある固定的で自然な肉体的差異を反映しているとか、それを実行にうつしているといった意味ではない。そうではなくてジェンダーとは、肉体的差異に意味を付与する知なのである。これらの意味は、文化や社会集団や時代によってさまざまに異なっている。それは、女の生殖器官をも含めて肉体にまつわるいかなるものも、社会的分業をどのように形づくるかについて唯一絶対の決定を下したりはしていないからである。……性差とは、そこから第一義的に社会的組織化を導き出すことのできる始源的根拠などではない。むしろそれ自体が説明を必要とする一つの可変的な社会的組織なのである（Scott 1988＝1992：16-17）。

では、私たちが性差や肉体を見る見方を規定する知は、ある特定の歴史的文化的文脈においてどのように形成され、その知との相関において私たちはどのように性差を意味づけられた身体を生きているのか。残念ながらスコット自身からは、こうした問いに対する具体的な答えを得ることはできない。

「男」や「女」というのは言説によって形成される、「何も入っていないと同時にいろいろな意味がはみ出している」（Scott 1988＝1992：85）流動的なカテゴリーにすぎず、身体的性差を基盤とする「女」という首尾一貫した不変のアイデンティティが存在するわけではないというスコットの主張に対しては、そこから開かれる理論的地平の広がりに対する賞賛と同時に、フェミニズム内部からの反発の声も聞かれた(2)。それは、ひとつにはこうしたポスト構造主義的カテゴリー論を採用するならば、フェミニズム運動の主体であるはずの普遍的な「女」は実体として存在しないことになり、アイデンティティ・ポリティックスそのものが成立しえなくなってしまうと受けとめられたためである。だがそれと同時に、言説に焦点をあてた抽象度の高い議論の中では、女たちの「生身の現実」や身体の直面する具体的な諸問題があまりにもたやすくかき消されてしまう（ように感じられる）ことへの苛立ちもあった（Bennett 1989：258）。「もし〈女〉が空っぽのカテゴリーにすぎないのなら、なぜ私は夜道の一人歩きが怖いのだろう？」という挑戦的なタイトルを持つローラ・リー・ダウンズのスコット批判の論文は、こうした女たちの「実感」や「経験」、身体の「物質的実在性」は一体どうなるのだという、やむにやまれぬ思いを伝えている（Downs 1993）。スコットがそれに対する痛烈な反批判の中で指摘しているように、ダウンズの彼女に対する読みが多分に「無知とねじ曲げ」に基づくものだったとしても、では身体についてどのように考えればよいのかという問題に関しては、スコットはそこでも他の論文でも、より踏みこんだ議論を展開しているわけではない（Scott 1992, 1993）。

ジェンダーの前にセックスが実体として存在するのではなく、セックスも社会的構築物でありうひとつのジェンダーであるという主張を最も徹底して展開しているのは、ジュディス・バトラーである。バトラーはリッチやモニク・ウィティグの強制的異性愛体制批判を受けてさらにそれを発展させ、男と女という性の二元制に基づくセックス／ジェンダー／性的欲望という「首尾一貫した連続した関係」は、異性愛主義的な文化のマトリクスのもとで作り出され維持されている規制的実践にすぎず、ジェンダーの核としての「自然」と考えられている性差は、パフォーマティヴな実践を通して生み出された幻想であると指摘したのである。

ジェンダー化された身体がパフォーマティヴだということは、身体が、身体の現実をつくりだしている多様な行為と無関係な存在論的な位置をもつものではないということである。それはまた、もしも現実が内的本質として捏造されるなら、その内面性は、明白に公的で社会的な言説の結果と機能であり、またそれは、身体の表面の政治をつうじてなされる幻想の公的な規制であり、また、内部と外部を差異化し、それによって主体の「全一性」を定めるジェンダーの境界管理であるということだ（Butler 1990＝1999 : 240）。

バトラーやスコットらの、身体は固定的・普遍的所与ではなく、言説によって構築される流動的な「テクスト上の肉体存在（textual corporeality）」（Shildrick 1999 : 1）にすぎないという言明は、ややもすれば、「身体は言説の外には物質としてさえもまったく実在していない」と主張していると受けとめられ、当惑や、ときには怒りさえ招くことになった。『問題となる身体』は、バトラーが、苛立った読者からくり返し突きつけられる「じゃあ、生身のからだはどうなるのか？」という問いに答えるべく書いたものである。同書の前書きでバトラーは、「確かに身体は生きたり死んだり、食べたり眠ったり、痛みや歓びを感じたり、病気や暴力に耐えたりする」と、否定しようのない身体的経験が実在することを認めつつも、そうした否定しようのない「事実」としての身体自体が、「ある高度にジェンダー化された規制的図式の産出的拘束の中においてのみ現れ、持続し、生きる」ことができるものであり、言説による身体の構築とは、それなしではそもそも「私」も「私たち」も考えられないような構成上の本質的拘束として理解されなければならないと述べている（Butler 1993 : xi)。また、同書の別の箇所では、言語と物質性は互いのうちに完全に埋め込まれているとして、次のようにも書いている。

身体の物質性を所与のものと考えてはならない。なぜならある意味でそれは、形態学の発達を通して獲得され、構成されるからである。そしてラカン的見方によれば、言語は……形態学の発達にとって不可欠のものである（Butler 1993 : 69)。

そして、異性愛のヘゲモニーのもとで言語を本質的構成要素として身体が構築されるとき、それは強制的にセックス化され、ジェンダーの基盤としての「物質的」性差、すなわちセックスを持つ身体として生み出されることになる。

〈セックス〉とは、時間を通して強制的に実体化される理念的構築物である。それは単純な事実や身体の静的状態ではなく、管理的な規範が〈セックス〉を実体化し、これらの規範の強制的反復を通してこの実体化を達成するプロセスなのである。こうした反復が必要だということは、実体化がけっして完全ではありえず、身体はその実体化が推し進められるところの規範に完全には従わないことのしるしである（Butler 1993 : 1-2)。

ここで示された思考の方向性は、性差を持った身体がどのようにして「実体」として現出するようになるのかについて考えるうえで、きわめて示唆に富むものである。だが、バトラーに「生身のからだ」について問いかけた読者たちが聞きたかったのは、はたしてこうした答えだったのかという点では、疑問が残る。たとえば夜道を一人で歩くときの恐怖や、望まない妊娠をしてしまったと知ったときの絶望感のような、きわめて現実的で痛切な女たちの「生きられた身体の経験」からすれば、バトラーの身体論は依然として高踏的なよそよそしいものに感じられ、肩すかしをくったという印象を持つ読者は少なくないだろう。この距離感は、バトラーがたんに思弁的で難解な議論を駆使する哲学者であるためだけではなく、彼女があくまでもゲイ・レズビアン運動、あるいはクイアの活動家という政治的立場性において、強制的二元的異性愛体制という規範の暴力を告発しようとしてきたことと無関係ではあるまい。彼女は、ジェンダーを「非自然化」しようとする自分の執拗な試みは、「セックスという理想的な形態学が暗示する規範的な暴力に対抗したいという強い欲求と、セクシュアリティについての凡庸で学術的な言説が伝える自然な、あるいは推定上の異性愛に関する広く浸透した思いこみを根絶したいという強い欲求」から生まれたものであると述べている（Butler 1999＝2000 : 75）。彼女の関心とシンパシーは、異性愛体制によって「考えられない、おぞましい、生存しえない身体」（Butler 1993 : xi）とされ、外部化されてきた者たちの側にあり、それらの人々の身体こそ「問題となる」べき重要な身体なのである。したがって、異性愛体制の内部において女として「自然」化された身体を生きてきた人々（社会的マジョリティ）の経験を分析したり説明したりすることは、バトラーにとって関心を引かないだけでなく、あるインタヴューで述べているように、女性史研究はそれらに焦点を当てることで異性愛体制を再補強するものとして、批判の対象にすらなりうる。

私の読んだ多くの女性史は、女のセクシュアリティのうちでふさわしいものも「ふさわしくない」とされるものも、どちらも異性愛の一種という前提に立っています（結婚の内と外、家庭と売春のように）。私の提起したい問題は、こうした二項図式の外部に取り残されるもの、ふさわしくないとか、いかがわしいとかの一部としてさえ語られえないものとかかわっています。まさにこうした類の二項図式に無批判に執着しているフェミニストの歴史研究の枠組みを通して、女の同性愛の問題が沈黙させられてしまうことを、私は恐れているのです（Meijer & Prins 1998 : 283-284）。

だが、そうした政治的立場性を考慮したとしても、バトラーの身体論にはもうひとつの点で疑問が残る。彼女は、言語と物質性は互いのうちに埋め込まれているが、「けっして互いのうちに完全に没入すること、すなわち互いに還元されることはなく、けれどもけっして完全に互いを超越することもない」と述べる（Butler 1993 : 69）。しかし、にもかかわらず『問題となる身体』において強調されているのは、表現上あえてそのように分けるとすれば身体の実体化における言語による物質への規定性の側面であり、言語の圧倒的優位性である。確かに、言語の外部に固有に独立して存在する「純粋な身体」という幻想は廃棄されるべきだろうが、物質的なるものがバトラーのいうように完全に言語に一元化されたり、支配されるだけのものでないとすれば、身体の構築過程における物質性の持つ作用、言説への物質の規定力といった側面についてもまた、いま少し考えてみる必要があるのではないだろうか。これがたんに、従前のような心身二元論やセックス／ジェンダー二元論に逆戻りすることでも、ましてや生物学的決定論へと退却することでもないのはもちろんである。

4　プロセスとしての身体

では、私たちはどのようにすれば物質としての生身のからだ、私たちの存在の肉体性を等閑に付すことなく、ジェンダー化された身体の構築について考えていくことができるのだろうか。日本では加藤秀一が、アルチュセールやフーコー、バトラーを参照しながら、身体の社会的構築とそこでの「物質としての身体、あるいは身体の物質性」について、刺激的な議論を展開している（加藤 2001a : 165）。

加藤は、身体と他の客体との相違を、身体は客体（物質）であると同時に「客体についての観念を我がものとする主体でもある、そうした二重性に貫かれた」存在である点に求める。身体は「自らにあてがわれた観念や知識を引き受け、それを咀嚼し、また別の観念を産出する」という性能を持ち、「あくまでも物質＝客体でありながら、同時にそれ自身ですでに社会的な作用に開かれた主体でもある」。その社会が性差に人間の本質的属性として特権的な意味を付与しようとする社会である場合、身体はさまざまなふるまいや活動という社会過程を通して、規範的な「観念としての〈性（セクス）〉」を自らの「物質としての身体に環流してゆく」（強調、原著者）ことになる。身体とは、このように「言説的に構築された性なるものの機能を重要な梃子として物質的に構築される物質そのもの」、あるいは「さまざまな性質の総和、諸活動の把捉しがたく動き続ける連鎖」としての物質性なのであり、したがってテクストの中以外に身体は実在しないわけでもなければ、かといって言説以前のどこかに純粋な「身体そのもの」が存在するわけでもない（加藤 2001a：167-173, 181）。このような加藤の描き出す身体は、彼自身も認めるようにバトラーの立場と近いものであるが、つねに身体の物質性を見失うまいとしつつ議論が組み立てられているぶんだけ、ジェンダー化された身体がどのように形成されていくかについてのイメージを喚起しやすいものとなっている。

身体をたえまなく構築され、動き続けるプロセスないしは流動体としてとらえる見方は、キャスリーン・カニングをはじめ何人かのフェミニストが重要な概念としてあげる「身体になること／身体化（embodiment）」という表現にも現れている。「身体化」とは「身体を作り、その働きを行っていくプロセス」であって、「身体になる実践はつねに文脈依存的であり、階級やエスニシティ、人種、ジェンダー、世代による位置づけや、場所、時代、生理、文化にしたがって活用変化する。身体化は、身体よりもはるかに固定的でも理念化されてもいない概念であり、出逢いと解釈、エイジェンシーと抵抗の瞬間を包含するものである」(Canning 1999 : 505)。

さらに、同じく身体を言説と物質性の入り組んだ相互作用によって構成される、つねに多様で流動的なプロセスととらえる論者の中でも、よりはっきりと性差を含めた身体における「肉体性(corporeality)」の持つ規定力に焦点を当てた議論を展開しているのは、エリザベス・グロスツである。

私は、一方に「本物の」物質的身体があり、他方にそれのさまざまな文化的、歴史的表象があるということを否定する。……これらの表象や文化的書き込みがまったく文字どおりに身体を構成し、そのようなものとして作り出すというのが、私の主張である。私が関心があるのは、文化的、性的、人種的に個別具体的な身体であり、文化的産出の可動的で可変的な条件である。人間の身体の本質的内的条件として――それはおそらくそれらが文化的完成に対して有機体として開かれていることとの結果であろう――身体は社会的秩序をその産出のための核として持たなければならない。有機的または本体論的「不完全さ」ないしは最終性の欠如、社会的完成、社会的秩序や組織化に対する受容性が、身体そのものの「自然」の一部なのである(Grosz 1994 : x-xi)。

身体はこのように社会的秩序を核としつつ、物質として、肉体としての自らを形成していくのであり、性差もまたその一部として産出される。それは基本的にはさまざまな可能性に対して開かれたプロセスであるが、同時に個人がまったく自由に意思的に統御しうるものでもない。

生物学は、主体から文化を差し引いたもののように見なされている。まるで、そうすれば抽象観念やむき出しの普遍カテゴリーでない何かが現れるかのように。私がここで追究する性差とは、明らかに生物学的次元を含むにしても、固定的で非歴史的な生物学といったかたちでは理解できない。……それは開かれた物質性であり、(無限の可能性を持つ)発達させられるべき一連の傾向や潜在性であるが、その発達が起きることによって必然的に他の発達や軌道が妨害されたり、誘起されたりするのである。これらは個人的または意識的に選択されるのではないし、意思や意図によって簡単に操作されるものでもない。どちらかというと身体的スタイル、癖、習慣に似ていて、あるものを選んだり、ある様式を取れば、他の可能性が排除されたり難しくなったりするというのが、その論理なのである(Grosz 1994 : 191)。

グロスツは、規定性としての性差や人種差を考慮せずに身体をたんなる「空白で受け身なページ、テクストの書き込みのための中立的な「媒材」や表現体」(Grosz 1994 : 156)と見ることは現実的でないとして、次のような比喩を用いて身体の形成における物質性の関与について説明している。

私がここで頭に置いている種類のモデルとは、空白の石板、それ自身のいかなる「手ざわり」

も抵抗も持たないページの上に書き込みが行われるというモデルではない。書家なら知っているとおり、どういうテクストが生み出されるかは、たんに書き込まれるメッセージによってのみならず、書かれる紙の質や特性によっても左右される。したがって、おそらくこの種の身体に書くことのモデルとしてよりふさわしいのは、空白なページへの書き入れではなく――このモデルでは、紙自体の影響や作用は極小化されてしまう――エッチングのモデル、すなわちこうした刻み込みが行われる材料の特性と、生み出されるテクストの種類に対してそれらが及ぼす具体的な作用とを、考慮に入れなければならないモデルなのである（Grosz 1994 : 191）。

最後に自然科学の領域からの発言者として、生物学者のリンダ・バークをあげておこう。彼女は最近のフェミニズムにおいて身体の理論化に関心が集まっていることを歓迎しながらも、多くの論者が身体の表面しか見ていないか、グロスツのように身体内部を問題にする場合でさえ、精神分析に傾斜しがちであることを批判している。

最近の社会学やフェミニズムの理論は、身体上への文化的書き込みの過程、および身体に、ついての文化的表象に関しては非常に重要な主張を行っているが、この新しい理論に登場する身体は脱身体化されている――あるいは、少なくとも脱内臓化されているように見える。理論は、皮膚の表面までしか届いていないのである（Birke 1999 : 2　強調、原文）。

バークは、フェミニストはもっと「内部」、すなわちさまざまな臓器や生理的プロセスを持ったものとしての身体を分析すべきであり、こうした「生物学的身体」を再考することが生物学的決定論につながるのではないかと恐れる必要はないと主張する。生物学的研究の中にはDNAや「利己的遺伝子」のように還元主義的な言説も確かに存在するが、他方では免疫系の研究のように変化とフレキシビリティ、文脈性がキーワードとなっている「ポストモダン」な分野もあり、その中でフェミニストが、身体をたんなる受け身な表面としてでも言説の被構築物としてでもなく、さりとて決定論的にでもなく理論化していくための「より良い」物語を作り出すことは、十分に可能だからである。

私が関心を持つのは、固定性と拘束性という考え方を止め、ダイナミックなプロセスの余地を持つものとして生物学的身体を理解していくことである。それはなるもの、変化する状態としての身体の理解である。私は、堅固な基盤としての生物学的身体という考え方を疑問に付したい。それはひとつには、それでは私たちの生物学的身体について限られた理解しか得られないと考えるからであり、さらにより政治的な理由として、そのような生物学の見方は決定論につながるからである（Birke 1999 : 136　強調、原文）。

なお、このように身体に有機体としての物質性を取り戻すことは、性差を持つ身体について考える場合にのみ必要なのではない。バークも言及している障害を持つフェミニストのスーザン・ウェンデルがいうように、たとえば障害を論じるとき、「肉体的苦しみ（たとえばエイズや慢性疲労症候群、多発性硬化症、筋萎縮性側索硬化症、リューマチ様関節炎の人たちの）という現実」にも、言説がこれらの人々の生活に及ぼす具体的影響にもふれることとぬきに、あたかも「言説とその政治的文脈のみがあるかのように」身体が概念化されるならば、それは生きられた身体、生きられた経験としての身体の構築について述べたことにはならないであろう（Wendell 1996：44）。同じことは、人種や階級についても、セクシュアリティや老化についてもいえる。物質ないし有機体としての規定性を見失うことなく、しかも社会的、文化的に構築されるものとしての身体を理解可能にするような記述を模索していくこと、それが身体を論じるときに私たちに求められている作業なのである。

おわりに

人が生まれ、個々の肉体において生きていくとき、少なくともこれまでの多くの社会とそこで生きる人々にとって、性差は唯一のではなくともきわめて重要な意味を持つ「社会的秩序」のひとつであり、それを核として具体的なそれぞれの身体が構築されてきた。だからといって、普遍的本質的な「女性身体」や「男性身体」なるものが存在するわけではないし、身体の構築のプロセスにおいて性差がそれほど規範的な重要性を持たない社会が到来しうる可能性が否定されるものでもない。

実際、最近の身体や性差を論じる議論のキーワードは、相互性、浸透性、プロセス、非固定性といったもので、身体からも性差からもかつてのような安定性や決定性のイメージがどんどんはぎ取られつつある。こうした新たな身体観が一定の妥当性を持つようになったのは、ここで見てきたようなフェミニズムの理論的成果ばかりでなく、同性愛、トランスジェンダー、性同一性障害と性転換手術、インターセックスなど、性の二元論の相対化を迫るような現象やその当事者の可視化、あるいは生殖テクノロジーや臓器移植（脳死、ヒト間、異種間）、免疫系の研究のように、身体あるいは自己と他者との境界の自明性をゆるがすような技術や理論が普及しつつあることとも、密接に関係している。

だが、こうした諸現象の持つインパクトの大きさを認め、さらにさしも強固であった性の二元制支配に翳りが見えはじめたことを喜びつつも、私としてはなお、性の二元制のもとでのジェンダー化された身体、とくに〈女〉としての身体にこだわって考えつづけていきたいと思う。私は、「性差の問題はいかなる外部の立場をも認めない」、あるいは「性差の外部、彼方という立場を宣言することは、男の尊大さのみが認めうる贅沢である」（Grosz 1994 : 191）というグロスッの主張に全面的に賛同するものではないし、〈男〉と〈女〉という二つの性のどちらか以外の立場性がまったく存立しえないとも思わない。二元的異性愛体制を自明視することの持つ暴力性というバトラーの批判にも、耳の痛いものがある。それでも異性愛体制下の〈女〉の身体にこだわるのは、それが私にとっての立場性だからであり、生きられた身体の経験を参照することなく、あるいは参照しているにもかかわらずそれを自覚することなく、抽象的で客観的な立場から身体を論じうるかのようには、ふるまいたくないと考えるからである。

注

（1） ただし科学の言説自体がいかに社会のステレオタイプなジェンダー観に汚染され、さらにそれを再生産する働きをしているかについては、エミリー・マーティンやアン・ファウスト＝スターリングらによるすぐれた研究も存在している（Martin 1987, 1991 ; Fausto-Sterling 2000）。

（2） 女性史におけるスコットの位置づけと評価、および彼女の理論に対する批判については、荻野（2000）を参照。

I

第一章　性差の歴史学

——女性史の再生のために——

はじめに

日本の女性史研究は、民間研究者を中心に戦前からの長い歴史をもっている。だが、いわゆる「学界」の中で多少とも女性史の市民権が認められるようになったのは、ようやく一九七〇年代以降のことにすぎない。にもかかわらず、早くも一九八四年には長谷川博子によって、女性史から「女・男・子供の関係史」への「発展的解消」をという提言が行われた（長谷川 1984）。また、女性史をも含めた「女性学」はもはや初期のインパクトが希薄になった、いまや「両性学」に移行すべき時期である、との主張も見られた（落合 1987）。

このような現象は、女性史や女性学の成熟のしるし、すなわち「女性」のみを言いたてる排他性から男女の連帯の方向へという、喜ばしい変化の徴候と解すべきだろうか。いや、そもそも女性史や女性学は、セカンド・ステージが云々されるほど十分に所期の目的を達したのであろうか。

対象を女性史だけに限っても、その答えは否である。鹿野政直はかつて女性史に対して、これまでの歴史を事実上の男性史として相対化するような視点の確立と、生活の立場からの全体史の回復をという、大きな期待を寄せていた。そのためには、従来の歴史学の価値観を踏襲するのではなく、「女性にとってはなんであったかの視点から女性史固有の時期区分をうちだすような姿勢」が前提とならねばならぬはずであった。だが、鹿野自身が認めているように、その後の女性史の歩みは、これらの期待のどれひとつとして満たすには至っていない（鹿野 1976；1978；1987）。

一方、周知のように一九七〇年代から八〇年代にかけて、村上信彦と水田珠枝をめぐって二つの女性史論争が繰り広げられた(1)。しかし結果的に見ればこれらの論争は、女性史とは何かという本質的な議論を深化させていく契機となったというよりは、あたかも論点は既に出つくし、論じつくされたかのような、誤った印象を残した。そしてややもすれば本質論を迂回したところで、女性と関連のあるテーマを実証的に取り扱っていればそれが女性史であるとするような、安易で消極的な傾向が強まるにつれて、研究数の増加とは裏腹に、歴史学そのものに対する女性史の潜在的衝撃力は中和され、失われていったのである。

とはいえ、女性史の可能性に期待を寄せること自体をもはや徒労として諦めねばならぬいわれはない。もしも、女とは男と異なる一方の性であるという原点に立ち還って歴史を眺めるならば、女自身によって真先に語られねばならなかったにもかかわらず、いまだ語られていない最大のテーマ、性と生殖の歴史が殆ど手つかずのまま残されているのが見える。しかもひとたび語られるならば、生と生殖の世界は、人間存在における根源的重要性の故に、男も女も含めて私たちの世界観そのものを揺るがせかねない。両性史という複眼的な歴史像の構築に手を染めるのは、一方の当事者である女の視座からの世界像をいま少し鮮明にしてからでも、決して遅すぎはしないであろう。各々の性の独自性とは何かが十分に明確にされてこそ、両性の共通項や関係も見えやすくなる道理だからである。

1　女性史とフェミニズム

前述の長谷川論文には、しかしながら、女性史にとってより本質的な問題提起が含まれていた。それは、女を歴史貫通的に被抑圧者と見なし、そこからの「解放」を至上課題とする従来のフェミニズム的女性史研究への批判と、より深い歴史理解のためにはむしろ性差を積極的に考慮していかねばならないという提言である。

欧米での家族史や女性学の研究成果から示唆を受けた長谷川のこの問題提起に対し、ただちに船橋邦子とゆのまえ知子から反論が提出され、その後古庄ゆき子も批判の列に加わった（船橋　1984；

ゆのまえ 1984；古庄 1987：311-315）。また、長谷川に対する直接の批判ではないが、彼女の論の重要な根拠となっている社会史における性差の捉え方に対して、水田珠枝も激しい批判を展開している（水田 1984）。これらの批判の中には、古庄が長谷川博子と長谷川三千子をとり違えて批判したように、従来の日本の女性史研究とフェミニズムの運動や理論との間の連携が、実はそれほど緊密なものでも根付いたものでもないことを窺わせる部分も認められる。だが総じていえば、女性史は女性解放理論の構築、すなわち「女性解放の世界史的法則」とでもいうべきものを示すことにより、フェミニズム運動の進展に寄与すべきであるという女性史の役割定義と、性差を積極的に認めることは性差別の容認に他ならないという認識とに、批判の共通項が見出せる。しかし女性史をこのように定義することは、女性史にとってもフェミニズムにとってもはたして有益であろうか。

まず女性解放との関わりについては、日本においても欧米においても、女性史研究が現実の解放運動と深い関係をもちつつ成長してきたことは事実である。だが、フェミニズムと呼ばれるものの中にも多様な立場が含まれることが示すごとく、それは一つのイデオロギーであり、歴史的産物である。現代の社会の中でフェミニズムの立場に立つ研究者が、現実の運動の中で育まれた問題意識や新しい視点を歴史研究の場にもちこむことによって、女性史は従来の歴史学の概念枠組みや主題や価値規準を変えることができるし、変えていかなければならない。そのことの重要性は、これまでにフェミニスト女性史研究者たちが説いているとおりである(2)。だが改めて言うまでもないことながら、それは現在のフェミニズムの都合に合わせて歴史を切り取ることではない。女性史のフェミニズムに対する貢献は、例えば超歴史的に使われやすい「抑圧」や「解放」という語がもつ意味の歴史的相対性を明らかにしていくこと、すなわち過去という鏡に映して現代のフェミニズムに自己省察を深める機会を提供することに存在するのである。

残念ながら長谷川、ないしは社会史に向けられた批判の論調の中には、こうした試みそのものを「たたかいも進歩もない」退嬰的態度と非難したり（古庄 1987：313）、あるいは近代を相対化ないしは批判することによって、よりよく近代（すなわち私たち自身）を理解しようとする努力を、前近代的性役割の賛美や性差別肯定と一方的に等視し、「解放をもとめる女性のエネルギー」を「浪費」させる危険な傾向として断罪しようとする姿勢が感じられる（水田 1984：3）。もしも女性史がフェミニズムとこうした教条主義的関係しか結べないとすれば、それは自らの手足を縛することであり、女性史はもとよりフェミニズムにとっても決して好ましい結果は生まれないであろう。

次に性差の問題については、性差を考えることと性差別を肯定することがまったく別問題であることは、冷静に考えれば自明であるにもかかわらず、このように短絡的な拒否反応が現れるのは、これまで性差にふれることがフェミニズムや女性史にとっていかにタブーであったかを示す証左と見ることができる。たしかに、性差が性差別や性別役割の固定化を正当化する口実として利用されてきたことは事実であるし、個人としての男女の同権・平等を目指す現代のフェミニストたちの多くが男女の異質性よりも同質性を強調したことも、妥当な戦術であったといえよう。しかしだからといって、女性史においてもこの問題が忌避されて良いことにはならない。むしろ性差が性差別の口実とされてきた事実をも含めて、性としての女のありようを正視していくことこそ、基本的課題としなければならぬはずである(3)。

なぜなら、女とは生殖において男と対をなす一方の性であり、階級や人種や民族といった両性に共通する分類枠組みとは別に、もしくはそれと密接な関係をもちつつ女の実存的状況を規定してきたのは、その解剖学的、生理学的特性、すなわち性差(4)と、それに人為的に付随する社会的、文化的、宗教的規範であったし、現にあり続けているからである。女という性を男から明示的に区別しているのは、月経、妊娠、出産、授乳、閉経という女のみに現れる一連の生殖にまつわる現象であって、それぞれの女は個人的に産む、産まない、産めないにかかわりなく、この一連の機能をもつ側の性として分類され、個々の社会でその性に割り当てられた規範が適用されるのである（このことは、男には生殖上の機能がないとか、重要でないという意味ではない。男には男の生殖機能と、それに付随する規範が存在する）。女性史の存在理由が、女の視座からの世界像を提出し、男の視座を暗黙の前提とする従来の歴史像の修正、もしくはそれとの有機的合体を図ることであるとするならば、女自身による性差の考察はその不可欠の条件となる。エレーン・ショウウォルターがフェミニスト文学批評について述べているのと同じように、女性史にとっても目的地はジェンダーの一切存在しないユートピアなどではなく、むしろ騒然とした、それゆえにこそ興味の尽きない「性差という荒野」それ自体が、女性史の「約束の地」なのである（Showalter 1985 : 243-270）。

2　女の身体感覚

かつてウーマン・リブの運動の中では女の性の問題が中心テーマの一つであったにもかかわらず、リブがフェミニズムと名を変えて理論化作業が進行する過程で女の性がむしろ後景に退いていったのは、前述のように、性差を深追いすることは男女平等の達成という目標にとってマイナスに作用するという戦略的計算が働いたからだが、その奥には、女自身が自分のからだや性をいかに評価しているかという身体感覚の問題が潜んでいた。

フェミニストも含めて、従来女たちを捉えてきた身体感覚は、大きく分けて三つのタイプに分類できる。

第一は、シモーヌ・ド・ボーヴォワールやシュラミス・ファイアストーンなどの近代主義フェミニストに典型的に見られる、女の生殖機能を屈辱、醜悪と受けとめる自己否定的身体感覚である。ボーヴォワールは『第二の性』において、女特有の生理現象のすべてに憎悪に近い否定的評価を与えている。月経中の女は病的で、「自分の肉体を狂ったにごった物として感じ」、「彼女の肉体は毎月自分の中で巣をつくっては壊す執拗で無縁な生命のいけにえである」（傍点原文）。妊娠は「重い犠牲を要求する骨の折れる仕事」であり、「分娩それ自体がまた苦痛であり、危険であ」るし、「授乳もまた体のくたびれる労役である」。そして更年期という苦しい危機を通過してはじめて、女は

「雌の屈辱」から解放され、「やっと自分自身と一致」できるのである（Beauvoir 1949＝1959：64–68）。

ボーヴォワールは、「肉体は世界へのわれわれの手懸りの道具」であること、肉体的条件が「女性の歴史において最重要の役割を演じ、女性の情況《シチュアシオン》の本質的要素である」（同前 70）ことを、正しくも認識していた。だが彼女にとって女性性とは、「種への従属」を強要し、個としての自己主張を圧殺し、無能力の中に閉じこめようとする「疎外」に他ならなかった。女はこの生物学的宿命のゆえに、男と同じようになることができず、男に世界史的に敗北したのである。

> 女の不幸は、はたらく男のそばで労働の道伴れにならなかったために彼女が人間的共存《ミットザイン》から除外されたということである。……男が彼女のうちに同類を認めなかったのは、彼女が男の働きかたや考えかたに参加せず、いつまでも生命の神秘に従属していたからである（同前 132–133）。

女の生殖機能をひたすらマイナス要因としかとらえないボーヴォワールの思考様式は、男を霊的存在、女を肉的存在とし、女の肉体をイヴに象徴される堕落の根源として卑しめた西欧的霊肉二元論の伝統の上に立つものである。すなわち彼女は、子宮憎悪、もしくは子宮恐怖という男の論理を内面化した眼で、自らの肉体を疎ましく眺めているのである。

ファイアストーンも、『性の弁証法』をボーヴォワールに捧げていることからわかるように、「妊娠は野蛮」で醜いと見る身体感覚の継承者であった。女がこの屈辱から逃れる道は、男女の性差を限りなくゼロに近づけていくことであると考えるファイアストーンは、自然が創り出した「根本的不平等」の解決を、人工生殖を含むテクノロジーの発達に期待した。

われわれはすぐに男性・女性に関係なく生命を創り出しうるようになるであろう。そうすれば、今は醜く、しかも非能率的で苦痛を伴う妊娠は、今日の女性が結婚式に処女の印として白い服を着るのと同じように時代遅れで滑稽なことと考えられるようになるであろう(5)(Firestone 1970＝1985：248)。

もっともボーヴォワールにしろファイアストーンにしろ、生殖以外の女性性をもすべて拒否しているわけではない。生殖を捨象した快楽としての性の部分は積極的に賞揚しつつ、そこに生殖の可能性がつきまとうことに苛立っているのである。肉体を快楽の道具としてのみ利用しようとするこうした意識もまた、きわめて男性のそれに近い。そこから当然の帰結として、完全に意志的な肉体の管理、すなわち一〇〇パーセント確実な避妊法への要求が生まれる。産む性という自然が女に押しつけた「ハンディキャップ」を人間が科学技術によって征服しつくすことこそ、進歩であり、解放なのである。一九六〇年、ピルが発売されたとき、またたく間に何百万人もの女がこれを福音として受け入れたことは、こうした身体感覚がいかに普遍的であったかを物語っている(6)。

このタイプの身体感覚からは、近代科学が生殖機能からの「解放」をもたらすまで、女は生物学的宿命に翻弄される無知で惨めな存在であったとする、同性蔑視的歴史観が導き出される。日本では水田珠枝の歴史観がその好例である。

生活資料の生産には、人智をかたむけ自然を克服しようとした人類は、生命の生産については、自然を征服する努力を、ごく最近までおこたってきた。女性は、自分たちだけがもつ機能を自分たちの力で制禦しようとはせず、本能に身をまかせ、能力の続くかぎり出産し、人口過剰の状態をたえずつくりだしてきた（水田 1993：11-12）。

だが一体、ほんとうに女は「一九世紀になって、合理的な技術としてついに発明された避妊」(Mitchell 1972＝1973：129）が救出に駆けつけるまで、何千年もただ黙々と生殖機能の奴隷であり続けたのだろうか。たしかにエドワード・ショーターのように、二〇世紀に至るまで女にとって女性性は否定的概念でしかなく、女の肉体は悲惨と恐怖の源泉であったと断言する歴史家もいる(Shorter 1982)。しかし、自分で自分のからだをコントロールする意欲も能力も欠いた女たちというイメージは、「たえず男に支配され、虐げられてきた女」というルサンチマンにまみれたイメージと同様に、あまりにも平板すぎて信憑性に欠ける。この近代至上主義的モデルのもとでは、過去の女たちは「女たちに約束された素晴らしい未来の引き立て役」(Segalen 1980＝1983：10）を演じさせられるにすぎない。

しかし実は、生殖コントロールの試みは洋の東西を問わず人類の文明と同じぐらい古い歴史をもっている。その方法も、遅い結婚年齢や独身生活、特定の禁欲日や期間の設定、授乳中の性交禁止など、性交頻度を抑制するものから、まじないや護符などの呪術的方法、リズム法（安全期間）、点灸、内服薬や膣座薬、洗浄法、膣外射精や射精抑制、運動による精液排出、外科的処置、さらにはスポンジや紙や布、種々のペッサリー、コンドームによるバリヤー法に至るまで、きわめて多種多様であり、現代のピルや注射によるホルモン法以外の避妊法の原型は、すべて出そろっているといえる。創世記のオナンにその別名を由来する膣外射精の他にも、驚くべき寿命の長さを誇る方法が多い。たとえば、紀元前一九〇〇年から一一〇〇年のエジプトの五種のパピルスには、ワニの糞を用いたペッサリー、乳酸を染みこませた麻布のタンポンなどの避妊法が記載されているが、膣内pHの調節効果も期待できる動物の糞製ペッサリーは、一三世紀のアラビアの文献に至るまで三千年余にわたり諸文献中に登場する(7)。ノーマン・ハイムズが引用している薄めたレモン汁に浸したスポンジを挿入する方法は、明らかに有効と思われるし（Himes 1936＝1957：153）、植物性の飲み薬についてもジョン・ヌーナンは、人間の生殖能力に影響を及ぼす成分を含むとして歴史上に名のあがっている一〇〇種以上の植物のうち、少なくとも一部は不妊効果をもつことが実験的に確かめられたとしている（Noonan, 1986：12）。さらに堕胎や子殺しも生殖コントロールに重要な役割を果たしてきたが、これについては後で述べたい。

もちろん、現代のピルや合法中絶と比較すれば、過去の避妊法が一般に確実性や安全性の点で劣っていたとはいえようが、アンガス・マクラレンはそれとても、当時の人々の心理面と切り離して単純に二〇世紀の基準を当てはめ、「効いた」かどうかを判定するのはアナクロニズムであると警告している（McLaren 1984＝1989：17）。少なくとも、生殖をコントロールしたいという意志も、それができるという確信も、過去の女たちにとって無縁だったと決めつけることはできない。避妊法の多くは、女たち自身が考案し、実行し、口伝えで伝承していったと考えられるからである。

たしかに私たちは近い過去において、あるいは地域によっては現代においても、九年間に七人の子供を産み、さらに死産一回、流産一回を経験したとか、二〇年間を一一人の子供の妊娠、出産、授乳に明け暮れたといった類いの女たちの体験談を見聞きしてきた（Davies 1978：19–20）。だがそれらの例は、避妊についての知識や技術が存在していなかった証拠として見るべきではなく、個々の時代と社会において誰が、どのような意図のもとにそれらを所有し、管理していたかという、すぐれて政治的な問題として考察されるべきなのである。

近代主義的身体感覚は、歴史観において問題があるばかりでなく、科学技術の「進歩」を無批判に受け入れることからくる危険をも伴っている。かつて、女自身による完全な生殖管理を可能にした薬として歓迎されたピルは、その副作用や種々の危険性が明らかになるにつれ、フェミニストの間でも評価が逆転した。現在、先進諸国における服用者数は一九七五年をピークに減少傾向にあるが、開発途上国では人口政策の一環として逆に増加が続いており、日本でも近い将来、公式認可が予想されている(8)。一方、近年における生殖テクノロジーの異様な独走や、管理分娩、胎児選別、子宮・卵巣摘出手術の濫用などに見られる過剰医療の問題化は、ようやく科学に女性解放への期待を託すことがいかに高価な代償を伴う幻想であったかを明らかにしつつある(9)。一九六五年、『未来の女性』においては科学、ことに生物学の進歩が女性解放を助けると無邪気な信頼を表明していたイヴリーヌ・シュルロが、約一〇年後には、性差の人工的消滅の可能性を前にしてむしろ当惑をあらわにしているのは、きわめて象徴的である(Sullerot 1966=1966; Sullerot et Thibault 1978=1983: 16-27)。

第二にこれとは反対の極に、女は産む性であるがゆえに男よりも優れた、偉大な存在だと考える女たちがいる。ここでは性差はマキシマムに見積もられ、女の生殖機能は男には許されていない特権となる。

> お腹のなかに、子宮という自然を抱えて歩いてきた、女たちの営みこそ、生き物の営みなのでございます。男は、優雅なからだのリズムに身をまかせて生きる女たちを、非能率な生き物として社会から締めだして、ひたすら機械の真似をして生きてきましたので、生き物の営みを忘れてしまったらしいのです。……これはなんとも不思議な、どんでんがえしの不幸なのでございます。男は、ほかでもない女たちのためにこの世におくられてきたのです。女たちの営みのテンポに、男が合わせて生きるべきだったのでございます(板谷 1973: 37-38)。

産むことを選ぼうと選ぶまいと、すべての女は自分の内部空間、自分の創造的虚空の豊かな潜在力に気づいている。……当然のことだが、もし子宮を空白の場所、からっぽのゼロと見なすなら、その人は女嫌いの不快な結論に達するにきまっている。たとえば、女とは満たされることに飢えている穴にすぎないといったサルトルのように。だが、女は自分の子宮についてこんなふうには思わない。私たちの内部空間は暖かくて、内に来るものを安全に護り、ルビーのように赤く、ほのかに明るい、包みこむ場所なのだ。……

男が性行為をしたがるのは、根源的なものへの強い衝動によるのではあるまいか。男にとって、道はそれしかないのだから（Demetrakopoulos 1983＝1987：39-40）。

こうした身体感覚に立てば、月経も出産も授乳も、宗教的ともいえる超越的体験となる。その自信に満ちた自己肯定に、憧憬を覚える男もいるようだ。近年、ラマーズ法出産や自宅分娩に見られる男の出産への立ち会いは、女の身体感覚を擬似体験によってわが身に感得したいという欲求の潜在と読むこともできる。皮肉なことに科学技術の発展は、受精卵の腹腔内移植による男の妊娠を理論的には可能にしつつある。この人為による自然の模造を、「人類が誕生してこの方、男と女の溝は埋めようとして埋められず、越えようとして越えられなかった。接近はできても突破できない。だけど、男も妊娠できるようになった時、初めて突破できるかもしれない」と、歓迎する男の声もある(10)。

このタイプの歴史観においては、近代科学文明こそ女（自然）の抑圧の元凶と見、その反動として過去を美化し、共同体の中に幻のユートピアを求める傾向が強くなる。日本における典型例が、女を大地の母ととらえ、その本質を「生殖の意志」あるいは「母性我」と表現した高群逸枝であることは、衆目の一致するところであろう(11)。彼女の母系制の研究は、女たちのために書き遺された「理想境としての原始」をめぐる「壮大な叙事詩」であった（脇田 1983：20）。また欧米では、七〇年代から女のからだの自主管理権の回復をめざす女と健康運動が展開されており、フェミニスト女性史の中にもそれと連動して、男性医師や近代医学の女性差別イデオローグとしての役割を告発する一方で、伝統的な女の医療文化の担い手として魔女や産婆や女性治療者を再評価しようとする傾向が色濃く見られる(12)。

さらにこの歴史観が未来に転じられると、自然の体現者、あるいは自然と文化の仲介者たる女に、破滅の淵に立つ現代世界の救済への希望を託そうとすることになる。ここでは、「女性原理」と身体性の復権を訴えるエコロジカル・フェミニスト、青木やよひの名をあげておこう。

確かに、女が自分のからだや性を肯定的に、ありのままに受け入れ、卑下や偏見なしに語ろうとすることの重要性は、どれほど強調してもしすぎることはない。また、産む性としてだけでなく、癒す者としての女の貢献についても、歴史の中に正当な位置づけが与えられていくべきであろう。だが、女が女であることはなんら恥ずべきことでないのと同時に、そのこと自体に超越的な価値があるわけではないのであって、過度の神秘化に陥る危険はつねに警戒しなければならない。女であることの特権視は、男とのコミュニケーションの可能性を否定してしまうことになりかねないし、女同士の間でも一歩間違えば、「産まないひとにはわからない」式の母性ファシズムを生み出しかねないからである。

また、近代社会の中で一般に女が男よりも周縁的な位置に置かれてきたことが、現在では人間による自然の搾取を見えやすくしているとはいえるだろうが、そのことと、安直な二元論によりかかて女を自然と同一視することとは別である。ましてや、近代や男性中心文化という「悪」を外在的に設定し、それを糾弾すればすむという問題ではない。なぜなら、女は決して科学技術や近代文明の一方的被害者や疎外対象であったわけではなく、確実にその害と同時に恩恵も受けてきたのであり、エーレンライクとイングリッシュが「女と近代科学専門家とのロマンス」と呼んだように、とりわけ生殖をめぐる局面で近代科学の熱心な信奉者でもあったのだから（Ehrenreich & English 1979 : 5）。たしかに、女であるというだけでは、「男が救えなかった世界を同様に女が救えるはずはない」いのである（上野 1986 : 156）。

最後に第三の身体感覚は、より矛盾に満ちたものである。すなわち、女性性のうち母性についてはこれを認め、アイデンティティの拠りどころとするが、女のからだや性そのものに対しては拒否反応を示す二律背反的立場である。これを仮にヴィクトリア時代的身体感覚と呼んでおこう。西洋でも日本でも、女性参政権運動や禁酒・廃娼などの社会浄化運動、女子高等教育の要求などに参加した一九世紀後半から二〇世紀初頭にかけての第一期フェミニストたちの中に、その原型が見出されるからである。だが日本の戦後の母親運動のように、その命脈は現代まで生き続けている。

　彼女たちは、女は母性あるがゆえに男よりも道徳的にすぐれ、清らかで平和を愛する天性をもつという主張を、女の地位向上や社会進出を求める論拠とした。これは、「母性」を賛美することで女を「女の領分」や「家庭性」の中に封じ込めようとした母性イデオロギーを逆手にとって、女の権利の要求に結びつけたものである（Cott 1977）。だがそれと同時に彼女たちは、「ヴィクトリア朝風お上品ぶり《ヴィクトリアン・プルーデリィ》」という悪名高い性に対する偽善的態度も受け入れた。すなわち、母性の根源であるはずの女のからだや生理そのものは、語ってならぬもの、隠すべきものという、奇妙な逆説も承認したのである。性や生殖は結婚や家庭という浄化装置を通してのみかろうじてその存在を許容されるにすぎず、それ以外の女の性的行動はすべて売春や不道徳と同義となった。女の飽くなき好色さという伝統的イメージに代わって、女は元来性欲などもたない受け身の存在で、男の性欲に相当する女の本能は母性愛であるという神話が流布された。女は性やからだについて無知であればあるほど、純潔さの証明として自他ともに評価されたのである。そのため女自らが「良い女」と「悪い女」、すなわち「淑女」と「淫売」に女を分類し、前者は後者を排斥、もしくは憐憫と救済の対象とすることによって自らの地位を高めようとした。

　一九世紀後半、アメリカのフェミニストたちは、最も因習打破的なフリー・ラヴァーズからリスペクタビリティに敏感な参政権運動家や道徳改良派まで、さまざまなグループに分裂していたが、避妊の可否に関しては驚くほど意見が一致していた。彼女たちは「自主的母性《ヴォランタリー・マザーフッド》」の名のもとに、いっ、何人の子供を産むかを決めるのは女の権利であると主張した。だがその手段として彼女たちが容認したのは禁欲、もしくは妻による夫の「婚姻権」行使の拒否のみで、それ以外の人為的手段による避妊はすべて不自然で不道徳なものとして斥けられた。彼女たちの性概念においては避妊は売春と結びついており、妊娠の恐れのない快楽のみの性関係が可能になることは、男の一層の放縦と女の娼婦化を招くと考えられたのである（Gordon 1976；佐藤 1979；緒方 1986）。

もっとも、こうした「ヴィクトリアン・セクシュアリティ」と呼ばれる性感覚は建前だけのもので、ヴィクトリア時代の妻たちといえども実は大いに性の快楽を謳歌していたのだとする修正意見も出されている(13)。また避妊にしても、アメリカでは一九世紀初頭以来着実に出生率が低下を続け、世紀末にはフランスに次ぐ低出生率の国となっているし、イギリスでも世紀の後半には明らかな低下傾向が認められ(14)、その背景には中流階級への避妊器具や手引書の浸透が窺われる。だが少なくとも、女が自らのからだや性について関心をもったり、公然と語るのは「はしたない」こととされ、女自身もそうした規範を内面化して、母から娘へと代々再生産していったことは確かである。ゴードンは、自らの肉体を忌避するあまり、一人でいる時も、入浴の時も、夫とベッドに入る時も、けっして裸にならない女が大勢いたと述べている（Gordon 1976：23）。

日本におけるヴィクトリアン・セクシュアリティの形成とそれが果たした役割については、学校教育、家庭教育、医学等、さまざまな角度からの跡づけが必要であるが、その端緒は明治初期に矢つぎばやにうち出された、銭湯の男女混浴、立小便、猥褻図画の販売や見世物、裸体での通行、盆踊りや若者宿などを禁止する一連の風俗政策に見出せる。オールコックやモース、あるいはビゴーの絵が証言しているように、当時の日本人は男も女も裸体を人目にさらすことを無作法とも不都合とも考えてはいなかった（Alcock 1863＝1962；Morse 1917＝1970；清水 1981, 1986）。女が人前で胸をはだけて授乳したり、夏の間、あるいは労働の都合上腰巻だけで人前に出るのは、庶民階級では日常の光景であった。性は汚いもの、隠すべきものではなく、むしろ笑いと活力の源であり、性について知ること、語ることは、女にとっても子供にとっても禁忌ではなかった。性器そのものさえ隠蔽の対象でなかったことは、男女の下着の開放性とともに、各地に残る性器崇拝の習俗や民話、男女の性器を表現する名称の豊富さなどが物語っている（Krauss 1910＝1957；原 1967；野口 1974；樋口 1985）。

こうした性感覚に対する為政者側からの干渉は、武士階級の儒教的倫理観の上からの押しつけという形で説明されることが多いが、次のような通達は、脱亜入欧政策の一環としてのヴィクトリアン・プルーデリイへの迎合という一面があったことを窺わせる。

府下賤民共衣類不著裸体にて稼方致し、或は湯屋へ出入候者も間々有之、右は一般の風習にて御国人は左程相軽しめ不申候得共、外国に於ては甚だ之を鄙み候より、銘々大なる恥辱と相心得、我が肌を顕し候事は一切無之由……右様見苦敷風習此儘差置候ては、御国体にも相拘り候に付、自今賤民たりとも、決して裸体不相成候條、稼方に付衣類を著し不便の者は、半纏又は股引腹掛の内相用い、全身を不顕様屹度相慎み可申（後略）(15)。

もとより、性意識や習俗の変革は上からの教化によって一朝一夕に進行したのではなく、地域的、階層的落差が長く存続した。たとえば夜這いの習俗は地方によって昭和初期まで存在していたし（天野 1980；向谷 1986）、性器をタネに猥談に興じたり、強制された一夫一婦制とは全く無縁な性関係を生きる女たちの姿も観察されている（宮本 1984；赤松 1986）。しかし、「外国人に笑われぬため」という論理は日本人の間でかなり強い説得力と強制力を発揮したであろうし、学校教育、とりわけ女子教育の普及が、若い世代に新しい性意識や倫理観を根づかせるのに貢献したことも想像に難くない。女にとって性が次第に「語ってはならぬもの」となるにしたがって、女の性器や性欲は、女自身にとってもあたかも「存在しないもの」の如くに見なされるようになっていったのである。

女性史との関わりからいえば、日本の女性史研究者の多くを律してきたのは、こうした身体感覚だったのではあるまいか。第一のタイプを特徴づけるものが女自身の肉体に対する嫌悪、第二が陶酔であったとすれば、第三のタイプの特徴は無知、もしくは無自覚であるといえよう。

たとえば、女性史総合研究会編『日本女性史研究文献目録』(1983) は、原始・古代から現代までの女性史関係の文献を網羅した優れた目録であるが、性や生殖関係の文献は数自体が少なく、その多くを占めるのは男性研究者による遊女や売春の研究である。生殖は産育・母性という視点からのみ扱われ、生殖の半面である産むことの拒否（避妊・堕胎・子殺し）、あるいは性や月経や病気などを含む女のからだ全体への着目は、若干の民俗学的研究を除いてなきに等しい。すなわち、娼婦と母性に二極分解した女のステレオタイプが疑問なく踏襲され、追認されているのであって、こうした前提そのものを疑うところから女の全体像を主体的にとらえ直していくという発想に乏しいのである。

性のステレオタイプの追認という現象は、若い世代の研究者の中にも見られる。佐伯順子著『遊女の文化史』(1987) は、女性研究者が従来の犠牲者史観を離れて、性の力の積極的評価という観点から娼婦を論じようとしたものである。しかしここでも遊女＝ハレの女、地女＝ケの女という二極分解の図式が踏襲され、その上に立って聖なる性の女神という男性によって言い古された遊女像がなぞられるにとどまっている。

あるいはまた、脇田晴子編『母性を問う』(1985) は、女の性の一つの重要な側面に多数の女性研究者が光をあてようとした意欲的な研究である。しかし惜しむらくは、ここで追究されているのは「母性観の変遷」と「各時代における「母性」の効用」(脇田 1985: 3) であって、基本となるべき女のからだそのものには目が向けられていない。リンダ・ゴードンは、母性には生物学的、社会的、イデオロギー的の三つの構成要素があると指摘しているが (Gordon 1976: 10)、ここでは第一の局面が意識的考察の対象とされていないのである。また、産むことと不可分の関係にある産まぬことについても、独立して扱っている論文は含まれていない。このことは女性研究者自身が、女性性＝「母性」というきわめてイデオロギー的な自己認識の地点から出発し、しかもそのことが十分自覚されていない結果ではあるまいか。

これらの例のように、もしも研究者自身が既成の女性概念を所与のものとして内面化しているとすれば、かつて鹿野が期待したように「女性にとってはなんであったかの視点から」歴史を読みかえ、異なる時期区分や新しい世界像を提示していくことは、甚だ望み薄となるであろう。

以上のようなどの身体感覚に立つことも、女性史研究にとって十分でないどころか、ときには有害でさえありうることは明らかである。おそらく私たちは、研究者自身が身体感覚や性意識について自問し、その歴史性を自覚するところから始めねばならないであろう。その上で、アドリエンヌ・リッチが『女から生まれる』において試みているように、自分自身の肉体を嫌悪するのでも性差が存在しないふりをするのでもなく、かといって「母性」の神殿（もしくは牢獄）に立て籠もるのでもなく、あるがままの肉体を見つめる努力を通して新たな知の獲得を目指さなければなるまい(Rich 1977=1990)。

3　避妊・堕胎考

性や肉体を歴史の基本的分析軸に組み入れていく際に、出発点となるべき認識を確認しておくとすれば、次のようになる。

(一)　人間を精神と肉体に分け、前者に後者よりも高い価値をおく二元論的発想を排し、精神もまた肉体の一部であるという人間を全体としてとらえる立場に立つこと。このことは、男＝精神＝文化／女＝肉体＝自然という誤った図式のもとに、女が中心となって営まれる日常生活世界に知的対象としてごく低い地位しか与えてこなかった伝統的アカデミズムとは、異なる地点から出発することを意味する。

(二) 女は、その生殖機能の明示性とある程度の拘束性のゆえに男よりも肉体による規定が意識されやすい性であるが、その内実は決して万古不変ではないと知ること。

たとえば月経一つをとっても、医学や人類学、人口動態史が示しているように、初潮年齢や月経の有無は栄養状態や社会的、文化的条件によって左右され、それにつれて女の妊孕力が変化し、社会全体の出生率とも連動していく(16)。どのような社会でも、何一つ人為的操作を加えられず、自然のままに放置されるからだは存在しないが、とりわけホルモン剤による生殖コントロールや、不妊治療の選択肢として体外受精(特に精子バンクなどによる非配偶者間授精)や借り腹まで持つに至った現代の女たちは、近代化された機械としてのからだを生きているといえよう。

(三) 肉体や性は私的な領分ではなく、「個人的なものは政治的なもの」であると知ること(Ross & Rapp 1981; Folbre 1983; Nicholson 1986)。個人が性や生殖についていかに感じ、いかに行動するかは、当該社会の政治、経済、文化といった広い文脈の中で決定され、操作される。避妊、堕胎、子殺し、同性愛、マスターベーション、婚外性交、売春などに対する許容度が、時代や社会によりさまざまに変動するのは、個人的な嗜好や選択の結果としてではなく、社会システムの一部として理解されなければならない。

もとよりこうした認識は、女性史だけに関わるものではなく、社会史、とりわけ家族史と呼ばれる分野でつとに唱えられてきたところである。事実、欧米のフェミニスト女性史、あるいは新しい女性史と呼ばれるものは、歴史認識の上でも方法論の上でも、社会史に負うところがきわめて大きい。キャロル・スミス゠ローゼンバーグは、女性解放運動の昂揚だけでなく同時期における社会史の方法論上の洗練がなければ、新しい女性史も書かれなかったろうとさえ言っている(17)。

だが女性史は、社会史や家族史の下位分野と化したわけではない。少なくとも現時点においては、女性史には、一方の性の当事者性にこだわって発言していくことにより、性差を無視して、もしくは考慮せずに描かれる歴史像の偏りを正し、女という「マジョリテイ」(Lerner 1979:150)を正当に組み入れた全体史を追い求めるという、独自の存在理由があるからである。

たとえば、フェミニスト女性史家たちが指摘しているように、男性の社会史研究者は、「家族」をともすれば一枚岩的な単位としてとらえ、家族内の葛藤や性による利害の差異を見落としたり、親子関係を父と息子の関係に等置したり、家族外に存在する未亡人や独身女性といった女たちを無視しがちであった(18)。こうした、いわば無意識の家父長的思いこみともいうべきものを矯正していくことは、女性史から歴史学への重要な貢献となりうる。その場合、女の視点による読みかえが特に不可欠なテーマの一つが、避妊と堕胎である。産む当事者である女の側には、男や社会一般とは異なる論理や行動の動機が存在するはずだからである。

C・H・ブラウナーは、メキシコのある村を舞台に、避妊をめぐって女と男（村落共同体）とメキシコ政府との間にどのような対立が存在するかを報告している（Browner 1986：710-724）。一九八〇年から八一年にかけてブラウナーが面接した一八〇人の村の女たちの多くは、女にとって大きな負担である出産や育児に対してははっきり否定的な態度を示し、個人的には子供は少ないかいない方が良いと考えていた。だが男たちは、村の存立と利益を守るためには人口が増えることを望んでおり、二〇年程前に、女たちが妊娠を避けるために密かに利用していたエゴノキを切り倒した。この木の樹皮を煎じたものを飲むと、妊娠しにくくなるのである。ブラウナーにこの木の話をしたのは村の男たちで、女たちの方は大多数が、木のことは知らないし、ましてや利用したことなどないと否定した。多産を奨励する共同体の圧力の下では、集団の利害よりも個人の利害を優先させる行動は利己的だと、女同士の間ですら非難されるからである。一方、メキシコ政府は積極的に家族計画を推奨しており、近くの町の官営保健センターでは無料で避妊器具を提供している。だが、一八歳から四五歳までの村の女たちの中でセンターの避妊指導を受けたものは七パーセントにすぎず、その多くは三ヵ月半程で使用を止めてしまっただけでなく、ブラウナーの質問に対して、自分がセンターを訪ねたことを頑強に否定した。一般論としては政府の家族政策を理解しながらも、自分たちの村については人口増を望む男たちから、罪を犯したと咎められるのを恐れてのことである。すなわち、国家と村（男）と個々の女たちという異なるレヴェルにおける利害の錯綜の結果、政府による避妊奨励策は、女たちに解放や自由をもたらすよりも、女と男との間に疑惑と、より大きな緊張関係を生じさせることになったのである。この例は、過去の社会を見る際にも、階級や民族や宗教といった分析軸だけでなく、つねに性差をも考慮に入れていかなければ、より本質的な理解に到達しえないことを示唆しているといえよう。

次に避妊と堕胎(19)の関係についてであるが、リグリイやフランドランやアリエスなどに見られるように、従来の研究においては男性主導型の避妊法である膣外射精(性交中断)に重きがおかれ、その実行の程度によって避妊の普及度が測りうると仮定される傾向があった(Wrigley 1969＝1971：136-137；Ariès 1960＝1983a；Flandrin 1981＝1987)。だが、実際の場にあっては男がいかに避妊に消極的、非協力的であることが多いかという事実と、ブラウナーの報告に見たように生殖をめぐって女と男の意向がつねに一致するわけではないことを考えれば、より女主導型の他の避妊法とともに、避妊がなされなかった場合、もしくは失敗した場合に女がとりうる手段としての堕胎が、より重視されねばならない。

従来の生殖の社会史において堕胎が必ずしも正当に取り扱われてこなかったのには、いくつかの理由が考えられる。第一は、現代人の感覚からすれば避妊は善であるが、堕胎は子殺しと同様に好ましからざるテーマだということである。避妊と堕胎を別物として区別し、後者を非難しつつ前者を推奨するという論法は、マーガレット・サンガーやマリー・ストープスをはじめ、産児制限運動の担い手たちがしばしば採用したところである。第二に、堕胎が行われていたとしても、どの程度頻繁であったのか数量的把握が困難だという問題がある。第三には、堕胎は女の生命や健康にとって危険すぎ、しかも当てにならない賭けであって、よほど特殊な事情のない限り女が進んで採用するはずはないという考え方がある。そして第四に、堕胎は男の意向や協力とは無関係に、女が独自に行いうる方法だという性格がある。

まず第一の避妊と堕胎は性格を異にするという点については、現代においても一〇〇パーセント確実な避妊法はありえず、性行為にはつねに幾ばくかの妊娠の可能性がつきまとうとされている。避妊を意図して失敗した場合、その後衛として堕胎が登場するのは、避妊の論理の延長としてなのである。また、生命の起点をどこに求めるかは、その終わりをいつと定めるかと同様に、実は現代生物学でも結論の出ていない、もしくは出せない問題である（柴谷 1983；小沢 1987）。生命発生の連続した過程のどこに線を引いてそれ以後をヒトと見なすかは、相対的、便宜的な区別にすぎず、個々の社会の死生観や価値観に応じて大幅に揺れ動く。たとえば日本の伝統社会では、生児を間引くことを「もどす」とか「お返し申す」と表現したが、これは生命を個別的なものと考えず、「あの世」と「この世」を行きつ戻りつする連綿たるものと見る生命観に基づいており、生児がヒトとなるのは共同体がその子を一員として迎え入れると決めた時点からであった(20)。あるいはまた、古代ギリシアやローマでは、虚弱児や奇形児を処分することは市民社会にとっての善と考えられていたし、女児の殺害や遺棄や選別中絶を是認する社会は、現代のインドや中国に至るまで歴史上数多く存在する（第七章を参照）。現代の最先端医療が行っている胎児診断や障害新生児の抹殺は、これまた優生思想に基づく生命の選別である（日本臨床心理学会 1987）。

では女自身が自分のからだの中に胎児という「他者」の存在を実感し始めるのはいつだろうか。胎児心音や超音波による確認が行われない時代にあっては、それは一般に胎動以後であった。前近代イギリスの慣習法では胎動以前の堕胎を罪と見なしていなかったが（McLaren 1984＝1989）、これは女の身体感覚から見て妥当な判断であろう。女が妊娠初期の徴候、とりわけ月経停止を「他者」の存在の証しとしてよりは自分のからだの変調として受けとめ、変調を常態に戻すためにさまざまな方法で努力することを自己の裁量権に属する事柄と考えたとしても、それはきわめて自然なことだったのである。

第二に、人工妊娠中絶が完全に医師の領分と見なされている現代と異なり、一九世紀以前の堕胎は個々の女の日常生活の中に埋没していた。そのため、失敗例や処罰された例のみが記録に残り、成功例や実際に試みられた数を把握することはまず不可能である。記録された数にしても、たとえばドイツで堕胎罪に問われた者は、一八八二年の一九一人から一九一四年には一、七五五人と約九倍に増加しているが、これが実数の増加を示すものか、取り締まり強化の結果なのか、あるいは使用手段の変化による露顕率の上昇であるのか、慎重な検討が必要である（杜陵 1922：5）。だが厳密な数量化はできないとしても、これらの数値が水面下に隠れた巨大な氷山の一角であることは確かであろう。一九四〇年、フランスのリール地区で、四軒の卸問屋が年間一七〇万回分もの植物性堕胎薬を販売したという報告は、効果のほどはともかく、潜在的な堕胎人口の大きさを洞察する一つの手掛かりとなる（Van de Walle 1980：145）。また、真偽のほどは不明だが、死の床でこれまでに二一回、自力で堕胎したと告白した女もいたという（La Sorte 1976 : 171）。
第三に、女たち自身による「ホーム・メイド」堕胎や、医師以外の堕胎師や産婆による処置は、その危険性や無効性が強調されることが多い。したがって、私生児を産むことをなんとしても避けたい未婚女性のように、よほど切羽つまった状況以外に広く利用されたはずがないとの推論がなされる。だがこうした考え方は、まず第一に、女の決意の固さという要素を計算に入れていない。たとえばマクラレンは、世紀転換期のイギリスについて、次のような呼び売り商人の息子の回想を引用している。

またもう一人子供が増えるかと思うと、母さんが絶望的になったのもわかります。母さんは俺をおろすために、ありとあらゆることを試したそうです。金がないのにジンを買って飲み干したり、裏庭からブリキの風呂桶を運びこんで殆ど煮えたぎってる湯で一杯にして、そこにつかったり。おかげでひどいやけどをして、何日も苦しんだそうです。へとへとになるまで、階段を駆け上がったり降りたりもしました。どれもこれも俺が育ってくのを止められないとわかると、母さんは火薬を手に入れて――たっぷり六ペンスはしたそうです――そいつをマーガリンの塊と混ぜて飲みこみました。当時はこの方法ならまず間違いないって言われてたんですが、母さんの場合はひどく気分が悪くなっただけでした。とうとう母さんはどうしようもないって諦めて、俺が生まれたんです。あれだけいろいろやってみた挙句に、また悩みの種が増えたってわけです。だけど母さんは、俺が逆らったことをべつに根にもっちゃいませんでした。生まれた者は生まれた者、他の子と同じように受け入れて、食べさせて、愛してくれたんです（A. McLaren 1978 : 247）。

一八九〇年代からの一時期、イギリスの女たちの間で鉛による堕胎が流行した。鉛を使用する工場で働く女たちに流産が多いことからヒントを得て、女たちは市販の打ち身や骨折治療用の鉛膏薬を用いて丸薬を手作りし、大量に服用するとともに、口伝えでその製法を広めたのである。そのため、流産した女を診察する時はまず歯茎を見て、鉛中毒の徴候の有無を確かめよと医師が言うほどであった（Knight 1977 : 60）。このように合法であろうとなかろうと、堕胎しなければならないと決めたらたとえ命を賭してでも、また医師の協力が得られなければ自分たちなりの方法で、女たちは妊娠を終わらせようと努力したのである。

民間堕胎法の危険性と無効性についても再考の余地がある。こうした方法が注目されるのは合併症や死亡を伴う失敗例を通してであることと、一般に医師は医師以外の者が行う「セルフ・ヘルプ」式の堕胎に反感や敵意を抱いていることから、危険性や無効性が誇張されて伝えられる可能性が否定できないからである。伝統的に堕胎に利用されてきた薬種植物には、洋の東西を問わず共通したものが多い。中でも最もポピュラーなのは麦角、ヘンルーダ、ヨモギギク、サビン、ペニロイヤルなどで、強い子宮筋収縮作用があり、麦角のアルカロイド成分は今日でも分娩促進剤として産科医療に使用されている。あるいは子宮頸管拡張に利用されたスリッパリー・エルムは、今日の人工妊娠中絶に使われるラミナリアの原型といえる（Shorter 1982 : 183–188 ; McLaren 1984 : 102–106）。キャロル・レイダーマンは、マレーシアでは現代でもこの種の堕胎法が用いられている様子を伝えている。強い下剤効果をもつ熟していないパイナップルと酵母と黒コショウとの混合物を空腹時に食する方法は、子宮筋収縮による流産を引き起こす。また、アカル・セレカと呼ばれる植物の服用や根の挿入はプロスタグランディンの生成を促し、胎盤の剝離をもたらすとされている（Laderman 1987 : 79–81）。

マッサージも同じく今日の第三世界で用いられる方法であるが、一九〇八年、ドイツのある医師は、スウェーデンやベルリンで見られる「腹部按摩法の如きは堕胎を誘起するに最も適当の方法と認められる」と述べている（マルクス 1909 : 45）。

最後に堕胎は、女が自主的に行う生殖コントロール法として重要な位置を占める。それは、ときには強いられた母性に対する命がけの抵抗ともなりうる。避妊や堕胎を行う動機としてつねに主張されるのは経済的理由であるが、家族の経済面のみに注目しすぎたことが、パンの主要な稼ぎ手である男の意思によるコントロール、すなわち膣外射精という単線的理解に傾いた一因ではあるまいか。経済的動機とは別に、男や社会の期待に逆行してでも自分のからだや人生に対する決定権をもちたいという女の側の動機にも、少なくとも同等の顧慮が与えられてよいだろう。ダニエル・スコット・スミスやマクラレンは、こうした女の日常における自律性への欲求を「ドメスティック・フェミニズム」と名づけ、ジョハンソンも同じく、従来のフェミニズムの狭い定義を離れて、普通の女の家庭生活の中に見られる「ライフスタイル・フェミニズム」を重視することを提唱している（Smith 1974 : 119–136 ; A. McLaren 1978 : 95 ; Johansson 1979 : 273）。あえてフェミニズムと呼ぶか否かは別としても、「家族」や「夫婦」という単位に吸収しきれない女自身の意思や利害という要因は、いかなる時代、いかなる地域を考察するについても忘れられてはならないし、堕胎はそのための有効な手がかりの一つとなりうるであろう。

女という性の当事者性を足場に歴史を見る作業は、もとよりここに粗描を試みたものだけにとどまらない。ここではただ、すべての作業の出発点としての身体感覚にまつわる問題点を指摘し、性差の考慮が不可欠な研究分野の一例として避妊と堕胎をあげたにすぎない。出産ではなく、あえて産むことの拒否、もしくはからだの自主管理への努力をとりあげたのは、従来の日本の女性史の偏りを正すと同時に、歴史学一般にとっても、歴史における主体的行為者としての女の発見につながる重要な領域ではないかと考えたからである。

女性史を名乗ることは、男や社会との関係を捨象して女だけを真空状態で扱うことを目指すものではない。むしろ、関係構造をよりよく明視するための意識的努力の一形態というべきであろう。「女性」史に固執することは、この分野に対する男性研究者の無関心や敬遠、ときには反感を招いて、共同研究を成り立ちにくくさせるという声を聞く。だがあえて言うならば、女からの挑戦に応えて新しい男の歴史、男という性の歴史が書かれることが、真の関係史、両性史に至る捷径ではあるまいか。歴史への性差の視点の導入が必要なのは、男と女が互いに排除し合うためでも、性差決定論ですべてを処理するためでもなく、魅力ある対話を通して異なる視座から眺めた歴史像を幾重にも重ね合わせていくことによって、新しい洞察を獲得し、少しでも「全体史」という見果てぬ夢に近づかんがためなのである。

注

（1） 論争の経過と内容については、井上（1975）、永原（1976）、古庄（1977, 1987）、ひろた（1977）、犬丸（1982）を参照。

（2） たとえば以下を参照。Smith-Rosenberg（1975）, Kelly-Gadol（1976）, Smith（1976b）, Johansson（1976）, Lerner（1979）, Degler（1981）。

（3） 性差がどのような論理のもとに性別役割の固定化に使われてきたかについては、O'Kelly（1986）を参照。

（4） 生物学的、生理学的性差のこの当時の知見については、Sullerot（1978＝1983）, Fausto-Sterling（1985）, Durden-Smith & Simone（1983＝1985）, 新井（1986）を参照。

（5） ボーヴォワール、ファイアストーン、およびベティ・フリーダンの「肉体嫌悪」については、Spelman（1982）を参照。

（6） アメリカのピル人口は認可から二年以内に一二〇万人となり、一九七三年には一千万人に達した。Boston Women's Health Book Collective（1984＝1988 : 215）。

（7） 以下を参照。Himes（1936＝1957）, Green（1971＝1974）, Gordon（1976）, Eyben（1980/81）, McLaren（1984＝1989）, Noonan（1986）。

（8）女のためのクリニック準備会（1987：72-73）。なお、日本でのピルの避妊薬としての公式認可は手間どり、ようやく一九九九年に認可された。

（9）生殖技術および過剰医療問題については、以下のものを参照。斎藤（1988）、Corea（1984＝1986），d'Adler & Teulade（1986＝1987），Colen（1986＝1987），中村（1983）、松岡（1985）、篠原（1987）、小牧（1987）。

（10）「男も妊娠する!?」（『ターザン』一九八六年一〇月号）中の中沢新一の発言。

（11）高群（1967）、および同（1972）のとりわけ上巻「無痛分娩の母たち」（62-94）。堀場清子は高群の思想を、「卵の思想」と呼んでいる（鹿野・堀場 1977：150）。

（12）次にあげるのはその一部である。Smith-Rosenberg & Rosenberg（1973），Wood（1974），Gordon（1976），Oakley（1976），Ehrenreich & English（1979），Wyman（1984），Wiesner（1986）。

（13）以下を参照。Degler（1974），Freedman（1982），Stearns & Stearns（1985）。

（14）以下を参照。Peel（1963），Cirillo（1970），Yates（1976），A. McLaren（1978），Bullough（1981）。

（15）明治二年一一月二九日、東京府達（『新聞集成明治編年史』第一巻、本邦書籍、1982：413）。カタカナを平仮名に改めた。

（16）以下を参照。Frisch（1978），Marcy（1981），塚田・森（1947）、高知（1947）。

（17）Smith-Rosenberg（1975：188）。あわせて次も参照。Stuard（1981），有賀（1981）、同（1985）。

（18）以下を参照。Lerner（1979：151-152），Smith-Rosenberg（1975：188-189），Stuard（1981），Tilly（1987）。

(19) 本書ではabortionという語にあたる日本語を、医師が行う合法化された医療処置の場合は「人工妊娠中絶(中絶)」、それ以外は「堕胎」と使い分けることにする。
(20) たとえば、恩賜財団母子愛育会(1975)、佐々木(1980:40-49)、千葉・大津(1983:31-38)を参照。

第二章　産むも地獄、産まぬも地獄の……

1　進化の不条理

子供を産まないためのいちばん安全な方法をお教えいただけますでしょうか。私は三七歳で、これまでに一四人子供を産み、うち九人が生きています。いちばん上は一七歳、末っ子は六ヵ月ですが、ご存じのように、私の年齢ではまだまだ生まれる可能性があります。私たちはたいへん貧しく、前回の出産は無料産院のお世話になりました。そこの婦長さんやお医者さまは、私はとても心臓が弱く、これ以上子供を産んだら命が危ないかもしれないと言いました。私のからだの中はもうガタガタで、子宮脱も起きています。飢えさせるとわかっていながら子供を産んだり、税金を収めている人たちのお荷物になるのはよくないことですが、私の場合がそれなのです。夫は臨時雇いの庭師なので、仕事はとても不安定です。私はお乳も出ません。夫は、あの点については注意深い人ではないので、ほんとうに私がどうにかしなければならないのです。もうこれ以上、子供はほしくありません。もしも私がもうひとり子供を産んで倒れてしまったら、まだ小さい他の子たちはどうなることでしょう。毎月々々、はらはらしどおしで、神経がどうにかなりそうです。母親たちがこっそり手紙で相談でき、必ず返事がもらえる産児制限クリニックというのは、ほんとうに素晴らしいお考えですね（Hall 1978：19-20）。

これは、一九二六年、イギリスの産児制限運動の指導者マリー・ストープスのもとに寄せられた多数の手紙のなかの一通である。この年、大衆雑誌『ジョン・ブル』に彼女の書いた記事が連載された結果、労働者階級の男女、とりわけ女たちから、避妊法や堕胎についての問い合わせが殺到した。堕胎をしてほしいという依頼だけでも、わずか三ヵ月間に二万通に達したと言われる。

子供がほしくてたまらない不妊の女性から見ればどれほど贅沢な、羨むべき悩みであるとしても、妊娠できてしまう、産めてしまうということは、多くの女たちにとってこの上なく切実な悩みの源だった。女自身が望もうと望むまいと、強姦だろうと近親姦だろうと、たった一度のセックスでも死ぬほど嫌いな男の子供でも、妊娠する時には妊娠してしまう、そして流産しなければ子供が生まれるというのが、女という性が有史以来引きずってきた最大の不条理だったのである。

人間の女になぜ他の動物のような発情期がなくなり、年がら年中妊娠と出産の可能性が生じたのかについては、生物学者の間でも説が分かれている。女性の社会生物学者の中には、女の排卵期が外からも女自身にとってもわかりにくくなったことで、女は浮気な男を単婚家庭に縛りつけ、自分と子供たちを養い、守らせることができるようになった、なぜなら男が外をうろついている間に、女が他の男と不貞をはたらき、その男の子供を押しつけられたりすることのないよう、男はつねに監視していなければならなかったからである、という説を唱える者がいる。あるいはまた、発情期が消えて女がいつでも男を「受け入れ可能」となったのは、人間にとって性交の目的が生殖だけではなくなり、「人間は他の理由——交際、たのしみ、活力、愛情——のために」性交を行うようになったからだとする立場もある（Hrdy 1981＝1982：Shaw & Darling 1985＝1989）。

けれども、よしんば遠い祖先の女たちにとっては発情期の消失（そしてまかりまちがえば、ひっきりなしの妊娠と出産）という戦略がなんらかのプラス効果をもっていたとしても、その後に続いた世代の女たちがどれだけそれに共感できたかは、かなり疑問だろう。女自身の意思や希望にかかわりのない妊娠や出産の可能性は、階級や貧富の差をこえて、歴史のはじめから女の人生に押しつけられた刻印だった。だからこそ、たとえばエドワード・ショーターのような近代主義的な歴史家が、二〇世紀の初頭になってようやく近代医学と「新しい男たち」、すなわち近代家族の中で形成された「愛情あふれる夫」が女たちの味方として登場し（白馬の騎士！）、出産や堕胎をそれほど危険なもの、孤独で恐ろしいもの、あるいは避けがたいものではなくしてくれるまで、女たちは自分のからだを呪い続け、セックスを「悲しいおつとめ」として、ただひたすら耐え忍んできたに違いないと単細胞的に考えたのも、あながち無理もなかったのである（Shorter 1982＝1992）。

さて、このように妊娠・出産能力を女が背負ってきた不幸な宿命とみる見方が、女が嬉々として母性役割を遂行することを期待する人々や、自ら望んで現にそれを遂行中の女たちから歓迎されないのは当然のことだろう。けれどもそれだけでなく、女は歴史的に家父長制によって抑圧されてきたと説くフェミニストの間でも、この手の話は必ずしも評判が良くない。女の生殖機能を強調した議論は、とかく女を「産む性」だけに還元する口実を与えることになりやすく、生物学的性差を理由に女に対する政治的、経済的、社会的な差別が正当化されてきた過去の亡霊を生き返らせる恐れがあるというわけである。いわばこれはヤバイ話題なのだ。その背後には、昔はどうであれ、現在ではそれこそ近代医学の勝利のおかげで、女たちはそうしたありがたくない「宿命」や惨めな過去とは縁を切ることができたはずじゃないか、現代では産むにしても、それは女たちが好きこのんで、選択のうえで産んでいるのではないか、という苛立ちがある。でも本当にそうなんだろうか、私たちはそれほど生殖をめぐる不平等が「解決済み」の時代に生きているのだろうか、もうちょっと愚直にこの「宿命」の中身にこだわってみてもいいんじゃないか――というのが、ここでの私の話である。

もちろん私は、一九世紀から二〇世紀にかけての学者たちが大まじめに展開したような、女には月経があり、妊娠や出産をするための機能がそなわっているから、そのぶんだけ女は知的、肉体的な能力において男に劣る、だから女にはこれこれのことはできないといった類の生物学的決定論、性差絶対論に与するつもりはさらさらない（月経中はもちろん、妊娠中でも、あるいはその気になれば授乳しながらだって論文は書けるし、やりたければ、女性弁護士ジゼール・アリミがやったように、出産当日まで法廷で弁護の論陣をはることもできる。また、海女たちは陣痛が始まる直前まで、海に潜って貝を採ってきた）（Halimi 1973＝1984：41）。けれどもその一方、男女の肉体的性差になんて取るに足るほどの意味はない、性差と称されるものはもっぱら文化の捏造物だと主張する性差ミニマリストにも、賛同できそうにない。どのように産むか、産むことをどう評価するか、産んだ子を誰がどう育てるかには文化ごとに無限に近いヴァリエーションがありうるとしても、産むのはつねに女だという一点を中心に性の区別が形成され、回転していることは、これまでのところ否定しようのない歴史的事実だった。女はしばしば妊娠し、男はけっして妊娠しないという、この決定的な相違のうえに性の歴史は展開されてきたのである。そして産んでから後のことはこの際言わないにしても、そもそも妊娠・出産する側の性であることによって大昔から女たちが現実にどれほどワリをくってきたかを思えば、この点での男女の違いを無視したり、不幸な過去の出来事として片づけることは、私には不誠実な対応のように思えてならない。多産や難産、あるいは産後の病気が原因で死んでいった女たち、望まない妊娠にけりをつけようとして、コートハンガー・アボーションによる大出血や感染症、堕胎剤として飲んだ水銀や鉛の中毒で死んでいった女たち、未婚での妊娠を恥じて自殺したり、迫害された女たち――彼女たちのためには誰も歴史を書かなかったけれど、私たちは彼女たちの累々たる屍のうえに現在を生きているわけだし、地球上にはいまもなお、こうやって死んでいく女たちがあとをたたない。

だからといってこのことは、女にとって妊娠はつねに苦痛だったとか、望まない妊娠の結果生まれてきた子供に対して母親たちが愛情を感じなかったという意味ではない。女自身が、さまざまな理由から切に妊娠を望んだことも多かったし、母親であることに幸福を感じた瞬間も無数にあっただろう。ただ、女と出産との関係は、「母性」を語ろうとする人々が無条件に前提としたがるほどには、自明なものでもストレートなものでもなかったし、産むことは産むことの苦しみや産むことへの拒否とつねに背中合わせに、それらとの拮抗関係や苦い妥協の中で成立してきた現象だということを、とりあえず出発点として確認しておきたいだけである。

2　生殖と権力

それでは過去の多数の女たちが妊娠や出産のゆえに苦しみ、死んでいったのは事実としても、その死や悩みは結局、彼女たちが生きた時代の科学的避妊法の未発達（「生まれた時代が悪かった」）と社会の無知、あるいは彼女たち自身の無気力のせいだったのだろうか。たしかにたとえば現在の日本のように、さまざまな避妊法が手に入り、安全かつ簡単に人工妊娠中絶を受けることもでき、出産の少数精鋭主義が社会的にも認められている国に生きる女たちにとっては、もう性差としての妊娠・出産は以前のような不可避な運命、一方的に加えられる理不尽な重圧ではないように見える。いまでは子供は慎重に計画して「つくる」もので、それもできずにポロポロ子供を産むなんて、無責任、怠慢、社会の迷惑だと非難されかねない。避妊はいまや公衆道徳で、これはやっぱり女にとってずいぶん良い時代、解放された状況になったものだと言えるのではないか。

けれども残念ながら話はそう単純ではない。たとえば、科学的避妊法の未発達が過去の女たちの不幸の原因だったとする説明では、出産制限の手段や知識を誰がどのように管理し、利用するかという重要な問題がすっぽり抜けおちてしまうことになる。生殖をなんとかしてコントロールしようとする「民衆の知恵」的な努力は洋の東西を問わず長い歴史をもっていたが、その中では堕胎も、しばしば女たちの自衛手段として大きな役割をはたしてきた。だが、近代医学が人間の身体に対する唯一の「正当な管理者」として独占的権力を獲得するにしたがって、堕胎は女自身や民間の堕胎師の手を離れて医師だけが合法的に行える医療行為へと姿を変え、それ以外の人間が行った場合には犯罪として処罰されるようになった。また避妊も、心身に有害であるという「医学的」理由によって知識や技術の伝播が抑制された（Gordon 1976; McLaren 1984＝1989）。マリー・ストープスに手紙を書いてきた貧しい女たちはしばしば、医師は彼女たちに対し、もうこれ以上子供を産まないようにと命じることはしても、その方法を教えてほしいと頼むと何も答えてくれないと訴えている。しかもそうした医師自身の家庭は子供が一人か二人しかおらず、出産制限が行われていることを暗に示していた（Hall 1978 : 40-41）。つまり生殖コントロールの方法の近代化の歴史には、当初からノウハウや技術の独占という要因がからみついていたのである。

しかもこれは過去だけの話ではない。たとえばフランスでは、一九七五年に妊娠一〇週以内の中絶が合法化されて一九二〇年に制定された堕胎罪が覆されたが、ジゼール・アリミは、それ以前でも一部の女たちにとっては堕胎罪は存在していなかったと証言している。

二〇年間の弁護士生活で会社重役や政府高官の妻や大臣の妻が堕胎罪や共犯罪で告訴されたのを見たことは一度もない。これらの紳士連中の愛人だってそうである。しかし彼女たちだってわたしたちと変わりないのだ。彼女たちも妊娠し、堕胎するのである。ただ彼女たちは最良の条件のもとで堕胎する。ひそかにイギリスやスイス行きの飛行機に乗るのだ。それに快適な病院がパリのすぐそばにないわけでもないのだ。万一、医者が逮捕されて住所録や予定表が押収されても、有名人の名前はリストから削除される（Halimi 1973＝1984：108）。

アリミはさらに、たとえ堕胎罪はなくなっても、貧しい女たちが健康保険を使ってきちんとした病院で中絶手術を受ける権利が法的に保証されなければ、高い手術費を用意できない女たちはあいかわらずヤミ堕胎に頼り、過去と同じような死に方をしていくだろうとも述べている（Halimi 1973＝1984：113）。隣国のイタリアでも、一九七八年に公立病院にかぎって初期中絶が合法化されたが、一年以内に医師の七二パーセントが「良心的」中絶手術拒否の立場にまわった。しかも同じ医師たちの一部は、病院の外では大金を受け取って中絶手術を行っていると言われる（Boston Women's Health Book Collective 1984＝1988：280）。つまり問題はたんに避妊知識や技術の発達レヴェルにあるのではなく、誰がどのようにそれらを管理し、運用しているか、こうした知識や技術がどれほど一般の女たちにとって開かれたものであるかが、過去においても現在においても、それと同程度、あるいはそれ以上に大きな意味をもっているのである。

次に、望まない妊娠をしてしまった女たちの無知や無自覚を強調することは、そもそも彼女たちの妊娠の原因を作った男の問題を不問にふすことになりやすい。たとえば、これまでに出産六回、死産一回、流産二回を経験し、死産の際にはあやうく自分も命を落としかけた四一歳のある農場労働者の妻は、夫がどのように彼の「婚姻権」を行使するかを、次のようにストープスにあてて書き送っている。

私が死産してから三日目に夫はベッドのそばに来て、いい気味だ、おまえが悪いんだ、他の女は子供ができないようにしているんだから、おまえだってやればできたはずだ、と言いました。そしてとっても怒って、二ヵ月間はそれっきり私の部屋には入ってきませんでした。……それから後は、私が彼を受け入れないというので、とっても酷くあたるのです。これまでにも何度もあったことですが、夫はしょっちゅう私に後ろを使わせろと無理強いします。前を使わせないんなら、後ろからやってやる、満足さえできりゃあ、俺はどっちだっていいんだから、と言うのです。

……私は夫を憎んでいて、それにこれ以上子供ができたらと思うと、身をまかすことができないのです。そうすると、彼はまた、私が忠実でないと言って責めます。でも何のかのと言っても、私はやっぱり彼の妻で、彼の楽しみのためだけに使われたり、妊娠中にひどく扱われたりするのはいやだと思っていても、私が身をまかせなければ、夫は他の女に求めると言うのです（Hall 1978 : 18-19）。

女は、自分ひとりで勝手に妊娠するわけではない。女たちの不本意な妊娠の大部分は不本意な性交の結果として生じたものである。けれども女が男の強要に負けた末に妊娠して責められることはあっても、自分の性衝動に対して寛容すぎた男が同じように責められることはない。男の性欲は自然で抑制のきかないもの、あるいは抑制する必要のないものという性の神話が、あらかじめ男たちに情状酌量、無罪放免を約束しているからである。この神話は残念ながら現代でも、男に対しても女に対してもその神通力を失ってはいない。そして、コンドームをつけると性感が損なわれるとかめんどうくさいと言って、避妊をいやがる夫から性交を無理強いされた妻や、男の「愛情」をつなぎとめたいばかりに無防備に身をまかせた娘たちは、あいかわらず次の月経がはじまるまで来る日も来る日も不安におののいたり、実際に妊娠を知ってうちのめされたりすることをくり返している。ただ、戦後の日本のように天下り式に人工妊娠中絶が「自由化」された社会では、避けられたはずの多くの妊娠の後始末を中絶が引き受けているから、以前ほどにはこの構造があからさまになりにくいだけのことである。たとえば次のような声は、前記の農場労働者の妻の訴えと、それほど違っているだろうか。

危険日だからと断ったのに「食わせてもらっておきながら、セックスさせないとは何ごとだ」とどなるのです。それならばコンドームをつけて、と言ったのに言うことをきいてくれませんでした。案の定、私は妊娠し、そして中絶しました。一〇年以上も前のことですが、いまだに主人を許せません（日本家族計画連盟 1983：150-151）。

また別の問題もある。生殖コントロールの歴史を進歩史的観点からだけ見ていると、とかくマーガレット・サンガーやマリー・ストープスのような産児制限運動の「英雄」たちが出現するまでの時代は「暗黒の中世」、それ以降は「光明の時代」としてイメージされやすい。たしかに産児制限運動とその後の家族計画という考え方が、女たちの生殖生活に根本的な変化をもたらしたことは事実だし、現代の西欧型社会の多くの女たちは、もはや祖母たちのように生殖年齢全般にわたって子供を産みつづけるといった生殖パターンはとらなくなった。末っ子の育児の手がはなれるかはなれないかで一生を終えていたかつての女たちにくらべて、現代の女たちは結婚後早い時期に予定の数の子供を産み終え、そのあとはるかに多くの「自分」として生きうる時間を手に入れている。その意味で、生殖の歴史には進歩史観がよく似合うというのは、多くの女たちの実感にささえられた評価だろう。けれども産児制限という発想を無条件に善と見なすこうした見方は、この運動に当初からまつわりついていて、その後さらに肥大していくことになるきわめて「近代的」な指向、たとえば優生思想や、医学もしくは国家による人間の質と数の管理という問題を正面から見すえることを忘れがちにさせる。

この点で、ほんらいは女たちにとって歓迎すべき「進歩」であったはずの産児制限や家族計画が、現実にはどのように機能する可能性があるかをもっともわかりやすい形で示しているのは、現代の第三世界における人口政策である。たとえばバングラデシュでの家族計画プロジェクトについて、次のような報告がある。

出生率低下がはかばかしくないということで、政府は第二次五ヵ年計画(八〇―八五年)で不妊手術を最優先することを決め、一四〇万人不妊手術計画に乗り出した。避妊法の中で一九%を占めていたのを、八五年には四三%にまでふやそうというのだ。サリー一枚と一八〇タカ(千八百円)の奨励金目当てに不妊手術を受けにくる女性たち。村の保健センターで、耳をつんざく悲鳴に何ごとかと聞いたら、麻酔もろくにかけずに手術を受けているのだといわれたことさえあった。不妊手術失敗による死亡事故の記事も目につくようになった。家族計画ワーカーは、月に何人不妊手術をというノルマを決められ、あの手この手で半ば強制的に受けさせるのだ(松井 1987 : 53-54)。

女たちを家族計画に誘いこむ「報酬」としては、国によっては鶏や豚が使われたり、免税や公団住宅への入居優先権に変わったりもする。産児制限の方法も不妊手術だけでなく、先進国では危険な合併症や副作用が理由で使用されていないタイプのＩＵＤ（子宮内避妊具、いわゆるリング）や避妊薬が、開発途上国に対しては先進国からの人口援助という形で輸出され、さかんに使用されている。その一方ではシンガポールのように、高学歴の女性には減税や子供が有名校に入れる優先権を約束して、多産を奨励しているケースもある。どういう子供は生まれるべきで、どういう子供は生まれてくるべきでないかという選別は、このように階層を基準に行われる場合もあるし、インドや中国のように男女の性別が分かれめになって女の胎児の選択中絶や女児殺しが行われることもある。さらにこれは第三世界と先進国とを問わず、近年の超音波診断や羊水チェックの発達によって、さまざまな障害をもった、あるいはその可能性のある胎児も、どんどん「生まれてこないことが望ましい」子供として分類されつつある。こうした現実を考えれば、産児調節運動の登場とその地球規模での成功という結末は、たんなる女性解放物語や技術改良物語としてばかりではなく、誰が誰に対して、どんな目的で、どんな論理のもとに産児調節を行おうとしたのか、あるいは現にしているのかという視点から、あらためて読み直されていく必要があるだろう。

3　「解放」とは何か

こんなふうに見てくると、現代の私たちが手にしたと思われている「既得権」についても、少々考え直してみたくなる。たとえば中絶。一部の社会主義国を除けば、日本の女たちは戦後いちはやく「優生保護法」という形で、世界の多くの女たちに先がけて中絶「選択の自由」を手に入れた。前述のように、男にきちんと避妊も要求できない非対等な男女関係が少なくない中で、中絶の自由化は避妊以上に日本の女の性にとって大きな意味をもってきた。子供は一人か二人で産みおさめ、経済発展の中で「豊かな」生活を享受する、あるいは育児と職業を両立させるという生き方が多くの女にとって可能となったのは、中絶に負うところが大きかったのである。

ところがこれは女たち自身の大衆的運動の成果というわけではなく、敗戦によって約四割減となった国土に大量の引き揚げ者や帰還兵士、さらにはベビーブームで急増した人口をかかえた国家が、いわば緊急避難措置として、すでに現実にさかんに行われていたヤミ堕胎を条件つきで合法化し、人口増加の抑制をはかった結果だった。これが緊急措置であったことは、明治一三年に制定（同四〇年に一部改定）された刑法堕胎罪がこの時に廃止されずに、いまでも生き続けていることからもわかる。だからもともとこの法律は、国家の側の事情が変われば変更されたり取り消されたりする可能性をもっていたのだけれど、それはすでに何回かの優生保護法「改正」の試み、つまり中絶の認可条件から「経済的理由」を削除し、事実上大部分の中絶を禁止しようとする動き（ただしこれまでのところ、そのつど挫折してはいる）として現れている(1)。一九九〇年には中絶できる時期が、満二四週未満から二二週未満へと短縮された。こうした動きの背後には、高齢化社会や「日本の女は好きなようにさせておいたら子供を産まなくなりすぎた」という出生減少への危機感があるわけで、今後さらに中絶への規制が強化されていく恐れは十分にある。ということは日本の女たちの中絶の「自由」は、国家から一時的に貸与されているかなり心もとない「自由」でしかないことになる。

それならピルはどうだろう。ピルは日本ではいまのところ避妊薬として公式に認可されていないけれど、実際には簡単に入手できるし、近い将来解禁も予定されている（ピルはその後、一九九九年に公式認可された）。毎日飲み忘れさえしなければ（これが言うほどには簡単でない！）避妊効果が一〇〇パーセントに近いピルは、あてにならない男に頼る必要もなく、中絶に追いこまれる心配もないという点で、女にとって理想的な避妊法に見える。だからこそ一九六〇年にはじめてアメリカで発売されて以来、ピルはまたたく間に世界を制覇したし、日本の多くの女たちもその解禁を心待ちにしてきた。けれども女のからだを使った世界的規模での「けた外れの実験」といわれるピルの歴史が三〇年と長くなるにしたがって、心臓発作や卒中、高血圧、血栓症、癌、うつ病、肝腫瘍といったピルと関係があるといわれる病気のリストもどんどん長くなってきた。最近の低用量ピルではこうした難点はかなり改善されたという報告もあるけれど、望まない妊娠という危険を避けるために、長期間にわたって毎日毎日合成ホルモン剤に身をさらしつづける危険をおかすという、ピルのもつ根本的な矛盾がそれで解消されたわけではない。ピルにはまた、「ピルを飲んでいるんだからいつでもセックスOKのはず」と男に思いこまれたり、あるいはつねに「その時」に備えて薬を飲みつづけ待機していることからくる、精神的強迫感という問題もある。これと似た、当初の期待とその後の危険性の判明、幻滅という顚末はIUDについてもあって、確実でしかも安全な避妊法という女たちの夢は、実現するかに見えてはいつも絵に描いた餅に終わっている。そのうえピルやIUD、ホルモン注射であるデポ・プロベラ、あるいは最近話題の避妊ワクチンといった先端的避妊法の開発と販売には、前述のような国家の思惑や巨大な国際医療資本の利益がからんでいるだけに、ことはますます複雑で厄介である（Boston Women's Health Book Collective 1984＝1988 第13章）。

ピルにしろIUDにしろ、こうした避妊法の危険性について女が問題にすると、とりわけ医者の間から、マイナス面にばかり神経質にならずにもっとプラス面を見ろという批判が出る。けれども、女にはもともと望まない妊娠の可能性というリスクがあるからといって、それを避けるためには他のリスクを我慢すべきだろうか。女はやっぱり、これも駄目、あれも問題と、モグラたたきを続けるしかあるまい。これらの方法の最大の欠点の一つは、残念なことに副作用や危険がけっして男には飛び火しないということだ。もしもピルを飲んでいる女とセックスすると男も癌にかかりやすくなるという調査結果でも出れば、男や医者の対応もかなり変わってくるのではないかと思うのだけれど……。

次には産みたくない女ばかりでなく、産みたい女にも目を向けることにしよう。たとえば体外受精のような不妊治療のテクノロジー。これは、「産みたくないのに産まされてきた」女たちとは逆に、「産みたくても産めない」ために悩みつづけてきた女たちへの福音として喧伝されている。ところがこの「治療」が当の女にとってどれほど苦痛やストレスが大きく、時間と膨大な費用がかさみ、最終的な成功の保証もなしに長い年月をただ妊娠するためだけに空費させ、彼女や夫の私生活に大きな犠牲を強いる体験であるかについては、けっして同じように知らされてはいない。ごくまれな成功例が新聞の第一面を飾ることはあっても、生殖年齢の大半を「いつかくるかもしれない妊娠」のために捧げ、心身ともに傷だらけになった女たちのことはニュースにはならない。そのためいまや不妊の女たちは、こうした福音が用意されているのにそれを利用しないのは怠慢の罪を犯していることになるのではないかと、本人も悩み、周囲からもせっつかれて、不妊外来に列をなすことになっている。そんなにも不妊の女、あるいは男が多いということは、じつは不妊は必ずしも「異常」でも「例外」でもないかもしれないし、見方によったら「不幸」でさえないかもしれないことを示唆しているのだけれど、「正常な」女なら産むべきだ、産みたいと望むはずだという「常識」のプレッシャーが強すぎて、不妊治療のためのコストと成果とのバランスがはたして妥当かどうかという素朴な疑問さえ、なかなか口には出せない。そして産みたい女たちからの需要が存在していることを錦の御旗に、生殖の過程に対する人工的介入は無限に許容され、巨大な研究費が投入され、その過程で女は産む主体どころか、卵を採取され、体外で調整された受精卵を移植されて育てるための試験場として、自分のからだの管理権を明けわたしていくことになるのである。

それでは、産むにしろ産まないにしろそれほど不満だらけでしんどい状況だというなら、いっそ妊娠・出産をすっかり肩代わりしてあげようと、男や人工子宮が言い出したらどうなのか——これは論理的にはいずれ現実になるかもしれない問いだ。そして、かのシュラミス・ファイアストーンを持ち出すまでもなく、女たちの中にはそうした未来図を歓迎し、「生殖テクノロジーは行くところまで行くべきだ」と断言する人たちもいる(2)。一九八六年にフランスで行われた調査では、「もしあなたが不妊の場合、あなたの夫、または伴侶にあなたに代わって出産してもらいたいと考えますか」という質問に対して、三五歳以下の女性の四七パーセントが「はい」と答えたともいわれる(グループ女の人権と性 1989 : 25)。その一方では、生殖へのテクノロジーの介入や女のからだの切り離しにはっきりとノンを表明している女たちも多い。私自身もまた、この問いの前では後ずさりし、尻ごみせずにはいられない。女はその肉体的な性差のおかげでこんなに苦労をしてきたと訴えながら、いざその「宿命」から解放してやろうともちかけられると、今度は「産むのは女だけ」という特権にしがみつこうとする——これは女の得手勝手、自己矛盾なのだろうか。

けれども後ずさりするには、それなりの理由がある。男や人工子宮が女の代わりに妊娠・出産するといっても、それはなんの細工もなしにそうできるのではない。たとえば男が子供を産もうとした場合、材料となる卵と精子の採取から授精、腹腔内への胚の移植と着床、胎盤の維持と胎児の健康状態の管理、そして帝王切開による出産と、すべての過程が極限まで医療化され、専門家集団の完全なコントロールのもとに置かれることによってしか、それは可能とはならない。おそらくそれは「生命を産み出す喜びを男も」などといったロマンティックな期待とは似ても似つかない、人間工場としてからだを使用する実験にほかならないだろう。科学はこんなこともやってみせられるという証明以外に、こうした実験にはたしてどれだけの意味があるのか。男がもしもほんとうに「女」を体験したいと願うのなら、女とともに避妊に一喜一憂し、女の中絶や出産に立ち会い、とりわけ育児の過程にせっせと関われればすむことだ。女の場合だって、「母性」はこうした過程をくぐりぬけ、学習をとおしてジグザグしながら芽生え育っていくものなのだから。

さらに人間の生産が男のからださえ必要とせず、最初から最後まで人工胎盤や人工子宮によって行われるようになれば、そこでは当然規格化、品質管理、品種改良といったことが重要課題となる。そしてこうした発想には必ず、規格外、規格以下の「不良品」に対する排除と淘汰がともなってくる。そうした社会となった時、たとえ産むことを免除されたとしても、いったい女は手ばなしでそれを「解放」と呼べるのだろうか。

私は、女たちが望んできたのは出産からの全面的撤退や放棄ではなく、もっと別のことなのだと思う。望まない妊娠をせずにすむ工夫(そのためにはたんに安全確実な避妊法だけでなく、それ以上に男との関係が大きくものをいう)、産みたいと思った時には祝福されて産むことができ、産んだ子に対してケチをつけられたりしないという保証、なるべく中絶せずにすむ条件と、それでも必要な場合には中絶を選ぶ権利、そして産まないことを選んだり産めなかったりしても、そのために責められたり罪の意識を持ったりせずにすむ環境――つまり、女が女のからだを持ったままで安心してのびのびと生きていくための、しごくまっとうで基本的な望みである。かつて女たちはこれを「産むも産まないは女が決める」と表現し、「産むことは女だけの問題か」と反発をかったけれど、それはなにも出産から男を締め出すとか、出産ストライキをするとか、ましてや勝手放題に中絶をするとか（誰が好きこのんであんな体験をしたがるだろう）いった意味ではなく、女が女であることを嫌悪せずに生きていくための必要最小限の条件とはなにかを確認したにすぎない。産むことに関して、もしも男や社会が妊娠・出産の最終的当事者である女の判断を信頼し、安んじていることができないとするならば、それはその社会や男女の関係そのものに問題があることを、期せずして告白しているのではないだろうか。

注

（1）優生保護法は一九九六年、優生学的な条文を削除する形で改定され、母体保護法と改称された。経済的理由の部分には、二〇〇一年時点では変化はない。

（2）たとえば、鼎談「日本のフェミニズムはいま、どうなっているのか？」（別冊宝島『フェミニズム入門』一九八八年）の中の小倉千加子の発言。

第三章　身体史の射程
——あるいは、何のために身体を語るのか——

はじめに

身体が歴史を持つようになったのは、歴史研究全体の歩みの中ではごく最近の現象にすぎない。すなわち、人間における身体とは超歴史的で普遍的な生物学的与件などではなく、人間にまつわる他のあらゆる事象と同様に社会的、文化的構築物であることが徐々に認識され、身体を「正統な」歴史研究のテーマとして取り上げることが許容されるようになってきたのは、少なくとも日本の歴史アカデミズムの世界においてはほぼ一九八〇年代以降と言ってよいのではなかろうか。そしてこの「身体の歴史化」をもたらすにあたって最も中心的な役割を果たしたのが、「新しい歴史学」と呼ばれた社会史、および女性史であったことは、おそらく大方の意見の一致するところであろう。

身体の歴史がかくも長いあいだ不在であったのは、歴史学という学問そのものが依拠してきた概念枠組みのあり方とけっして無関係ではない。政治史、経済史、思想史を中核として形成される歴史学を支えてきたのは、世界を公と私、政治と日常、生産と再生産、抽象と具体、文化と自然といった一連の二項対立図式によって分類し、このうち前者のみを真に重要な領域と見なして学問研究の対象としての価値を認めるという前提である。ここにさらにジェンダー、すなわち性別をよりどころとした世界の分割概念を重ねあわせてみれば、前者は男の世界、後者は女の世界として分類しうることは言うまでもないだろう。そしてこの図式の中で後者に分類された世界は、たんに重要度のヒエラルヒーにおいてより低い位置にあると見なされたばかりでなく、変化を研究する学問である歴史学には基本的になじまない世界――いつの世にも、どこの地域でもほとんど不変で没歴史的な、誰にとってもいまさら説明の必要もない自明の世界であると考えられてきた。身体、あるいは性といった問題もまた精神対肉体という二項対立に基づいて、不変にして普遍、歴史を超えた自明な世界である「自然」の一部として、長いあいだその存在すら意識化されないままにとどまっていたのである。

周知のように一九七〇年代以降、こうした既存の枠組みに対して疑義を提示する、あるいはそれを乗り越えようとする動きが知の世界全般にわたって生起してくる。これは欧米でも日本でもほとんど同時多発的に生じた傾向で、社会史やフェミニズム、およびその両方の影響を受けた「新しい女性史」もまた、その重要な一翼を担うものとして登場してきた。その中で身体や性にまつわる事象を歴史的に点検しなおそうとする作業も、重要な課題の一つとして取り組まれるようになった。(ただしこれは主として欧米中心に見た場合で、とくに日本の女性史に関しては、第一章で見たように身体や性の問題に関心が寄せられはじめたのはごくごく最近のことにすぎないのだが。)社会史と女性史における身体の扱われ方を比較してみると、問題関心や方法論、ときには研究者に関しても互いに重なりあっている部分が多いが、その半面で性差、もしくはジェンダーの扱いに関してはかなり本質にかかわる相違も存在している。そこで本章ではまず、身体を歴史的に見るとはどういうことなのかについて最近の研究の成果をもとに考察した後、その中でもとくに「性」を軸にして身体を見ていくことの持つ意味、さらに身体を女の身体と男の身体に分けて対象化することによって今後私たちの前にはどのようにこれまでとは違った視野が開けてくる可能性が考えられるかについて、私見を述べてみたい。

1 「身体を歴史的に見る」とは

社会史を伝統的な歴史学の基本パラダイムに対峙してみた場合、そこには従来の事件史的あるいは進化論的なタイムスパンとは異なる長期的で多層的な時間の流れ、エリートの行動ではなく普通の人々の日常生活の具体的な細部、表面に現れた体系化された思想ではなくより深層に位置する集合心性、といったレベルから歴史を照射しなおし、世界像を構築しなおそうという発想の転換が見られる。「下からの歴史学」、「全体史」、あるいは「深層の歴史学」といった形容は、こうした社会史の基本姿勢を表現したものである。また歴史研究のテーマという点でも、気候や人口に始まって、衣、食、住、時間、身体儀礼や技法、犯罪、妖術、祝祭、出生、子供期、学校、書物、病気と健康と衛生、嗅覚や味覚などの感覚、死、結婚、家族、婚内と婚外の性、避妊、堕胎、子殺しや捨て子等々、それまでの歴史学ではおよそ視野に入れられてこなかった、だが個々の人間にとっては最も直接的な体験である、人間のからだとこころをめぐって生起するさまざまな現象に注意が向けられている。

こうした無限とも見える対象の拡散、あるいはいかなるものでも歴史学の対象としてしまう「悪食」(1)ぶりは社会史を刺激的なものにしている一方、いわゆる伝統史学の立場から「「身辺雑事」の研究をいくら積み重ねてみても、「天下国家」の、従って歴史の把握に至ることはないであろう」とか、「歴史は長く広く多様なものだから、そこには、知ることの出来ない、知る必要もない、知っても仕様のないことが沢山ある」といった批判が行われたこともある(佐々木 1983)。しかしこのような対象の拡大は、人間をばらばらの断片ではなく生きた全体としてとらえよう、そして過去を現在に至る過程として目的論的に説明するのではなく、いわば異文化としてそれ自体の価値において評価しようとする社会史の基本理念から必然的に生じてきた現象であったといえるであろう。

二宮宏之は、こうした一見「どこまでも拡散して行くかに見える多種多様の問題史」を相互関連のうちに位置づけ、ある社会を総体として捉えるためには、これらの問題群がいずれも人間の営みの一側面に他ならないことを念頭に置いて、出発点である人間にとってそれらがいかなる意味を持つかを明らかにする作業が必要だと主張している。その際に彼が中心となる軸、もしくは参照系として提示しているのが、「からだ」と「こころ」、さらにそれらを前提にして形成される「きずな」または「しがらみ」（ソシアビリテ）である（二宮 1988 : 23）。

二宮はこの「からだ」について、それは「まさに社会的身体に他ならぬ」（傍点は原文のまま。以下も同様）、あるいは「生物学的与件であると同時に社会的状態の反映でもある身体」というふうに説明しており、身体とは、肉体的存在であると同時にそれに働きかけるさまざまな社会的ファクターとも切り離しがたく結びついた存在であるという認識を示している（二宮 1988 : 26）。二宮はさらに別の場所では、「こころとからだの複合体である人間の身体を出発点とし、この身体に直接的に働きかけるさまざまな与件を問題にする」のが新しい歴史学である、との説明も行っている（二宮 1977 : 440）。そしてこうした「社会的コンテクストを内包したからだとこころ」（二宮 1988 : 41）、すなわち身体を基点として、その上に形成される社会的結合関係（ソシアビリテ）を問題にしていくという視角こそが、社会史の目指す「生きた歴史学」の実現にとって重要なのであると、次のように述べている。

このような基層におけるソシアビリテの網の目の上に、ヨーロッパ社会においては、身分や階級、民族や国民といった、より高次の結合の枠組が立ち現れることになります。旧来の歴史学は、まさにこのレヴェルに注意を集中してきたのでした。……このように上から「国民」という網をかぶせた途端に、国民を構成することになる一人ひとりの人間や、彼らが、お互いの日常的なかかわりのなかでつくり上げていた共同の絆の存在は、忘れ去られてしまうか、せいぜいが、克服されるべき前代の遺物と化してしまいます。しかし、歴史を、その時代を生きた一人ひとりの人間において捉えようとするならば、まさに順序を逆転させなければなりません。……「からだ」と「こころ」といった端初に立ち戻って、歴史を捉えなおすことを試みたのも、そのためでした。このように、一旦、問題を逆転させた上で、あらためて経済体制や政治支配のファクターを取り込んで行くべきなのです。さもなくば、政治史も経済史も、ついに表層の歴史に了ってしまいます（二宮 1988：47-48）。

このように社会史においては身体には歴史を見る基本視角としての重要な位置が与えられているのだが、それでは私たちが実際に身体を歴史的に見ていこうとするときに、どのような問題を念頭に置いてこの作業にとりかかるべきなのだろうか。次に紹介するドイツ出身の歴史家、バーバラ・ドゥーデンは、身体を歴史的に見るとはどういうことを意味するのかという問いに正面から取り組んでいる、数少ない研究者の一人である。

ドゥーデンは、一八世紀前半にドイツのアイゼナッハという町に住んでいた医師、ヨハン・シュトルヒが書き残した何百人もの女性患者についての記録を解釈することを通して過去の身体への接近を試みたすぐれた著作、『皮膚の下の女』を発表している。その第一章「身体の歴史に向けて」は、身体史の目的や定義、方法論について体系的に述べたものとして、現時点ではおそらく最良のものといえるであろう(2)。彼女はこれ以外にも、この著作を執筆するための準備作業として関連文献の収集を行い、それをもとに「過去百年間に書かれた、過ぎ去った時代における身体の日常的体験を多かれ少なかれ直接に取り扱っている本と論文」の膨大なリストを発表している。そこには社会史や女性史以外にも、各国語で書かれた医学、宗教学、文学、人類学、哲学、心理学、言語学、美術など、さまざまな分野の文献がびっしりと並んでおり、「生きられた身体の歴史は多くの道が交差する新しい領域である」ことを浮かび上がらせている(Duden 1989：471-554)。

さて、ドゥーデンはこの「身体の歴史に向けて」において、研究者が身体を手がかりとして過去の人々を理解し、解釈しようとするときに陥りがちな無意識の誤りについて鋭く警告を発している。身体とそれにまつわる事象が、時間的にも空間的にも個々の文化と社会に応じていかに多様で異なった形態をとってきたか、とりうる可能性があるかについては、文化人類学をはじめとするこれまでの研究からもある程度推察できるはずなのだが、それでも私たちは身体があまりにも自分にとって身近な存在であるために、ともすれば身体＝生物学的・解剖学的与件＝不変、もしくは自明という思いこみから出発しがちである。ドゥーデンが参照した先行研究に関しても、それは同様であった。

私が先に述べた研究はすべて、何か非歴史的（生物学的）な身体の実体のようなものが存在しており、それが時代と階級に応じて型にはめられたり、その上に「文化がしるしづけられ」たり、あるいは「文化によって形造られ」たりするのだという暗黙の前提に立っている。実体それ自体はつねに所与のものとして変わらないわけだ（Duden 1991 : 6）。

だがドゥーデンは、それは私たちが近代医学によって形成された身体概念――身体を解剖学的・生理学的な臓器の集合体と見る――のみを唯一の正しい身体であると信じこみ、過去の歴史を「どのようにして「正しい」身体が「発見」されたかという物語」として、通常の医学史や科学史の視点で読もうとしているせいだと指摘する（Duden 1991 : 5-6）。私たちにとってはこの身体観はあまりにも「当たり前」で身についたものになってしまっているために、自分がそうした思考の癖を持っていること、それが一つの文化的バイアスにすぎないことを自覚するのは難しい。しかし、ドゥーデンが引用しているデヴィッド・アームストロングのことばのように、「問題は今日ではあまりにもわかりきったことがらが、どのようにしてかくも長い間隠されたままでとどまっていたかなのではなく、そもそも身体はどのようにしてこれほど明白なものとなったのかということである」（Duden 1991 : 3）。すなわち歴史家に求められているのは、過去に向かう前に、まず自分自身の身体を歴史化し、対象化する作業なのである。

アイゼナッハの女たちの声に耳を傾けられるようになる前に、私は自分の身体——それを通して私は非歴史的な自然に根をおろしている——が歴史的に創り出された特殊なものであり、それを脱ぎ捨てなければならないことを理解する必要があった（Duden 1991 : 3）。

私たち自身がいま、日々それを生きている近代的身体とは、西欧世界においておおよそ一八世紀後半から一九世紀前半にかけて、近代的人間像の形成と呼応しつつ成立したものである。それ以前においても、たとえばデカルトの時代のフランスやハーヴェイの生きていた頃のイングランドには身体の近代的知覚への萌芽が見られたが、そうした知覚が広範な影響を及ぼすための条件が整うには、この時代を待たなければならなかった。この新しい身体をもたらしたものは直接にはフーコーの言うところの「臨床医学のまなざし」（Foucault 1963＝1969）であるが、それは医学の「進歩」の産物というよりも、むしろドゥーデンの指摘するように「一九世紀史全体の、黙殺され、見過ごされてきた裏面」であったと解すべきだろう。「近代的身体は人間の近代的イメージ、すなわちホモ・エコノミクスの他の局面と符合している。距離を置いたところから見てみれば、社会的、肉体的、および生物学的世界を織りなしている主題についての基本的考え方は、同一の「織地」からなっていることがわかってくる。これらは同じ歴史的素材によって織りあげられているのだ」（Duden 1991 : 4-5）。

ドゥーデンは、どのようにしてこうした近代的身体が出現したかという研究と、いまは失われてしまった世界の住人たちが彼らの身体をどのように知覚していたかを探る研究とは、方法論的にはそれぞれ別個の仕事として行われるべきだと指摘する。なぜなら近代的身体の形成についての研究とは現在すでに自明となっているものがしだいに姿を現してくる過程についての研究であるのに対し、過去の身体を求めようとする歴史家の前には一千年もの間ねばり強く生き続けてきた異質なイメージやモティーフの群が立ちはだかっており、歴史家はそれらについて分析するという困難な仕事を要求されるからである。しかしそれにもかかわらず、後者の研究を前者の研究から切り離すことはできないと考える理由を、彼女は次のように述べている。

いまは失われてしまった身体の知覚の追究は、私たち自身の身体がいかに社会的に発生してきたかの研究と切り離すことはできない。近代的身体がどのようにして存在するようになったかを理解することとは、消滅してしまった身体の知覚を再構築するという非常に異なった仕事に向かうための欠くべからざる第一歩である。つまるところ、私の知覚を決定しているのは私の身体である。とりわけ身体は肉体的存在についての私の考え方やイメージを形成している――痛みや悦び、味覚や性欲、年をとることや病気、妊娠、出産、そして死について。私自身が持っている知覚の歴史的起源を意識しないかぎり、私は〃肉体としての自己〃のいまは失われた現実に接近する道をア・プリオリに断たれてしまうことになる。私自身の身体を過去への架け橋として使用しないよう、どれほど用心してもしすぎることはない（Duden 1991 : 2　強調は原文）。

ドゥーデンが、近代的身体のバイアスをそのまま過去に持ち込んだために「ほとんどカリカチュア」ともいうべき歴史を無視した叙述が行われた一つの例としてあげているのは、最近日本でも翻訳が出版されたエドワード・ショーターの『女の体の歴史』である（Shorter 1982：1992）。この本では、過去の女たちがさまざまな病気を解釈するために用いた概念パターンやイメージは、すべて「はじめからわかりきっていたはずのことについての誤った知識」が原因としか見なされていない。たとえば、子宮は体内を動きまわる生き物であるという当時一般的だったイメージは、過去の人々の複雑な内的体験や外部に向けてのその説明というふうには受けとめられず、「解剖学についての農民の途方もない無知が前提にあった」として片づけられている(3)（Duden 1991：22）。こうした身体観のもと、彼がこの本を通して力説しているのは、過去の女たちにとって彼女たちの女としての性や身体は苦しみと悩みの源泉以外のなにものでもなく、近代になって女たちがこの悲惨な生活から解放されたのは女性運動よりも近代医学の発達と、そして近代家族の登場以後やさしくなった夫たちのおかげだったのだという、近代至上主義的なテーゼである。この本では過去の女たちは、現代の女――とくにフェミニズム運動によって男や近代医学を批判しようとする女たち――に対し、彼女たちはいかに恵まれており、それは誰のおかげであるかを教えこむための、いわばダシとして利用されているのである。

ここで紹介した「身体の歴史に向けて」で論じられているのは主として西欧世界の身体であるが、ドゥーデンの警告は日本における歴史的身体の考察にあたっても十分適用できると思われる。なぜなら、西欧型近代化をなしとげた現在の日本社会に生きる私たちもまた、ほとんどの場合すでに近代的身体感覚や価値観、性規範などを根深く内面化してしまっているからであり、もしも私たちがそうした点をあらかじめ自覚せずに過去の社会に向かっていくならば、自らの身体を規準として、異質な社会に生きていた過去の人々の身体や行動を裁断するという愚をおかすことになりかねないからである。そしてこうした危険は、はじめにも書いたように身体や性といった領域が、他のよりはっきりと「人為的」な制度に比べてややもすれば最も「自然」で誰にとっても自明な存在と想定されがちなだけに、きわめて大きいというべきであろう。

2 「性」を持つ身体

ドゥーデンがその研究で直接の対象として取り上げたのは一八世紀の女の身体であったが、彼女が「身体の歴史に向けて」で論じていることは女のみに限らず、あらゆる身体の歴史的研究に共通してあてはまることである。それでは、身体を身体一般としてではなくそれぞれ性別や性差を持つものとして見ていくことによって、私たちにはどのような新しい展望が可能になるのだろうか。

社会史は歴史研究の場に身体という新しい対象を導き入れたが、そこでは女と男という性別や性差は必ずしもつねに意識されていなかった。もちろん身体が完全に性を捨象したものとして扱われたというのではない。むしろ身体における性的現象（たとえば性愛や出産、買売春など）は社会史で好んで取り上げられてきたテーマである。だが、社会史においては性差はしばしば、人間をしるしづけるさまざまな差異――民族や階級、宗教、人種、年齢、そして性――の中では民族や階級などに比べて二義的な重要性しか持たないものとして扱われがちである。そのため、ある問題の分析にあたって階級差ということは考慮に入れられたとしても、「女（または男）にとってはどうであったか」という問いが同じように必須のものとして立てられることは少ない。また、とくに男性の歴史家が女の身体について述べる場合には、ステレオタイプな女性観がなんの疑問もなく、それがステレオタイプであるという自覚すらもなく説明に用いられたり、男女の関係の相補的、調和的な側面が強調され、性による利害の対立や権力関係という視点が欠落しがちな傾向も認められる。

これに対して女性史は、性の違いとは人間のアイデンティティにとって最も根本的な差異の一つであり、性が異なることから生じた女と男の歴史体験の違いには第一義的な重要性があると考えることによって成立した歴史学である。

ただし誤解のないように付け加えておきたいが、このことは女と男とはどこからどこまで完全に異質で正反対の生き物だとか、それでなくともそれぞれの性には固有の普遍的な「女性性」や「男性性」なるものが核として実在しているという意味ではない。もちろんそのように考える人々は男性の中にも女性の中にもいるだろうが、私自身は、性差とは性染色体と性ホルモン、および生殖器の形態と機能というレヴェルでの違い（ただし性染色体も含めてこれらの違いはじつはすべて相対的なものにすぎない）を持つメスとオスの肉体の上に構築された、「女」と「男」という文化的意味であると考える立場をとっている。また、ジョーン・スコットはこれをジェンダー、すなわち「肉体的差異に意味を付与する知」と呼んでいる（Scott 1988＝1992：16）。人間社会の多くは、さまざまなジェンダーの記号を用いて（たとえば男女で異なる名前、衣裳、髪型、しつけ、男の活動領域と女の活動領域、タブー、芸術における性の表現、等々）この性差という意味をたえず強調し、拡大することによって、その成員が生まれた直後から性の違いを自らのアイデンティティの根源として取り込むようにしむけてきた。この文化による意味づけは必ずしも不変なものではなく、時間的、空間的にさまざまな形をとりうるが、多くの社会で共通した、あるいはよく似た形をとることもありうる（たとえば出産だけでなく育児も女の仕事である、という考え方など）(4)。

私たちは自らの肉体を生きるとき、それを一つの文化的記号として体験し、知覚する。したがってそれは自分に割り当てられた性によって、また属する社会によって異なってくる。たとえば出産という現象は「女」という性に属する人間だけ（ただしその全員ではない）にしか生じないという意味ではたしかに普遍的な事実である。だが、山野を移動中に産気づけば、背負った荷物をおろしてその場にかがんで分娩し、臍の緒の切断も新生児を川か池で洗うことも一人でやったというサンカの女性の出産と、腹部に胎児の心拍数を監視するモニターを取りつけられ、陣痛促進剤や硬膜外麻酔を打たれて病院の分娩台の上で「産ませてもらう」現代の先進工業国での出産とは、もはや赤ん坊が女から生まれるという一事を除いては、どちらの女にとってもほとんど共通点のない体験といってよいであろう（松岡 1991：19–21，第3章）。この違いはたんなる医療技術の発展度の違いというよりも、それぞれの社会における「女」や「子供」、あるいは「身体」に与えられた意味づけの違いを映し出しているのである。

このような性の違いとそれに由来する体験の違いは人間社会のからくりを理解するための基本的に重要なファクターであるにもかかわらず、伝統的な歴史学ではそのことがほとんど認識されてこなかった。それはやはり近代アカデミズムが男を中心に、男の論理のもとに形成されてきたことと無関係ではないだろう。歴史学においても状況は同様であり、男＝普遍的人間という前提があらためて意識化されることもなく踏襲されてきたのである。また、あとで述べるような「男」における身体の消去／忘却という学問的慣行とも深い関係があると思われる。

女性史は、こうした性差という視点から歴史を見直そうとする。ギゼラ・ボックの表現を借りれば、「女の歴史は、その豊かさと複雑さに関するかぎり、また単線的でも論理的でも凝集的でもないという点においては、男の歴史とまったく同じである。一方、それは男の歴史とは異なっており、まさにこの差異のゆえにこそ研究するに値する——それはたんに歴史的経験の中身ばかりでなく、時間の経験それ自体まで含むような差異である」(Bock 1989 : 7-8)。さらに女は歴史的に見て、男とは異なるその身体的特徴、なかんずく性と生殖における差異によって意味づけられてきた。女を定義する場合も、汚れて劣ったものと見るにせよ聖なる母性と賛美するにせよ、つねにこうした身体的特徴がよりどころとされてきた。そのため女性史においては、女自身がその身体をいかに定義しなおすかが取り組むべき重要な課題となる。

とはいえ、女性史もその出発点からつねに身体をメイン・テーマとしてきたわけではない。日本においても同様だが、欧米においても女性史は最初、一部のすぐれた女性、英雄（？）的先駆者だけを取り上げた「有名女性の歴史 history of notable women」、および歴史において何が研究するに値するかについての男性社会の価値基準をそのまま踏襲して、政治や労働運動における女の参加や貢献を掘り起こそうとする「女もそこに居た also there」式の歴史が主流であった。これらはそれまでの歴史に欠けていた女の存在をなんとか従来の歴史の枠組みの中にはめ込もうとする「埋め合わせの歴史」を指向していたといえる。また、その中では一部のエリート、もしくは目覚めた女性以外の一般の女は、ややもすれば男性による抑圧の哀れな犠牲者、虐げられた者という、ステレオタイプな受け身の存在として描かれることも多かった（Lerner 1979; Smith-Rosenberg 1975; Davis 1976）。

しかし一九七〇年代半ば頃から、しだいに女性史のありかたについて発想の転換が求められるようになる。これまでの歴史学の枠内で公的世界における女の活躍を探そうとしても、そこに登場する女はしょせん主役ではありえない。このことは結局、女は男のような歴史を持たなかったことを意味するのだろうか。いや、むしろそうした歴史とは何かという観念や、基本的な問いの立て方そのものを再考する必要があるのではないだろうか。すなわち女性史は、公と私、政治と日常、男の世界と女の世界といった歴史学における重要性のヒエラルヒーの正当性に対して疑問を投げかけ、これまで歴史を持たなかった私／日常／女の世界に目を向けるとともに、世界をそもそものようなジェンダー・ヒエラルヒーのもとに分類し、叙述することの持つ政治的意味についても理論的な問いかけを始めたのである。この「新しい女性史」の旗手の一人、キャロル・スミス＝ローゼンバーグの表現によれば、「要するに私たちは、過去に関して何が重要な意味を持つのかを定義しなおした」のであった（Smith-Rosenberg 1975 : 185）。この転換には社会史からの影響とともに、同時期のウィメンズ・リベレーション、もしくはフェミニズム運動から受けた刺激が大きな役割を演じた。

一九六〇年代末、アメリカを震源地として世界のいわゆる先進工業国に波及したこの女の運動においては、男女にとって最も「自然」で理想的な結合形態と考えられていた性別役割分担に基づく家族や結婚制度の持つ抑圧性が告発され、ＥＲＡ（男女平等憲法修正条項）に代表されるような法的、経済的男女平等が目指される一方で、これと並ぶもう一方の重要課題として当初からかかげられていたのが女の性と身体の解放であった。女の性と身体は、女を家事育児などの家庭役割に結びつけ、さらに外の世界への平等なアクセス権（たとえば高等教育や専門職への進出、雇用や昇進、職務、給与などにおける平等な取り扱い）を拒む場合の究極の根拠――生物学的与件――としてつねに持ち出され、女を男から差異化するための基本的ファクターとして機能してきた。それにもかかわらず、女自身はこの女にとって最も大きな意味を持つはずの女の性や身体について自由に語ったり調べたりすることは許されず（それはきわめてはしたなく、「女らしくない」行為と見なされていた）、男や科学の言説によって与えられた「女とはこれこれのもの」という定義（「母性愛は女の本能であり、したがって子供を欲しがらなかったり、子供を可愛いと思わないような女は欠陥者、異常者である」「女には男のような性欲はない」「女は本当は強姦してくれるような強い男が好きなのだ」等々）を女自身も内面化することが求められていた(5)。したがって女たちがそれまでの女役割からの解放を望んだとき、彼女たちはまず自分自身のからだと性を知ること、それを語ることばを見つけること、そして得た知識をたがいに共有しあうことから出発しなければならなかった。この運動は「女と健康運動」と呼ばれて、その後北の国々ばかりでなく南の世界の女たちの間にも広がっていくことになるが、それはとりもなおさず性と身体の問題が女の実存にとって最も根源的でありながら、最も疎外のはなはだしい問題であったからに他ならない（Boston Women's Health Book Collective 1984＝1988）。こうした運動の過程で、女自身によって、あるいは女の視点で語られた女の性や身体についての膨大な文献が生み出されていったが、女性史においてもまた、性と身体を女の立場から歴史化するという作業がフェミニズムに共鳴した歴史家を中心に進められていくことになったのである。

それでは身体の歴史を書くうえで、そこに性差の視点が導入されるかされないかによって具体的にどのような歴史像の違いが生じてくるのだろうか。たとえば近代医学の役割に対する評価はその一つの例である。かつての医学史は基本的に進歩の歴史、無知と魔術から科学的発見と光明への道程として描かれてきた。前述のショーター、あるいはローレンス・ストーンのような歴史家が踏襲しているのも同様の立場である（Shorter 1982＝1992；Stone 1979＝1991）。これに対し一九七三年にアメリカでパンフレットの形で出版され反響を呼んだバーバラ・エーレンライクとディードル・イングリッシュの二部作、『魔女、産婆、看護婦』および『病気と異常——病における性の政治学』は、近代医学および（男性）医師は、患者としての、あるいは医療専門職としての女にとってきわめて抑圧的な役割をはたしたと断言している（Ehrenreich & English 1973ab＝1996）。彼女たちの主張には、同じく近代西洋医学に対して批判的な立場をとる女と健康運動との親近性が明らかである。このような運動と直結したタイプの初期の研究は、歴史研究としては論争的にすぎると他の女性史研究者から批判を受けもした（Verbrugge 1975; Morantz 1974）。しかしこれらがきっかけとなって近代医学以前に存在していた女たちの医療文化の掘り起こしが行われ、近代医学の勃興の過程は女たちが正規の医学教育から排除され、魔女や「無知な産婆」や男性医師のたんなる補助者として周縁的位置に追いやられていく過程でもあったことが、しだいに明らかにされるようになる(6)。また、女を子宮と卵巣に支配される不安定で病弱な存在と見る近代的女性観の形成に、近代医学の言説と療法がいかに密接に関わっていたかも理解されるようになってきた(7)。すなわち女という視点の導入は、「明るい近代、惨めな前近代」という通説的な医学史では語られなかったもう一つの近代像に光をあてる結果をもたらしたのである。

また生殖コントロールの歴史に関しても、一般の歴史家とフェミニズムの立場に立つ研究者とのあいだには見解の相違が見られる。たとえばフィリップ・アリエスは、近代以前の西欧キリスト教社会では避妊は「考えも及ばない」ことであり、女は「妊娠への嫌悪」の感情を抱く場合があったにせよ避妊を行おうとはしなかったし、たとえ避妊や堕胎が試みられたとしても、それは「浮気者、

「売女」もしくは「娘っ子」たちの世界特有の風習」だったと述べている（Ariès 1953＝1983b）。これに対しジャン＝ルイ・フランドランは、「古代から現代にかけ、道徳的非難があっても、国家が人口増殖を奨励しても、常に子どもの数を制限しようとする夫婦が存在した」と考える立場をとるが、中世以降のその主要な手段として彼が重視しているのは膣外射精であり、その他に子殺しや捨て子、里子などの慣行をあげ、堕胎については「堕胎は子殺しほどには便利な手段ではなかった」として重視していない（Flandrin 1981＝1987　第六章、第九章）。また歴史人口学の研究者の場合には、数量的に測定可能なファクター（一定の出産可能な年齢コーホート内の女性の数、女性の就労率、婚姻率、結婚時の女性の年齢、生活水準、等々）の分析を通して過去の社会における出生率の変化や生殖コントロールに対する人々の態度を推測しようとする立場をとるため、そこでは女や男はそれぞれ固有の利害や意思を持って行動する人間というよりも、集団として環境の変化にただ機械的に適応しているだけの存在のように見えてしまいがちである。さらに、ここでも出生制限の方法としては男によって行われる性交中断（膣外射精）が重視されていることが示すように、生殖コントロールにおける主導権、決定権は男にあると考えられる傾向がある。たとえばデヴィッド・レヴィンは前工業化期イングランドの労働者階級には意図的に出生率をコントロールしようとする「家族戦略」という概念が存在していたと述べるが、彼がこのことばで意味しているのは実際には賃金の稼ぎ手である男とその経済的判断だけなのである（Laslett 1965＝1986；斎藤 1988；Levine 1977）。

これに対してフェミニストの研究者は一般に、生殖とはその目的やタイミング、コントロールの方法をめぐってそれぞれの文化の内部、とりわけ女と男の間で権力の争いが行われてきた、そして現在も行われつづけている場であるという見方に立っている。ロザリンド・P・ペッチェスキーはこの立場を次のように説明する。

支配的な規範がどのようなものであれ、女たちはつねに自分自身の生活のリズムや必要に応じて出生数を調整しようと努力してきた。……〔状況に応じて〕変化する女たちの希望する出生数と、男性支配者や聖職者、モラリスト、部族の長や世帯主、および医学や人口学の権威によって代表される「民族」の要求とは、しばしば食い違ってきた。出生率とは、明白に政治的なものであれこっそりと「地下で」繰り広げられたものであれ、ときに重なりあい、ときに対立しあうこうした一連の利害間における闘争の妥協の産物なのである（Petchesky 1984 : 26）。

だがもちろんここでも、先にドゥーデンが警告していたような、自らの身体を尺度として過去を判断するという過ちには陥らないように注意しなければならない。「ここでのポイントは女たちの生殖行動を「解放的」なものとして、あるいはそれ自体が道徳的に擁護しうるものであったかのようにロマンティックに見ることでもないし、ありとあらゆる文化的、歴史的な状況をバース・コントロールという近代的概念の中に押し込んでしまうことでもない」とペッチェスキーも述べている。求められているのは、女を男からは独立した意思や利害を備えた存在として認識すること、そして彼女たちがどのような状況の中で生きていたか、女自身の意識がどのようなものであったかに目を向けることを通して生殖パターンにおける変化を理解しようと努めることなのである（Petchesky 1984 : 27)。

またある女性は、望まない妊娠をしてしまった場合の女の感覚について次のように述べている。

妊娠がそれを望んだ女にとってどれほど喜ばしいものであろうと、気のすすまない女にとっては文字どおりの侵犯でしかない——最もこれと似ているのは愛の営みと強姦との違いだろう……明らかに、通常の手段によって行われる堕胎とは自己防衛の行為なのだ（Willis 1981 : 208)。

ここにも言及されている堕胎もまた、その位置づけをめぐって評価の分かれている争点の一つであるといえよう。フェミニズム的な立場に立つ歴史研究者の多くが生殖コントロールの手段として堕胎のはたしてきた役割を重視するのは、それが男の側の意思や協力の有無とは関係なく、女が自分で選択し、実行にうつせる方法であったことが大きな理由である。この点が、膣外射精への執着に比して堕胎にあまり重要な位置を与えたがらない前述の歴史家たちの態度とは対照的である。なぜ堕胎をめぐってこのように意見が分かれるのかを考えてみると、堕胎が軽視される背後にはまず、(1)人工妊娠中絶は訓練を受けた医者のみが行使できる専門的技術で、女自身や産婆などが行った過去の堕胎は生命を危険にさらし、効果もあやしかったに違いない、したがってそれほど多用されたはずはないという、近代主義的な予断があることと、⑵計画的に避妊を行うような感性やそのための方法（この場合は膣外射精）は、ブルジョワやエリートなどの上の階級から出発して下の労働者階級へと広まっていったのだとする「文化の伝播」説の存在があげられる(8)。それに加えて、⑶堕胎という行為はその背後に男に裏切られた女や避妊に非協力的な夫、あるいは男には依存せずに自分だけで行動しようとする女といった、女と男の対立的な関係の存在が示唆されている。この点が結婚や家族を一つの調和的な、しかも男主導型のユニットとして想定しようとする見方にはそぐわないことも、無視できない要素なのではないだろうか。

もちろんこのような議論は、堕胎——とくに非合法な状況の下での堕胎の危険性や、堕胎という行為そのものにまつわる根源的ディレンマ（その不条理さは外部から指摘されるまでもなく、当事者である女自身が誰よりも熟知しているはずだ）を過小評価し、女の伝統文化として賛美することが目的なのではない。堕胎の問題がフェミニストの歴史家から注目されるのは、私たちが過去における生殖の政治学とそこでの性の権力関係を理解するうえで、それが一つの重要な鍵になりうると考えられているからである。

こうした主張を間接的に裏書きするような事例は、私たちが日々それを生きつつある現代史そのものの中にも豊富に見出すことができる。たとえば一九九二年二月、憲法で妊娠中絶をいっさい禁止しているアイルランドの裁判所は、友人の父親に強姦されて妊娠した一四歳の少女が英国で中絶手術を受けることを差し止める判決を下した。これに対して内外から批判や反対デモが起こり、結局最高裁は差し止め判決を棄却することで事実上少女の中絶を容認したが、その後も中絶問題はアイルランドのEC加入問題ともからんで重要な政治的争点となっている(9)。アメリカ合州国ユタ州では、一九九一年四月二八日、妊娠中絶を受けた女性を第一級殺人罪（有罪の場合の最高刑は死刑）に問うことを認めた法律が成立した。アメリカでは七三年に連邦最高裁が「中絶の道を選ぶ女性の憲法上の権利」を認める判決を下したが、それ以降反中絶派勢力からの手段を問わぬ巻返し運動が続いており、ユタ州の法律はそうした一連の動きの一つにすぎない（荻野 2001a）。中絶への選択の自由を認めるか否かは、九二年の米大統領選挙でも争点の一つとなった。またドイツでは一九九〇年の東西統一の際、妊娠中絶に関しては東西両ドイツの法律を暫定的に共存させるという異例の措置がとられた。妊娠一二週までは女性が希望すれば無料で自由に中絶手術が受けられた東独の法律と、原則的に中絶を禁止する西独の法律とが根本的に対立したためである。以後、旧西独憲法の中絶禁止条項である二一八条の取り扱いをめぐって激論がたたかわされたが、九二年六月二六日、連邦議会は旧東西両法を勘案して超党派で提出された中絶を認める修正案を可決した。この日の最終審議では百人以上が発言し、原則禁止案を提出していた与党のキリスト教民主党からも女性議員らが自由化法案の支持にまわった。その後この問題の舞台は連邦憲法裁判所に移り、現在、法案が合憲か否かの最終判断が下されるのが待たれているところである(10)。さらにそれから約半世紀前にさかのぼれば、一九四三年四月、ヴィシー政権下のフランスでは女たちに頼まれて闇で堕胎を施していたマリー＝ルイーズ・ジローという四〇歳の主婦が、「人口抑制の手術をおこなったとがで」ギロチンにより処刑されている（Spiner 1986＝1992）。そして敗戦国日本の議会が、爆発的な人口過剰問題の解決のために天下り的にそれまで堕胎罪によって禁止していた中絶を条件つきで合法化したのは、そのわずか五年後のことであった（上野輝将 1990；田間 1991；荻野 1991, 2001b）。

これらの出来事は、私たちがいまも日々文化的、政治的現象としての身体を生きつづけていることと、そしてその身体は明瞭に「性」によって刻印されたものであることに気づかせてくれるきっかけの、ほんの一部にすぎないのである。

3　「男」という身体へ

2節では、身体を性差を軸としてとらえることの持つ意味を主に女の身体を素材に考えてみた。そこで述べたような、女の性と身体の疎外が歴史的にいかに形成されてきたか、そして女自身がどのように性や身体を語ることばを見つけていくかという問題に答えを求める作業は、女性史のみならず、いわゆる女性学と総称される学問的アプローチ全体に共通した切実な課題であったし、現在もありつづけている。男＝理性／文化、女＝肉体／自然という二項対立図式のもとでもっぱら身体性に閉じ込められながら、自らはその身体について語る自由を持たなかった女にとって、それは「自分とは何か」という認識に到達するための自己解析の道筋であった。そしてこうした作業を通して、女の身体とは自然でも所与でもなく独自の歴史を持つ文化的、社会的産物、すなわち制度であることが、少しずつ理解されるようになってきたのである。

だが、あらためて言うまでもなく身体を生きているのは女だけではない。男もまた現実には女とは異なる性的特徴を備えた肉体を持ち、「女」に対する「男」という形で記号化された性差の文化を生きている。ところが普遍的・抽象的概念としての「人々」や「人間」としてではなく、「女」という特殊に対するもう一方の特殊にすぎない存在としての「男」は、これまでにどれだけ学問研究の対象として登場してきただろうかと考えてみると、そのような例はきわめてまれであることに驚かされる。これはなぜなのだろうか。

まず考えられるのは次のようなことである。女性史はその出発の頃、しばしばこれまでの歴史は事実上すべて男性史であったと主張した。歴史学の対象として認められていたのが公の世界、すなわちジェンダー秩序において男の領分とされる世界のみであり、登場人物の大部分が男、価値判断の基準もまた男中心であったという意味では、この主張は正しかったといえる。しかし人間＝男という前提がほとんど空気のように意識されないまま内面化されてしまっていた世界では、かえって男は自分を「男」として対象化して見る契機を失ってしまったのではないだろうか。そのため「人々」ではないそれ独自のものとしての「男」の身体やセクシュアリティを研究することには、あえて思い至らなかったのかもしれない。

たとえば次のような文章がある。「国家・社会との関連で衛生や病いを考察、人びとを性差を捨象した存在で扱う、（誤解をまねく表現だが）いわば「男の衛生」研究はさまざまな角度からの輪がつみ重ねられてきたが、しかし、性差を含む個人の次元で病いや衛生を扱う「女の衛生」については、ほとんど手がつけられていないといいうる」(成田 1990：91-92)。

ここで言われているように、従来の衛生研究は公的世界の重視という意味ではなるほど「男の衛生」研究であっただろう。しかしはたしてそれはどれだけ「性差を含む」存在としての男、個人の次元での男についての研究であっただろうか。

身体とか性といった新しい問題を歴史研究の対象として取り入れようとする場合、男＝普遍、女＝特殊という知の枠組み、あるいは女のみを性的、肉体的なものと見なしてきた従来の感覚のもとでは、とかく身体＝女の身体と理解されてしまうおそれがある。あるいは、妙な表現だが女のほうが男より「身体度」の高い存在と思いこまれてしまう。「男にはない臓器」である子宮と卵巣、あるいは「男にはない現象」である月経や妊娠・出産の存在が、この思いこみを正当化する。その結果、身体の問題に関心を持った男性の歴史家は男の、すなわち自らの身体を対象として取り上げる方向へではなく、またしても女の身体へと向かうことになりがちである。女の身体は新奇でエキサイティングなテーマとしてもてはやされ、ねめまわされる(11)。これは「女の身体を問題にしてきた歴史を問題にする」という形をとってはいるが、結局そこで対象化されているのはあいも変わらず「他者」の身体、男にとっての客体としての女の身体なのであって、男自身の身体性には解析の目は向けられず、身体＝女という前提は微動だにしない。こうして身体を通して主体としての自己回復をはかろうとした女の努力は、女の身体のあらたな客体化のための口実へと読みかえられてしまうのである。

ざっと見渡しただけでも、私たちのよく知っている歴史の中に男の身体性について考えるための事例はいくつも見当たる。たとえば、かってその評価をめぐって村上信彦と外崎光広の間で論争の行われた植木枝盛の遊郭通い（外崎 1972, 1973, 1975；村上 1974）、一九二〇年代の共産主義活動家たちとハウスキーパーの問題（福永 1982）、現在注目を集めている「従軍慰安婦」や、セクシュアル・ハラスメントの問題、等々。こうした男の性欲やセックスに関する問題は従来、公的世界での活動とは関係のない私的な側面、もっとありていに言えば頭とは無関係な下半身の行動として処理されてきた。だが、たとえば「右」と「左」、「明」と「暗」が相互規定しあう概念であるように、「公的世界」とはじつは「私的世界」との関係性のもとでとらえてこそ、はじめて完全に理解可能となる世界である。それゆえに男の下半身は頭とは無関係に行動しているものではなく、じつはその行動を通して頭について多くのことを語るものとして、読み直してみることも可能なはずである。

あるいはまた一九世紀ドイツのある労働運動活動家とその妻についての次のような記述からも、公的世界での男の活動と私的世界での夫としての男の関係について、考えてみるためのヒントが得られるのではないだろうか。

その朝、妻はまだ繊維工場に働きに行っていた。……妻は、出産が近づいたと感じたので、一〇時に帰らねばならなかった。夫が昼に帰ってきたとき、子供はすでに生まれていた。ブロメがこの出来事に対して言っている冷ややかな言葉は、まったくショッキングなものだ。《彼女が僕を呼びに来させなかったのは、非常に嬉しかった。》それ以上は何もない（川越他 1990 : 270）。

ブロメ夫人はほとんど一年に一人の割で子供を産み、出産後二日目には起き出し、三、四日目には再び家の切りもりをする。「彼女は、彼のためにバターを買わねばならない。彼はバターでないと承知しないからだ。妻と子供たちは、マーガリンを食べる。」「根っからの社会民主党員、忠実な労働組合員として、彼は、組合や党の集会に参加し、仲間のあいだのあちこちで名誉職を引き受けている。そして本を買い、自分をさらに磨くためにお金をみんな使ってしまう。妻はその事に理解を示してくれない、と彼は言う」（川越他 1990 : 271-273）。

さらに現代の不妊療法にしても、それを女の問題としてだけでなく男の問題として見てみれば、異なる様相が現れてくる。最先端の生殖テクノロジーを駆使した不妊治療は、「子供を持ちたくても持てない気の毒な女性」のための福音であると言われている。だが、たとえ代理母を雇ってでも子供を得たい、それによって自分の「男としての能力」を証明したいと固執するのは、むしろ夫のほうであると指摘する声もある（Klein 1989＝1991）。不妊の原因が自分の側にあるとわかって男としてのアイデンティティに大きな打撃を受ける男の存在は、「産むこと」「親になること」にこだわるのは必ずしも女ばかりでないことを示唆している。さらに際限のないテクノロジーの開発競争とそれへの（男性）科学者たちの熱中ぶりを、人類の歴史上はじめて可能になりつつある「女からの生殖権の奪取」という文脈で読み解いてみることも可能だろう。必要なのは、女には子宮と卵巣があるから、あるいは月経周期があるから「産むこと」は女の問題だという前提そのものを疑ってみることなのである。いったい男にとって「子供」とは、あるいは「父性」とは、どのようなものなのだろうか。

これまでの歴史がどれほど男中心のものであったとしても、このような角度から見た男についてはほとんど何もわかってはいない。それは男を精神と肉体、頭と下半身に切り離し、前者のみを問題にしてきた歴史なのである。近年、英語圏の男性研究者の間からは男性学、あるいは男性史の必要を唱える声が聞こえつつあるが、その中の一人ピーター・フィレンは次のように述べている。

> 答えは何をよりもどのようにと関係がある。男の歴史——男性性の歴史と言ってもいいが——は、われわれが歴史的に何が重要かについての通常の考え方を定義しなおし、通常の概念枠組みの切り換えを行うときに、はじめて始まるのだ。……もちろん男は少年であり、恋人であり、夫であり、そして父親だった。しかし歴史はこれらの私的な役割にはなおさら関心を払ってこなかった。……従来の歴史が関心を持ってきたのは公的な世界の大人の男たちなのだ（Filene 1987：104　強調は原文）。

また一方の女性史はといえば、そこでの男の描かれ方にも次のような問題性が指摘されている。

男を無視するか、あるいは男のニーズや行動を単純きわまりないステレオタイプ——あらゆる場所に遍在する説明無用の単次元的家父長制の第一の原因——に還元してしまうようなやり方で女の歴史を書くことも可能である。女に対する男の抑圧、男の「自然」は歴史的に分析されることなく、所与のものとして、社会的、生物学的常数として扱われ、それによって無意識のうちに原理的に最も反フェミニスト的な命題の多くを是認する結果になってしまっている（Editorial 1985）。

男という存在をこのように公と私に分裂させてその一部しか見ようとしなかったり、ステレオタイプに還元してしまう歴史は、たんに不十分もしくは不正確であるというだけでなく、より深刻な弊害を生んでいる。すなわち男の性にまつわる部分が歴史とはまったく無関係な「本能」の領域、異なる次元に属するものとして放置されてしまったために、男自身が自分の身体や性、あるいは性をめぐる行動を社会的、文化的産物として知的に対象化し、相対化する契機が失われてしまったのである。たとえば、買春や性暴力など「問われなければならないのは「問題男性」」であるはずの種々の現象が、「「男というのは女を買わずにはいられない生き物だ」「男の性は、ほんらい支配や暴力と結びついている」という言い方で……十把一からげに」正当化され、免罪されてしまう（上野千鶴子 1990：100）。これは一面ではたしかに男から見て便利な仕組みに違いない。だが支配や暴力の対象となる女にとってはもちろん、当の男にとっても、一括してこのような性として定義され、

「自分自身のセクシュアリティを低いもの、自分の中の劣った部分として見なければならない」状況というのは、じつは不幸なのではないだろうか（衿野 1992）。

もちろん自らの性や身体を見つめようとする男が皆無というわけではない。たとえば労働相談を専門とする金子雅臣は、職場でのセクシュアル・ハラスメント事件の加害者である「普通の男たち」の分析を通して「自分自身をも含めてもう一度男性のセクシュアリティについて考えて」みようとしている（金子 1992）。彦坂諦は、「従軍慰安婦」という存在を手がかりとして男の性欲や戦争と性、あるいは強姦にまつわる神話の解体を試みた（彦坂 1991）。また、イギリスで『アキレスの踵』という雑誌にかかわっていた男たちのグループは、男のセクシュアリティについての非常に率直で洞察力に富んだ論文集をまとめて出版している。その中の一人、リチャード・ダイヤーは、男のセクシュアリティが過剰にペニス（それも実態とは異なる象徴としてのファロス）によってのみ代表されてきたことが「ペニスは男自身とは別な生き物」説を生み、強姦その他の暴力的行為に対する男の責任を免除する理論につながっていると言う（Dyer 1985）。同じくトニー・アードレーは、男の性的暴力とは弱さと不安の産物であり、「男らしい性格や行動とはどうあるべきかについてのある男の考え方と、自分自身をどう感じているかとの間のギャップが大きいほど、その男は暴力的になる傾向がある」と分析している（Eardley 1985）。さらに欧米では、男性解放運動や男性学形成のとくに初期の段階においてゲイの人々が重要な働きを演じたが、日本でもホモセクシュアルという視座からヘテロセクシュアリティを相対化しようとする動きが見られる（伏見 1991）。

しかし一部にこうした例が認められるとはいえ、歴史の分野においては男性史の研究は芽を吹いたばかりであり、そこでは男の性や身体はほとんど目立ったテーマとはなっていない。男の身体はいまもなお、かつて女の身体がそうであった以上に、予断と神話に満ちた暗黒の世界のままにとどまっているのである。もしもこの状況に変化が生じ、「社会集団として、ジェンダー・カテゴリーとしての男の歴史」(Editorial 1987) が書かれうるとすれば、そのためにはたんにもう一つの新奇なテーマとして男の性や肉体が追加されるだけでは十分ではない。ドゥーデンの前出の表現を借りれば、研究者自身が自らの性はいかなる「歴史的素材によって織りあげられている」のかをたえず自問しつつ、これまでの歴史観や世界像を新しい目で整理しなおしていく覚悟が必要であろう。そして男がこのような身体をも含めた形で歴史化されていくか否かは、女性史の今後にとっても重大なかかわりを持ってくる。なぜなら、女の歴史がこれまで語ってきたことばが歴史学全体の共通言語として理解されるようになり、女性史が現在のゲットー状態から脱け出しうるかどうかは、「男」もまた普遍的・抽象的な「人間」ではなく「女」と同様のジェンダー現象であることが、どれだけ広く深く認識されていくかにかかっているからである。そうした相互的な視点が伴わないかぎり、過去の、あるいは私たちが現在生きている歴史の基本的動因としてのジェンダーの働きを総体として可視化していくことは、結局は望み難いのではないだろうか。

注

（1）座談会「いま『アナール派』が面白い」（『朝日ジャーナル』一九八六年四月四日号）における速水融の発言。

（2）以下の引用はすべて英語版（Duden 1991）より。その後、邦訳（1994）も出版された。また、Duden（1985）も参照のこと。

（3）ショーター的な身体史を批判する立場から書かれたものとして、McLaren（1984＝1989）も参照されたい。

（4）山崎（1987）の中で多くのフェミニスト人類学者を悩ませているのも、こうした共通形の一つである女性の従属的地位という問題である。

（5）たとえば以下のものを参照。Newman（1985），Jalland & Hooper（1986），Jeffreys（1987），Jacobs, Keller, & Shuttleworth（1990）。

（6）以下を参照。Oakley（1976；1984），Donnison（1977），Denegan（1978），Eccles（1982），Joël（1988＝1992）。

（7）以下を参照。Leavitt（1984），Gallagher & Laqueur（1987），Jordanova（1989＝2001），Moscucci（1990），本書第四章。

（8）これらの考え方に対する批判としては、McLaren（1984＝1989）および A. McLaren（1978：219-220）を参照のこと。

（9）『読売新聞』一九九二年二月二五日、同夕刊（大阪版）、同二七日、および『朝日新聞』同日夕刊（大阪版）の記事を参照。

（10）『読売新聞』一九九〇年五月一六日、『朝日新聞』同年一〇月六日夕刊（大阪版）、および一九

九二年六月二六日夕刊（大阪版）の各記事を参照。また、二一八条については、寺崎（1991）も参照のこと。ドイツではその後、九五年に至って、妊娠一二週以内の中絶は認めるが、相談所でのカウンセリングを義務づけるという妥協案が新法律とされた。

（11） たとえば『イマーゴ』一九九二年九月号の特集「子宮感覚」に収められたいくつかの論文など。

II

第四章　女の解剖学
——近代的身体の成立——

はじめに

人間の身体や性はながらく、自明にして普遍なるもの、すなわち歴史をもたぬ所与の前提であると想定されてきた。だがようやく近年にいたり、服装や性風俗の歴史、病気と健康と衛生の歴史、食や感覚の変化、あるいは家具や住居といった「もの」と人とのかかわりの変遷をたどることを通して、身体や性もまた歴史的変数であり、個々の時代における社会的、文化的、政治的な権力関係のありようを映し出す鏡であることが認識されつつある。

本章ではこうした身体や性の歴史性を明らかにするための一つの試みとして、性差という視点を導入し、女という性における身体の近代的イメージとはどのようなもので、それがいかに形成されたかを、医学、とりわけ産婦人科学とのかかわりにおいて検討してみたい。周知のように近代西洋医学は「正常」と「異常」、「健康」と「病気」とを定義し、人々をしてより「健康」で「正しい」生活へと導き、それによって社会には秩序と安定を、人々には幸福をもたらす善導者としての役割を果たしてきた――もしくはそれを期待されてきた。だがひとしなみに医学を通しての身体の近代化とはいっても、女と男とでは、社会が両性にそれぞれいかなる機能をふり当てているかによってその内容は異なってくるはずであり、性が異なることによる歴史体験の相違が存在するのではあるまいか。なかでも産婦人科学に注目するのは、ただそれが女を専門的に扱う医学の分野であるというだけでなく、まさになぜ、そのような女だけを患者とする専門分野が成立しなければならなかったかを探ることによって、近代社会が女の身体をどのようなものとして知覚し、それをいかに運用しようとしたかがかいま見えてくるのではないかと考えたためである。

1　前近代の性差観

現在私たちが「卵巣」と呼んでいる女性の生殖器官は、西欧ではながらく「女の睾丸」と呼ばれてきた。それは、ほぼ一八世紀ごろまで男女の生殖器は本質的に同じものであるとする考え方が存在しつづけていたからである。西洋中世医学の基盤となっていたのはアラビア経由で輸入されたガレノス、ヒポクラテスを中心とする古代ギリシア医学であったが、とりわけガレノス医学の影響が強く、「西欧中世医学をほとんど一色に塗りつぶしたばかりでなく、その影響が近代深く入って一八世紀頃までも一部にはなお根強く残っていた」といわれる（川喜田 1979：33）。ガレノスによれば、紀元前三世紀の解剖学者ヘロフィロスは、女は子宮の両側に男のものによく似た睾丸と輸精管を持つと考えた。ガレノス自身も二世紀にこの説を追認し、男女の生殖器の相違はただ、男の場合は外にあるものが女では内にある点だとして、次のように述べている。

まず、男性の〈外性器〉がひっくり返され、直腸と膀胱の間を内部へと延びているところを思い描いてほしい。もしこういう状態が起こったとすれば、陰嚢は必ずや子宮の位置を占め、睾丸はその外側、子宮の左右に存在することになろう（Laqueur 1987：5；Schiebinger 1987：74, note 20）。

この場合、ペニスは子宮頸管と膣となり、包皮は性唇（陰唇）となる。そして当然ながらこれとは逆に女性の生殖器官をひっくり返して外へ押し出してみれば、それは男性の外性器となるはずである。すなわちこのモデルによれば、女とは本来押し出されるべきものが内に留まったままの「不完全な男」なのであり、その原因は女には男ほど十分な熱がないためとされていた。人間は動物よりも熱いがゆえに尊く、男は女よりも熱いがゆえに優れていると考えられていたのである。

レオナルド・ダ・ヴィンチは一四八七年から一五一三年までの間に三〇体の人体を解剖したと伝えられ、その精緻さにおいて時代にはるかに先んじた解剖図七七九枚を残したが、そこに描かれた生殖器官には男女の相似性というガレノス的意識の反映が認められる。ただし彼の場合は、女性の子宮に対応しているのは男性の輸精管の形づくるループである（図1）。また、しばしば近世解剖

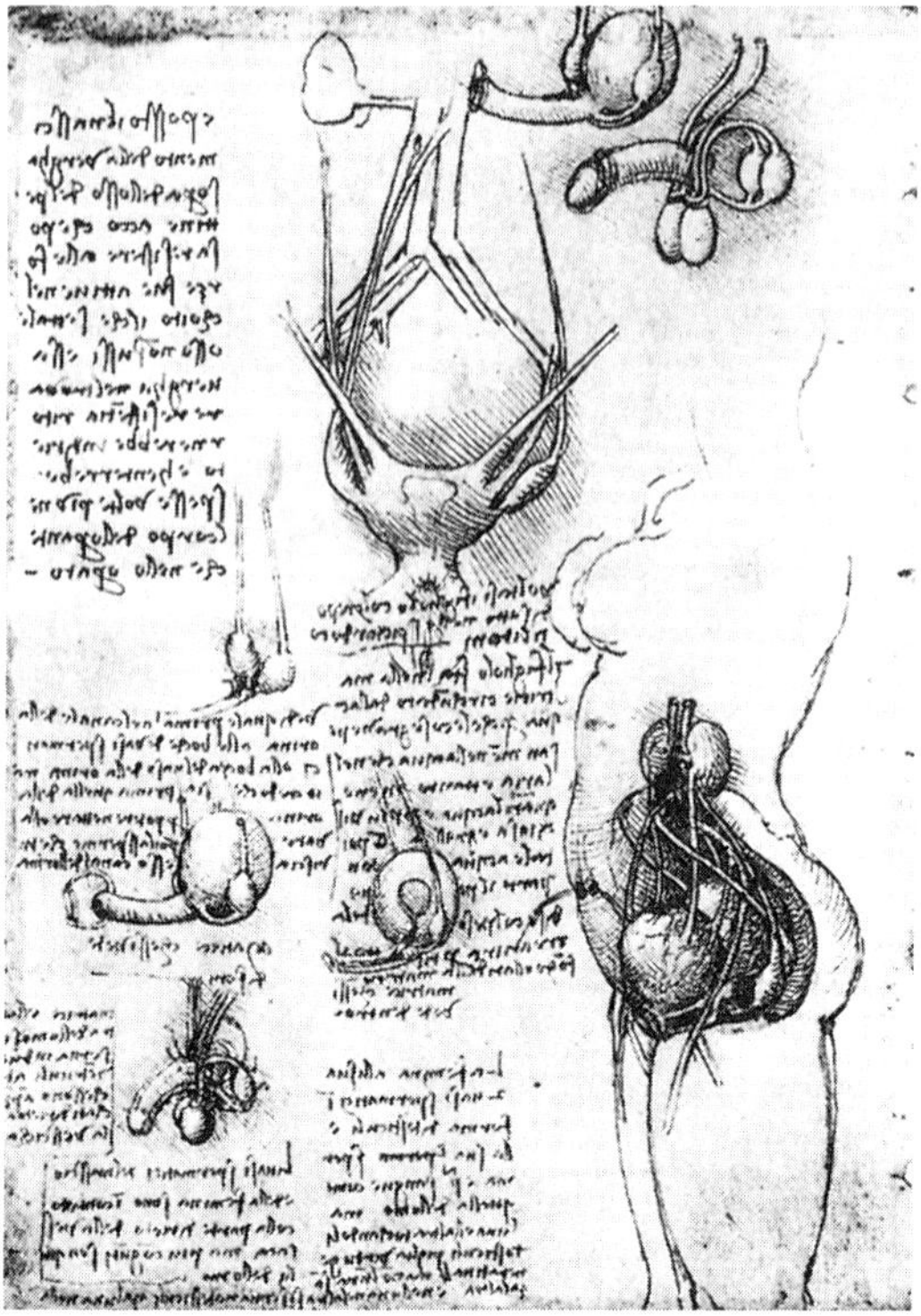

図1　ダ・ヴィンチの解剖図

学の祖と称されるアンドレアス・ヴェサリウスは、大著『人体の構造について《ファブリカ》』（一五四三年）において、子宮は二つの角を持ち七室に分かれているという古い説を訂正したが(1)、彼の描いた女性生殖器の図はやはり一見男性と見まごうばかりの形態をとっていた（図2、3）。また、ガブリエレ・ファロピオは卵管の存在を発見し、これは後世の医学者が両性にはそれぞれ固有の機能があり、男女は完全に異なるという説をたてる場合の拠りどころとして利用されることとなる。だが、彼自身は当時まだ相似説の立場に立っていた。一五六一年の『解剖学的観察』においてファロピオはクリトリス、ヴァギナなどの名称をつくり、ガレノス説を一部修正して女のクリトリスに相当するの

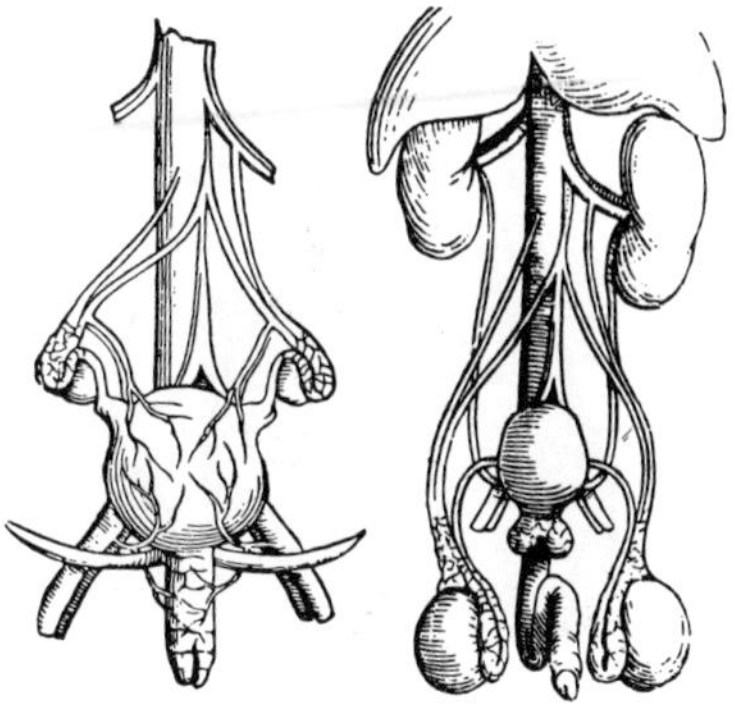

図2　左が女、右が男の生殖器

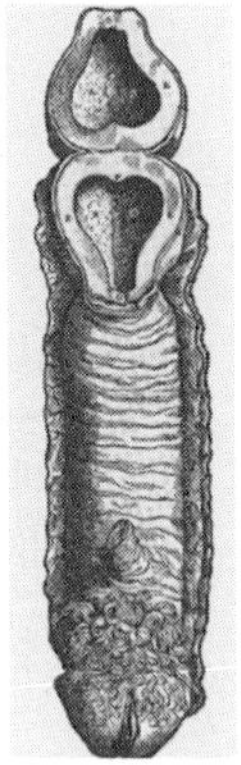

図3　女性生殖器

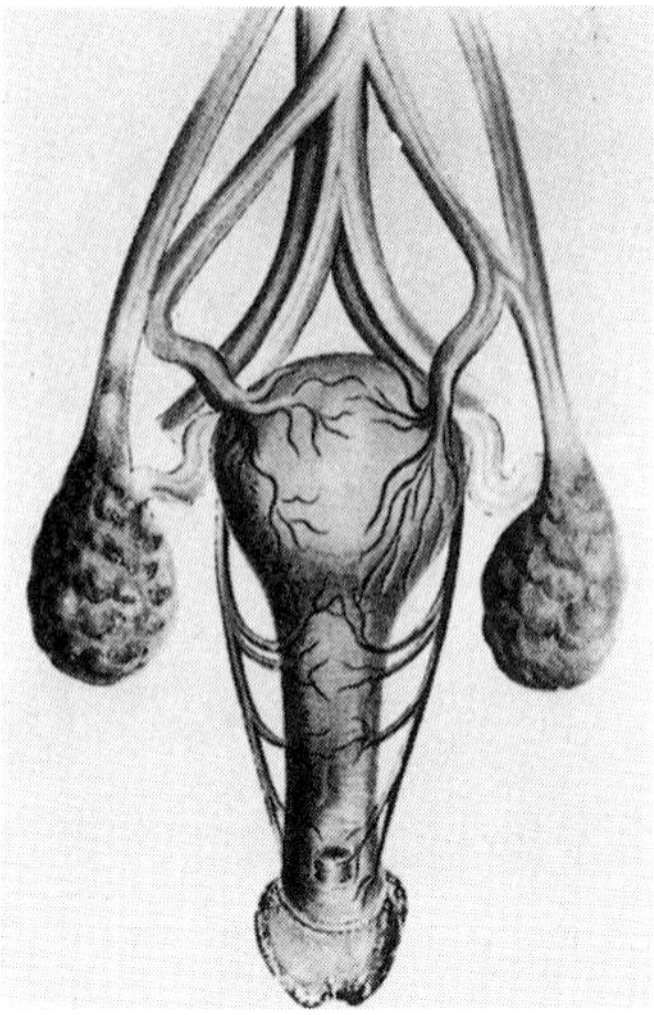

図4　ゲオルグ・バルティッシュの解剖学書（1575年）──男性器に似た女性生殖器官

はペニスであると主張している（藤田 1989：180；Maclean 1980：33）。これ以外にも当時相次いで各地で出版された解剖学書には、類似の図が多く認められる（図4、5）。

さて、もし男と女が本質的に同じ性器を備えているとすれば、なんらかの事情で性転換が起こったとしても不思議ではないことになる。事実、一六世紀フランスの著名な外科医アンブロワズ・パレは、もともとマリーと名付けられて一五歳まで女として育ったがある日突然に男に変わったジェルマン・ガルニエなる青年の話を紹介している。

彼が畑に出て、小麦畑の中へ入ろうとする豚どもをかなり荒っぽく追いはらっていた時、溝にぶつかり、それを渡ろうとして飛び越えたとたん、その身に外性器と男性の竿とが現れた。これらを内部に保持していた靭帯が切れたのである（Laqueur 1987：13）。

そしてパレは、体内の熱の高まりに激しい運動が加わると、それまで外に出るのを妨げられてい

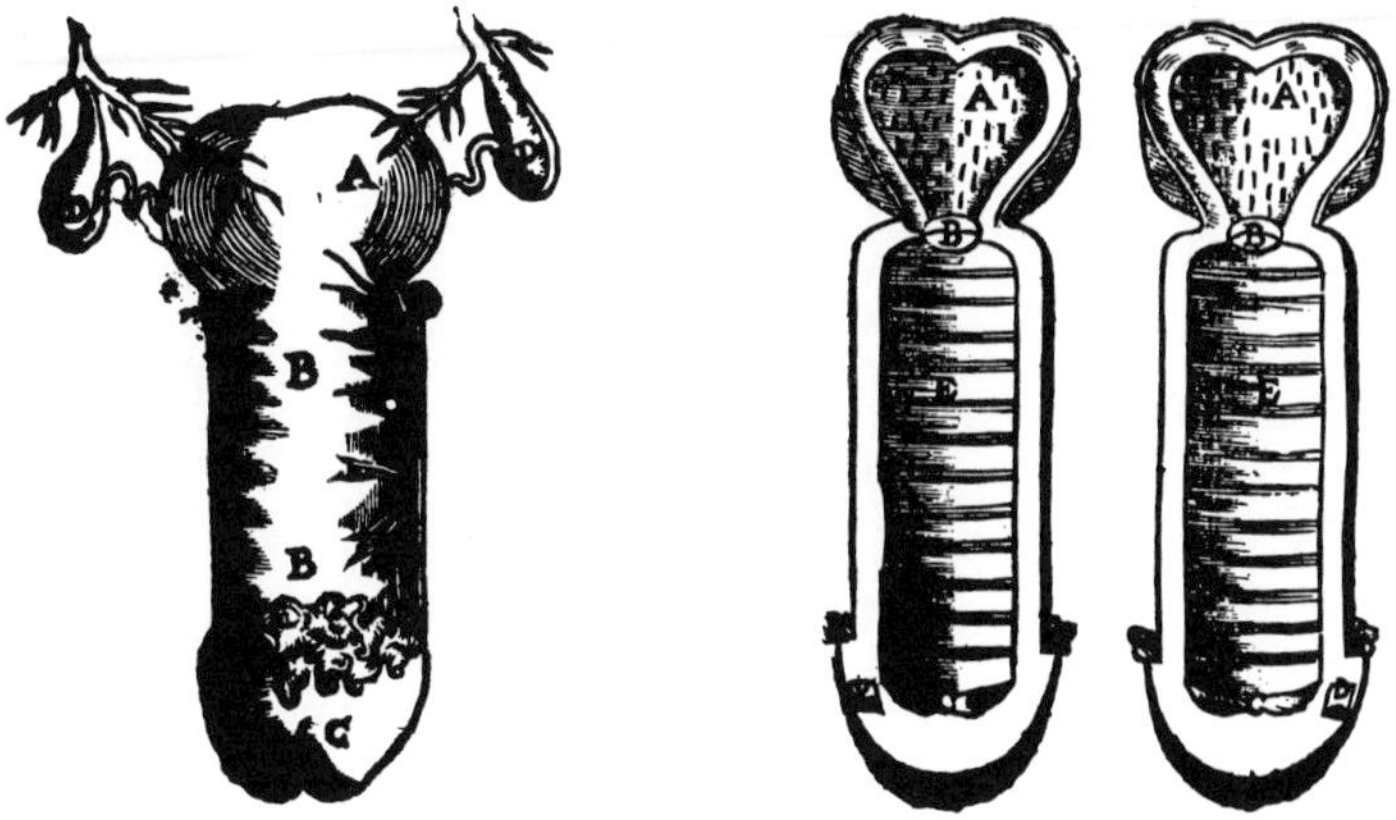

図5　子宮、付属器および膣の図――スキピーネ・メルクリオ『産婆または取りあげ婦』(1595年)

たものが外へ押し出されることがありうると説明している。

ただし逆の方向、すなわち男が女に転換するケースはありえないとされた。なぜならアリストテレスが言うように、自然は最も完全なもの(男)を創ろうとするのであって、不完全なもの、すなわち女がより完全な男に変わることはあっても、逆はありえないからである。ヒポクラテスはスキタイ人の「男が女になる病気」について報告しているが、それは男性が性的に不能になった結果、女性として暮らすようになった例であった(植島 1980：13-16)。

次に生殖器官の形態上の相似性は、機能面での相似性にも結びつきうる。すなわち、もし性交によって受胎が実現するためには男の側の快楽と射精が必要であるとすれば、女にあっても同様のことが言えるのではないか。こうしてヒポクラテスやガレノスは、女も男と同じように性の快楽の頂点において子宮内で精液を射出し、それが男の精液と混じりあうことによって受胎が成立するという、「二種の精液」説を唱えた。たとえばヒポクラテスは次のように説いている。

女は性交中に陰部を摩擦し、子宮を動かす時に擽りを子宮に感ずる。そして其れが身体に快楽と熱感とを呼起こす。其の際、女は身体から多量の精を子宮に注いで子宮が湿潤して来るし、又子宮口が広く開いてそれが往々外に流れる。女と云ふものは性交の初めから男が射精し終るまでの全時間快楽を持続する。女が劇しい性交の欲求を持つ時には男よりも先に射精を終る。……婦人が性交を完了しても、それが受胎に至らぬ時には男女両方の精が流れ出して了ふ。之に反して、若し受胎する時には精は流出しないで子宮内に留る。そして子宮がこの精を取った時には直ぐその口を閉じて精を其中に保持し、其処で男女の精が混合するのである（今 1931：158-159）。

これに対しアリストテレスは、女が精液を出して生殖に寄与することはなく、胚の発生にあたって女はただ場所と質量を提供するだけの受動的な存在であり、男の精液のみが胚に運動原理と形相と目的を与えると考えた。真に子供の親と呼べるのは父親だけであり、女は「生殖力のない男」にすぎない。アリストテレス説では、女の経血は、女の不完全性ゆえに精液にまでなりえなかった「純粋でなく、〔さらに〕仕上げを要する精液」と考えられていた。すなわち女の女たる所以は、生物発生における無能力性であり、雄こそが「原理で、原因であり、また雄は何かができるという能力の故に雄なのであり、雌はできないという無能力の故に雌」なのであった（傍点は原文のまま）（島崎 1969：134-135）。

この問題に関してはヒポクラテス・ガレノス派、アリストレテス派それぞれの内部でも多様な立場が存在しており、一九世紀になって女性における卵の存在が確認されるまで、人間がいかにして発生するかについてさまざまな論争がくり広げられた（McLaren 1984=1989：45-50）。だが一般の人々の間では、女にも精液があり、それが射出されなければ受胎が成立しないというヒポクラテス・ガレノス的な考え方が広く支持されていた。女にも男と同じ生殖器が備わっているばかりでなく、現実に性交において女も男と同じような欲望や歓喜を示すではないかというのがその論拠であった。したがって通俗的な性の手引書では、実り多い交接をもたらすためにいかにして女を熱くさせて快楽を感じさせ、射精に導くかが重要なポイントとして語られることとなった。たとえば一七世紀のイギリスには『アリストテレス作品集』と称する性の手引集があり、その中でも『アリストテレスの最高傑作』（初版は一六八四年とされる）と題された本はとくに人気を博して多くの版を重ねた。この書の一七、八世紀版には男女生殖器を比較した解剖図がのっており、相似点、とくにクリトリスが男のペニスと同じように勃起し、「交接の行為における最高の快楽の座」である点が強調されていた。一七九一年の版には、次のような詩ものっている。

女は性は違っても、われわれと実は同じ。
女はただ、男を裏返したもの。
だから男も、自分が中を外に押し出した女とわかる(2)。

またジョン・サドラーは『病める女性の秘密の姿見』(一六三六年)で男女双方のオーガズムの重要性を指摘し、「男が早すぎて女が遅すぎ、そのために両者の種液が受胎のきまりの要求通りに同じ瞬間に合流しない」ことが不妊の原因であると述べている。そこで男は「彼女を愛撫し、抱きしめ、くすぐって」、女が十分な快楽にまで至れるように力を尽くさねばならないのであった(Laqueur 1987 : 11)。さらにヒポクラテスの説にしたがうならば、性交とその快楽はたんに受胎のためばかりでなく、女の健康にとっても必要なものと考えられていた。

女と性交との関係は、女が性交を為す時には健康に適し、若し性交を為さぬ時には健康上却て良くない。即ち性交は一方に於て子宮を湿潤せしめて乾かすことなく、他方に於て血液を温め湿潤ならしめる故月経が極めて順調となる。即ち子宮が乾燥し過ぎれば強く収縮して身体に痛を起し、月経の不順は身体に痛を起すものである(今 1931 : 159)。

女はこのように性交において快楽を得ることを積極的に奨励されたばかりでなく、快楽を求め、味わう度合においてときには男に勝っているとさえ考えられた。ひとたびかき立てられるや飽くことを知らない女の性欲、「貪る女」というイメージがそれである。教会がつねに男に向かって女の誘惑に注意せよと警告を発しつづけた背景には、女の好色さへの恐怖があった。魔女狩りの教科書として悪名高い『魔女の槌』（一四八六年）においてクレーマーとシュプレンガーは、魔女の圧倒的多数が女である理由を「女性の過度の肉欲」に求めている。

すべての妖術は、女性の中にある飽くことを知らない肉欲から生じる。箴言第三〇章をみよ。《飽くことを知らないものが三つある。いや、もうたくさんですといわない四番目のものがある。》それは子宮の口である。だから彼女らは肉欲を満たすためなら悪魔とでも交合する（Easlea 1980＝1986：21-22）。

それから約二世紀後、アムステルダムで出版されて多くの言語に翻訳され、一七〇三年にイギリスでも初版が出されたニコラス・ヴェネットの『夫婦愛の顕現』にも、これとよく似た一節がある。「およそこの世に貪欲さにおいてこれに比べうるものがあろうか、地獄の業火も大地も、決して好色な女の秘所ほどにむさぼろうとはしない」（Boucé 1982：42）。

女の性欲をもっとノーマルなものとして容認している例もある。一七世紀半ばのイギリスで出版された『完全産婆実践術』という本には、寡婦が性交の相手がいなくなったためにいらいらして具合が悪くなるようであれば、「度を過ごしさえしなければ」「色欲を用いることはきわめて健全なことである」として、マスターベーションや産婆のマッサージを勧める記述が見られる（Smith 1976a : 104）。

もっともこうした伝統的な性モデルを信奉していた人々が、生殖において男女をまったく対等なものととらえていたというのではない。たとえば精液は血液が純化されて作られると考えられていたが、女は男より冷湿であるため男のように完全な精液を作ることはできず、不完全な精液しか作れないという考え方があった。完全な精液とは男児を作ることのできる精液であり、不完全な精液からは女の子が生まれる。そして子宮内でどちらの精液が優勢をしめるかによって、胎児の性別が決定されるのであった。あるいはまた、男の液も女の液も同じように胚のための物質を提供するとしても、男の場合はそれが人体の中心である心臓となり、女の場合はヘソの緒となるとか、胎内で男の子はより熱い位置である右側に、女の子は冷たい左側に位置するといった具合に、つねになんらかの形で両性間の優劣が想定されていた（Maclean 1980 : 32 ; Horowitz 1987 : 88）。だが一方ではヒポクラテスの「女子から出る精にも男子からの射精にも強性のものと弱性のものとがあって、男子には女性的な精があり、又女子に男性的な精が存在」するという説を支持する人々もおり、必ずしも唯一の定説が支配していたわけではなかった（今 1931 : 159）。またここでの性差はあくまでも同一種内での序列、上下関係であって、後に見るような男女をまったく異質なものと見る感覚ではなかった。すなわち男と女はいわば相互乗り入れの可能な連続体として同一線上の両端に位置づけられていたのであり、このことは両者の中間体として、より女に近づいた「女々しい男」や男により近い「女丈夫」、あるいは両者を一身に兼ね備えた両性具有者がいると考えられていたことからもわかる（Maclean 1980：32, 38-39）。さらに女は必ずしも受動的で弱い性と見なされていたわけではなく、「女の好色さ」の例が示すように、しばしば罵倒という表現形態をとりはしたが、女の内にひそむ強靭な性のエネルギーに対する畏怖の念も強く存在していたのである。

男女を一種の連続体と見るこのような両性観は、より大きな世界観と結びついた身体観の一部として理解することができるだろう。人体をバラバラに分解可能な部品の集合体として機械論的にとらえようとする近代医学的思考が制覇する以前に古い世界で信じられていたモデルでは、人間とは一つのミクロコスモスであり、体内に宇宙秩序に照応する秩序が存在していて、人体はつねに環境とのダイナミックな相互作用の中で生きていると考えられていた。すなわち人間は外界と峻別された「個体」ではなく、外界とつながりあった環境の一部として存在していたのである。この人体という有機体が全体として外界とうまくバランスを保っているかぎりその人は健康であり、病とはバランスの喪失にほかならない。したがって医療とはこの有機体が失われたバランスをすみやかに回復できるよう手助けをすることであり、たとえばからだが熱くなりすぎた時にはこれを冷やす薬草や食物を、冷たく湿りすぎた時は温め乾燥させるものを処方するとか、体内の余分な血液を瀉血によって放出するといった療法が勧められたのである。

からだはこのように外界と連続した存在であったばかりでなく、その内部においても互いに相関性を持っていた。たとえば顔の造作のうち男の鼻はペニスの大きさを表し、女の口は彼女の膣を象徴するという俗信があった（Boucé 1982：31-32）。また一七世紀後半イギリスの自称「三〇年の経験豊かな」産婆であったジェーン・シャープは、ラテン語ではなく平易な英語で著した『産婆の書』（一六七一年）の中で、新生児のヘソの緒の切り方について次のように述べている。

女の子のヘソの緒は男の子のよりも短く切る。なぜなら男の子の秘密の場所は女よりも長くなければならないが、女の子は短く切ればしとやかになり、その秘所が狭くなるといわれているから……けれどもミラルダスは男でも女でもヘソの緒は長く切るようにと命じている……もし女のヘソの緒を短く切りすぎると、出産がうまく行きにくくなるのである（Erickson 1982：80）。

あるいはまた、さまざまな体液の間にも互換性があると信じられていた。前述のように精液は血液の精髄と考えられていたし、経血は体内の他の血液、あるいは鼻血や怪我の血のような他の場所からの出血と同じものと見なされていた。経血はまた、時と場所に応じてその姿を変え、女が妊娠した場合には胎内の子供の栄養となり、子供が生まれてからは母乳に変化して再び子供を養うと考えられていた。つまり「母乳は血液が白くなったものにほかならない」のである（Crawford 1981：51）。ガレノス流の考えによれば、体内の過剰な血液を排出するのが月経であり、男の場合は瀉血によって月経と同じ効果を得ることができた。一方ヒポクラテスは、月経の目的は体内の不純物の除去であるとした。体熱の高い男は発汗によって血液中の不純物を取り除けるが、より冷たい体質を持つ女はそれができないため、月経の持つ浄化作用に頼るのである。いずれの立場をとるにせよ、月経は健康維持のために不可欠な正常なプロセスであり、男にもなんらかの形でそれに相当するものがあると考えられていた。

月経は、民俗学者や人類学者が報告しているように、女のみに特有の「ケガレ」として多くの社会で女性差別の根拠とされてきた。前近代のヨーロッパにおいてもたしかに経血自体はしばしば汚いもの、危険なものとされ、月経中の女や性交に関するタブーも種々存在していた。たとえば月経中の女が触れるとワインが酸っぱくなるとか、月経中の性交は夫の生命にかかわるとか、月経中に孕まれた子供は奇形児や「怪物《モンスター》」になるといったたぐいの言い伝えである（Crawford 1981 : 60-61）。だが月経のプロセスそのものが病的と考えられたわけではなく、むしろ月経のないことの方が病気のしるしとして大いに懸念された。近代医学確立以前に広く人々に利用されていた通俗医学書や処方書には、必ず通経剤、すなわちとどこおっている月経を「来させる」ための多様な薬草や処方がのっていた。一例をあげれば、一五世紀はじめのイギリスで書かれたと思われる女性のためのある健康の手引書（一説には中世サレルノの女性治療師トゥロートゥラの著した『女の病気について』の翻案書ともいわれる）では、第一章が「血のとどこおり」にあてられ、体質ごとにその原因と症状を述べたあと、薬草湯や瀉血、飲み薬、膣座薬などの療法について詳しい説明が行われている（Rowland 1981 : 61-75 ; 高橋 1989）。これらの方法はおそらく堕胎の目的でも利用されたと考えられるが、たんに堕胎の事実を隠蔽したり婉曲的に手段を教唆することだけがこうした記述の意図ではなく、本来あるべき月経が見られないのは異常な徴候であり、これを呼び戻すことによって健康な身体秩序が回復できるという考え方が強く働いていたと思われるのである。

以上のような身体観の究極的目的が、人体の厳密な解剖学的構造の究明ではなかったことは明らかである。たとえば生殖器の相似性にしても、男女のどの部分がどの部分に相当するのか、論者によって違いがあっただけでなく、同一人物においてさえ必ずしも首尾一貫してはいなかった。ジェーン・シャープは前述の『産婆の書』中のある箇所で、膣は「ヤード〔ペニス〕の通り道であり、それを裏返したような様子をしている」と述べたかと思うと、二頁後ではクリトリスが女性の場合のペニスにあたると書いているといった具合であり、他の書にも類似の記述が見られるのである(Laqueur 1987: 14)。

こうした恣意的とさえ感じられる曖昧性は、人々が重視していたのは細部の整合性よりも全体としてそこに含まれるメッセージであったことを示唆している。すなわち男女の生殖器が互いに似ており、同一の論理によって把握しうるという説明の枠組みこそが、世界を理解し、安心感や満足感を得るための手がかりとして求められていたのである。彼らの身体感覚においては、からだは個人が所有する明瞭に他から隔絶された「もの」ではなく、自然と同じ秩序、同じ法則に従う相関的なサブシステムであった。からだそれ自体の中でも各部は互いに切り離しがたく結ばれあい、依存しあって一つの全体を構成しているのであり、男女の生殖器やその働きもまたこのミクロコスモス、もしくは連鎖の中で、本質的に同じものの裏返しとして秩序づけられ、関係づけられていたのである。

ルネサンス以降解剖学が発達するにともない、人体解剖の実物所見にもとづいてガレノス医学細部の誤りを指摘する声は、医師の間ではかなり早くからあがっていた。男女生殖器の相似性についても、アンドレ・ド・ローランはすでに一五九三年に近代的な機能説に近い立場を打ち出し、男女の性的器官は互いにまったく異なっており、どちらかが不完全なのではなく、それぞれが完全なものであると主張している(Horowitz 1987 : 88-89)。またジャック・デュヴァルは、一六一二年の『半陰陽、女性の出産について』という書の中でガレノスの「想像上の実験」をためしにやってみることを勧め、その結果はガレノスの言っているとおりにはならないと指摘した。

もし外陰部の内部をすっかり外側へ引っくり返したとすれば……女性のからだから口の大きなびんのようなものが垂れ下がっているところを思い描かなければならなくなる。このびんは、底部ではなく口のところが身体にくっついていることになり、そうあるはずだと思っていたものとは似ても似つかぬことになるだろう(Laqueur 1987 : 16)。

このように一七世紀に入ると、男女の生殖器を本質的に同じものととらえ、女は男の不完全なヴァージョンであるとする説明は医学書においては徐々に影をひそめるようになっていった。(それでも一六七二年にグラーフ卵胞を発見したオランダのレニエ・デ・グラーフが、依然として卵巣をラテン語で「睾丸」と呼びつづけるといった現象もなお見られたのではあるが。）だがガレノス的な身体モデルは、その解剖学的不合理性が自明のものとなってから後も一般の人々の間では長く生きつづけた。それはこのモデルの「正しさ」が、身体の構造そのものよりも、人々が自然や人間を見るまなざしという当時の社会の文化的条件によって保証されていたからであった。フーコーの表現を借りれば、「眼は自らが真理を生み出した度合に応じてのみ、この真理をうけとり、それを明るみにもちきたらすことができる」のであり、人々はいわばその世界観にあわせて自らのからだを知覚したのである（Foucault 1963=1969 : 7）。

したがって古い社会秩序の崩壊が決定的となり、かわって形成されていく新しい価値世界の中では、それにふさわしい「合理性」を持ったモデル、新しいまなざしが用意されねばならないことになる。

2　新しいモデルの形成

はっきりとした転換点が同定できるわけではないが、ほぼ一八世紀ごろから古いモデルに代わって男女の根本的な非相似性を強調する新しいモデルが、医学とその周辺だけでなく、一般の言説の中でも優勢となっていくのが見られる。

男女の完全な異質性を科学的に裏づけられた明瞭な形で提示しようとする試みの一例として、まず解剖学における女性の骨格図について見てみよう。解剖による観察にもとづいた人間の骨格図は、一五世紀ごろから比較的詳細なものが描かれるようになってくるが、そこでは骨格の性差は問題にされていなかった。ヴェサリウスの『ファブリカ』では、男女の裸体像のほかに、棺のうえに肘をついて考えこんでいる一体の骸骨、すなわち骨格人の図が登場する（図6）。この骸骨は実際は一七、八歳の青年のものであったが、ヴェサリウスは性別を問わずにこの一体で人間の骨格を代表させている。これはけっして女性の解剖が行われていなかったためではない。彼が少なくとも九体の女性の屍体解剖を行ったことは判明しているし、『ファブリカ』の扉絵にも、大勢の見学者の中心に、女性を解剖中のヴェサリウスの姿が描かれている（藤田 1989：161）。したがってヴェサリウスの骨格人が一体で両性を兼ねていたのは、彼が両性の差はたんにその体型と生殖器の外見的差異にとどまり、文字どおり一皮むけば男も女も同じ骨格を有していると考えていたためと思われる。

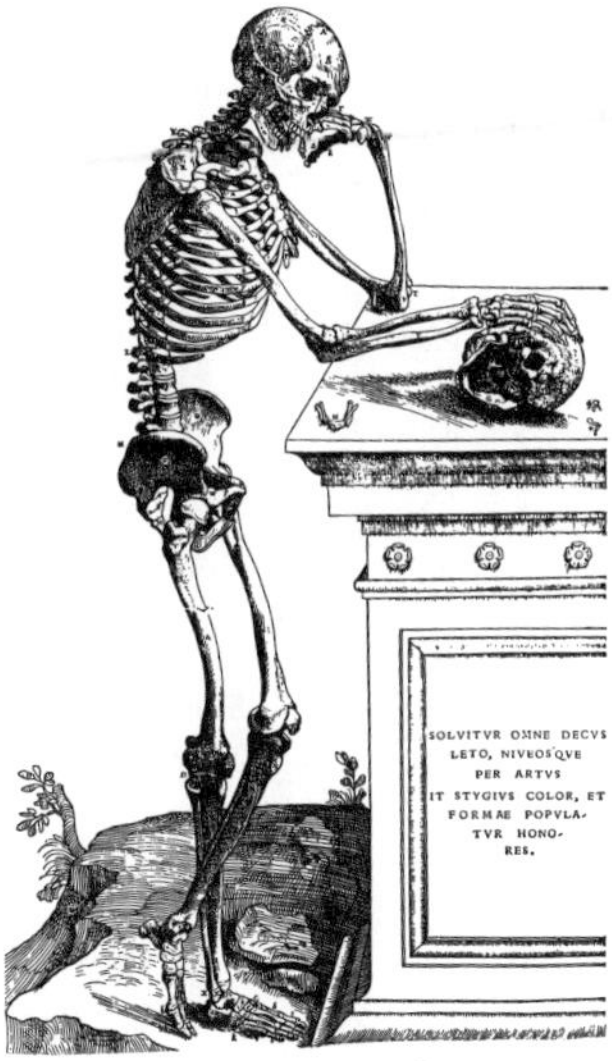

図6　ヴェサリウスの骨格人

　ヴェサリウス以後も一八世紀にいたるまでこの状況に大きな変化はなかったが、この世紀の半ばごろからイギリス、フランス、ドイツなどの医師たちの間に、性差はたんに生殖器などの局所的な差のみにとどまるものではなく、全身のすみずみにまで存在するという主張が強まってくる。とりわけ骨格は、そのうえに筋肉や血管、神経が組み立てられて人体を構成する最も基本的部分として、注目をあつめた。一七三三年、ウィリアム・チゼルデンが描いた女の骨格図がその最も初期の試みであるが、それは「メディチ家のヴィーナス像と同じプロポーション」を持つもので、ベルヴェデーレのアポロ像にならった男性骨格図と同様、理想化された男女の体型をあらわしていた。つぎに一七五九年、フランスの女性解剖学者マリー゠ジュヌヴィエーヴ゠シャルロット・ティルー・ダルコンヴィルの描いた（ただし出版は別人である男性の名で行われた）骨格図では、女の頭蓋骨は男に比べて実際以上に小さく、骨盤はずっと広く、肩や肋骨は極度に狭く描かれていた（図7）（Schiebinger 1987：56-57）。

ここで頭蓋骨の大きさに関して性差が問題となってくるのは、啓蒙主義以来、かつては人体における王座をしめていた心臓が、理性の座としての脳にその地位を奪われるにいたったことと関連がある。すなわち頭蓋骨の大小はその持ち主の知的能力の程度を反映する重要な尺度であるという感覚が生まれていたのである。それゆえダルコンヴィルのこの図は、女性の身体を正確に計測したものというよりは、女は男ほどに知的ではなく、子産みが天職であり、かつコルセットで締めあげた細い胴と広い腰部の対比こそ女らしさの象徴であるとする、当時の女性観を骨格のうえに反映したものであった。

一方、ドイツのゼンメルリンクは一七九六年に、出産体験のある二〇歳の女性をモデルにした女

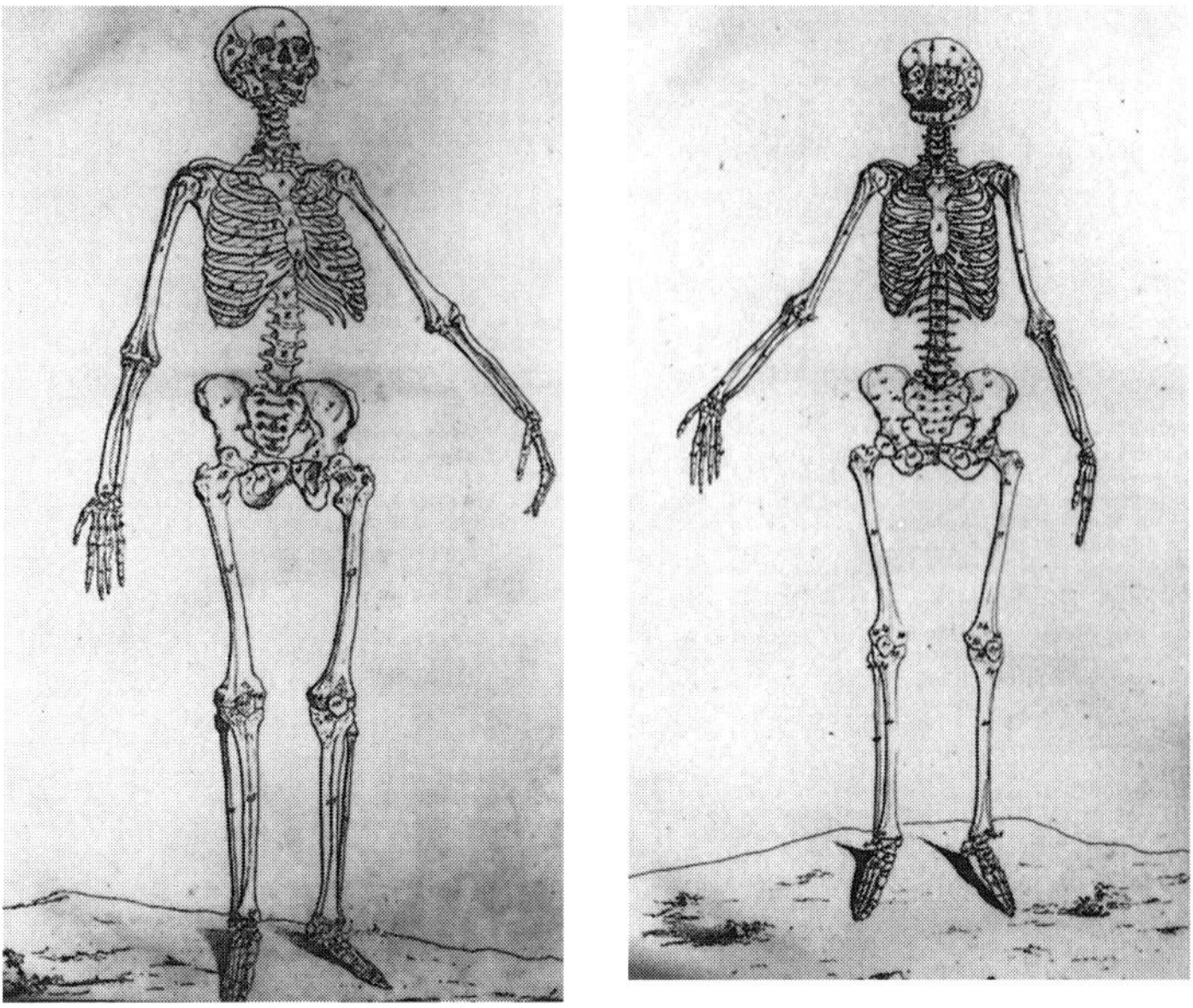

図7　ダルコンヴィルの骨格図　左が男性、右が女性。

性骨格図を発表した（図8）。コルセットの着用が女のからだを変形させていることを承知していた彼は（図9）、メディチ家とドレスデンの二つのヴィーナス像を参考にしながら、正確で「最も美しい規範像」としてこの図を完成させた。だが、ダルコンヴィルとゼンメルリンクの図の優劣をめぐって起こった論争では、前者の方が優勢であり、「不正確さ」を理由に批判されたのはゼンメルリンクの方であった。たと

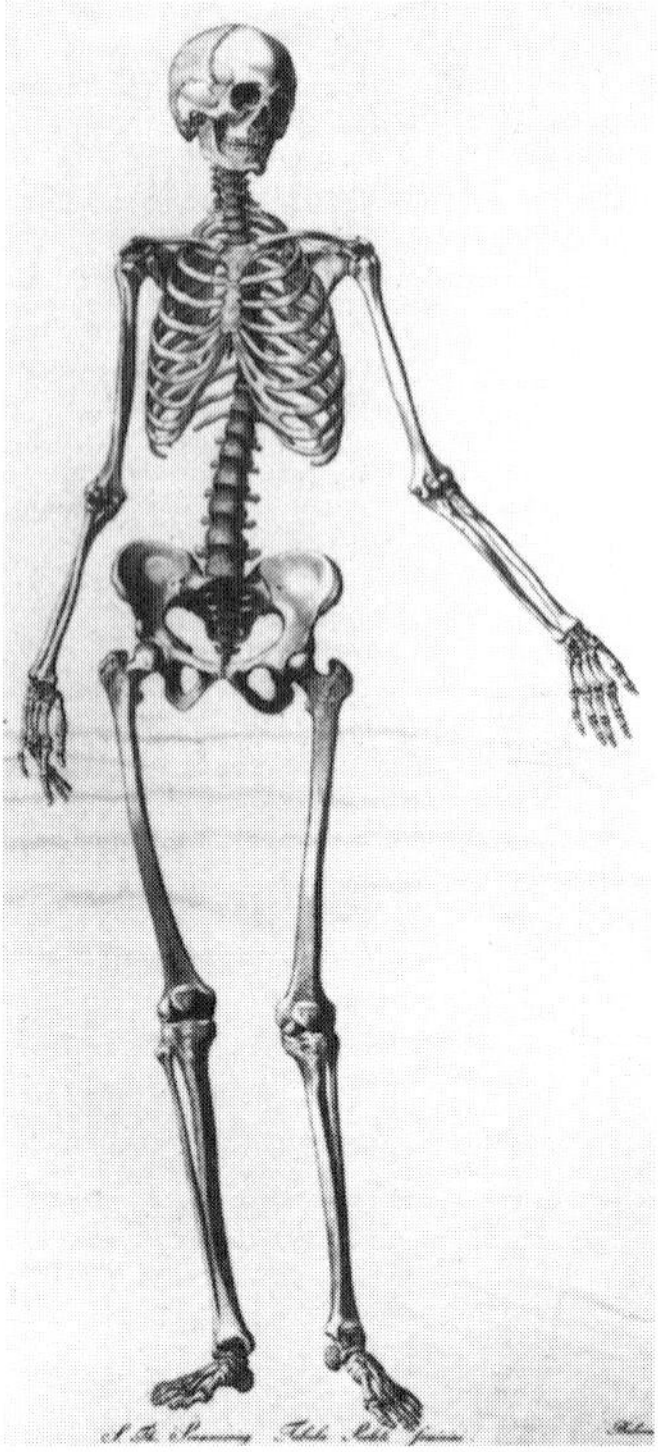

図8　ゼンメルリンクの女性骨格図

えばエディンバラの解剖学者ジョン・バークレイは、ゼンメルリンクの図では腰部に対する肋骨の比率が大きすぎると批判して、「女性はその制限された生活様式のゆえに、それほど力強く呼吸する必要がないことは周知の事実である……また、そこにおいてのみ女性の骨格を強く際立たせる特徴となっている骨盤は、ゼンメルリンクにおいては不当に小さく描かれている」と不満を述べている（Schiebinger 1987: 59）。そして彼自身が一八二九年に出版した『人体骨格解剖図』では、アルビヌス描くところの男性の骨格は力強く敏捷な動物であるウマの骨格と、ダルコンヴィルの女性の骨格は骨盤の大きいことと長く細い首とで知られるダチョウの骨格と並べて掲示されて、男女のあるべき違いをいっそう明瞭ならしめる工夫がなされたのであった。

一八世紀の解剖図はひたすら細部の精密さを追求し、「およそ肉眼で見えるものはすべて、逃さず書きこんでおこうという執念」を示したといわれる（中川 1988: 39）。たしかにそこから生まれ

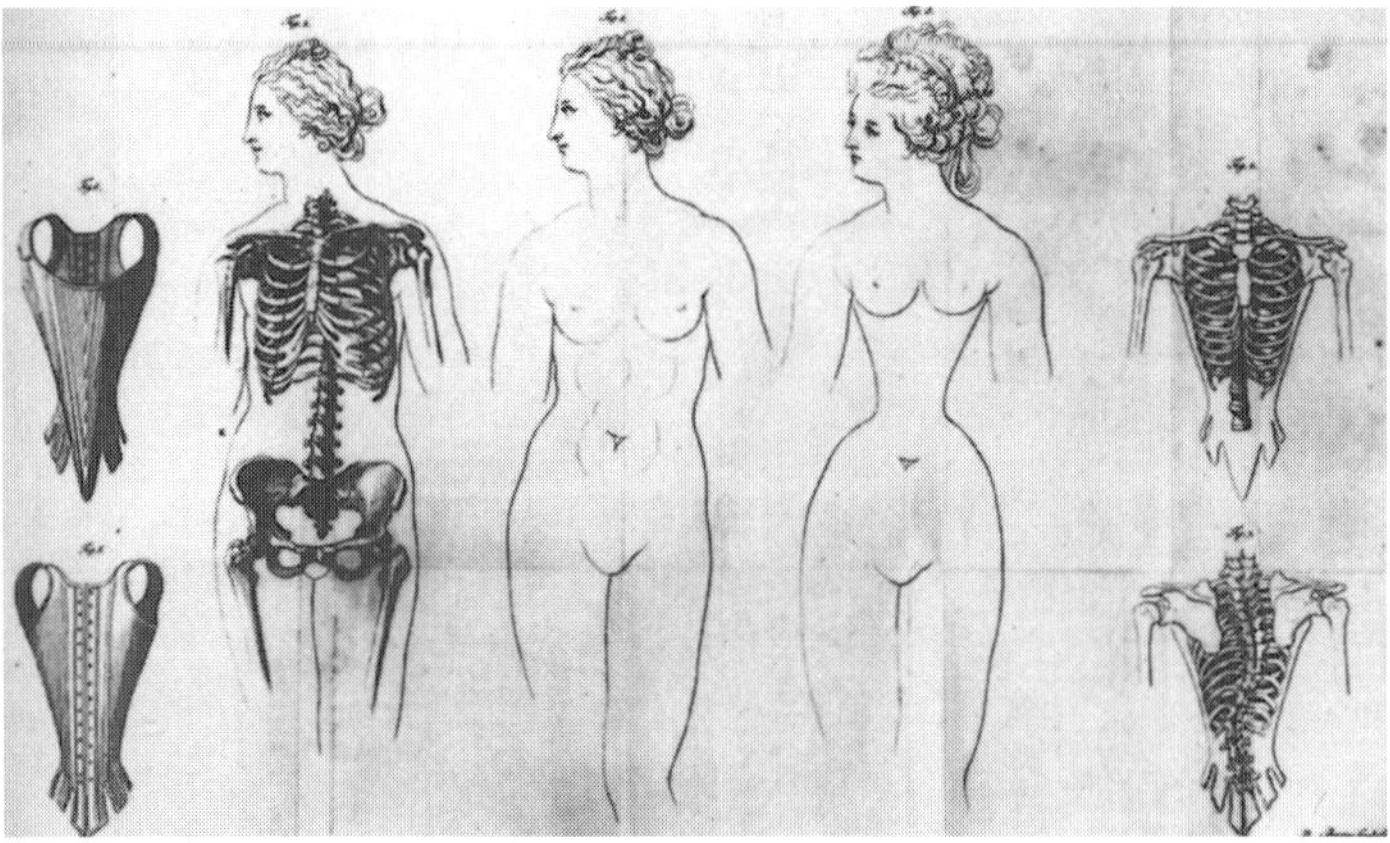

図9　ゼンメルリンク「コルセットの影響」(1785年)

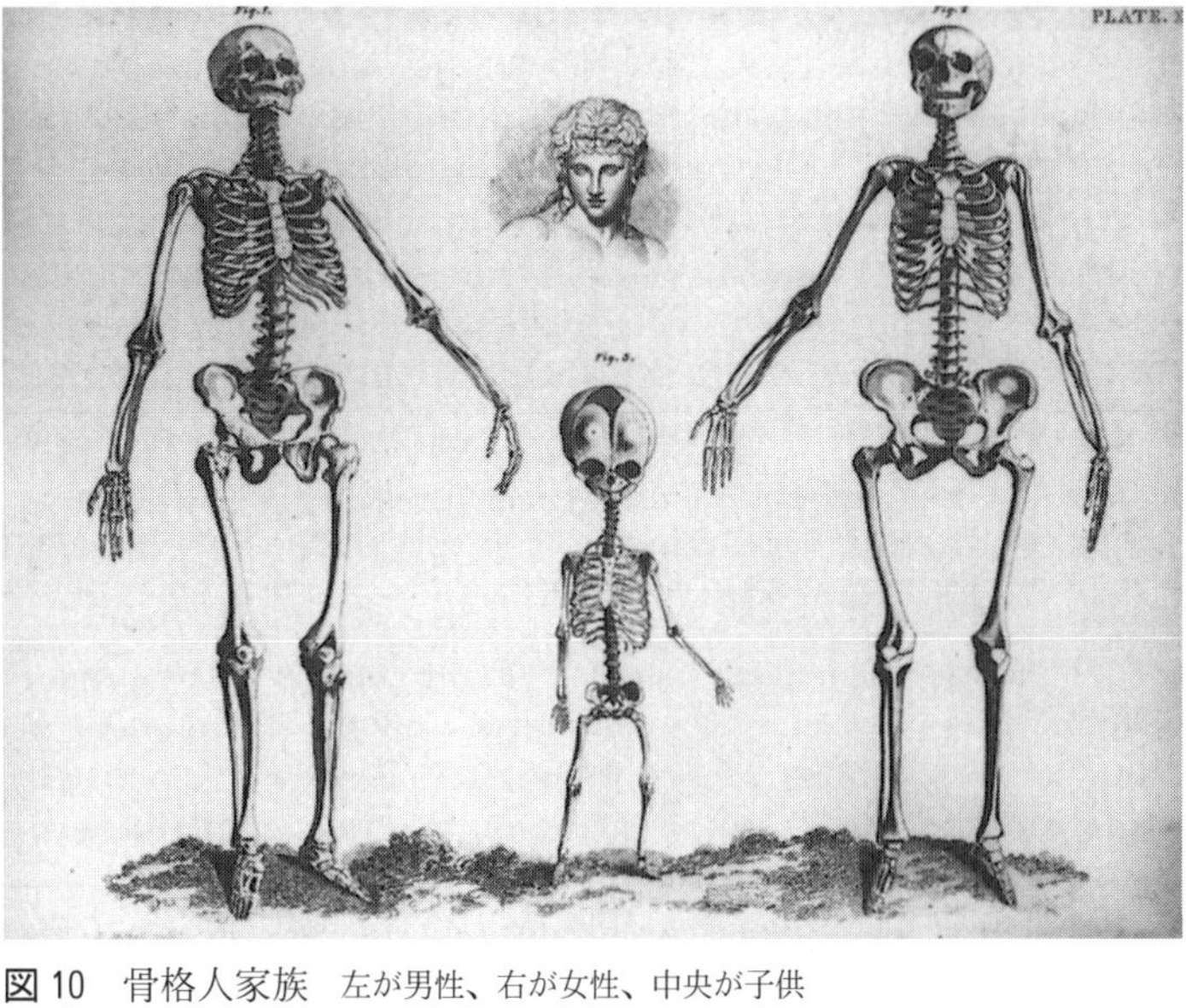

図10　骨格人家族　左が男性、右が女性、中央が子供

た人体の見取り図は、いずれも異様なまでに凝視するまなざしの産物であり、あたかも理知の光のもとにこれまで人体の深奥に隠されてきた真実が隈なく照らし出されたかのごとき観がある。だがこの真実とは、ここに述べたような文化的価値によっていわば先染めにされた真実でもあった。

一九世紀に入ると、頭蓋骨の性差（および中身の優劣）をめぐる論争の中で、全身に対する比率から見ればじつは女の方が男よりも頭蓋骨が大きいとの指摘が行われるようになった。すると今度は、頭が身体に比して大きい子供と対比して、女は男よりも子供に近い、したがってより未発達な段階にとどまっているという議論が展開されるようになる。前述の『人体骨格解剖図』には、成人の男と女、および子供の骨を比較した「骨格人家族《スケルトン・ファミリー》」の図が掲載されており（図10）、バークレイは、女と子供はどちらも前頭部に裂溝があり、骨が細く、肋骨や顎の形や足の大きさが似ているなどの相似点をあげたうえで、女を子供から区別する特徴は骨盤であると、再度女性の骨盤の大きさを強調している。すなわち女は、生殖という特有の機能を除いては子供の同類であると示唆されたのである。

こうした解剖学的性差論は、宗教にかわる「究極の裁き手」としての科学の優位性が決定的となった一九世紀後半には、進化論によっていっそう補強がはかられることになる。ダーウィンやスペンサーをはじめとする進化論者たちは、女には、子供やあるいは白人以外の「下等な人種」と同様に進化の低い階梯にとどまっていることを示すさまざまな証拠が見られると主張して、男女がいかに異なっているかを力説した（本書第五章、Haller & Haller 1974）。男女の異質性をきわだたせるためには、次の人類学者の説のように、女は人間の男よりも動物に近いという議論に訴えることも行われた。

優雅さ、繊細さ、姿の美しさ、肌の色などの点では女は男よりも動物種から隔たっているように見えるが、他の点から見ればずっと動物に近い。たとえば肉体的には月経がそうである——類人猿や他の哺乳類においてもやはりこれがメスの特徴であるというのが本当ならば。男に比べて女がより本能的であることからわかるように、知的には女と動物との近さはいっそう決定的である（Jalland & Hooper 1986 : 22-23）。

解剖学だけでなく発生学もまた、男女の完全な異質性を強調するための科学的根拠を提供した。前述のように女にも男と同じように精液があり、性の快楽の中で両性の液が混じりあうことによって受胎が成立するという考え方は、一七世紀以降、科学者たちの間では野卑な迷信として斥けられていく。ウィリアム・ハーヴェイはすでに『動物の発生』（一六五一年）の中で、女も精巣において精液を作るという説を否定し、「あれほど不完全で曖昧模糊とした部分から、精液のように精緻で複雑でしかも生命をもたらす液体が一体どのようにしてつくられるのか、ましてその液には男の液をしのぐほどの力と霊魂と生殖力がそなわっている、などということを信じられる人がいること自体、不思議でならない」と述べた。彼は、人間にも哺乳類や昆虫と同様に卵が存在しており、メンドリがオンドリと交尾しなくとも未受精卵を産むのと同じように、女も性交と無関係に卵をつくりだすと考えた。しかも受胎のためには、精子が子宮に入りこんで卵と接触する必要はなく、精子は磁力のような、あるいは「感染のような性質をもった一種の力」の遠隔作用によって卵に受精させるとも主張している（Merchant 1980＝1985 : 299-300）。ハーヴェイのこの書は出版二年後には英語に訳されて、医学の専門家ばかりでなく産婆のような一般の人々にも読みやすい形となった（Eccles 1982 : 134, note 19）。

　これ以降も人間の発生をめぐっては前成説と後成説の対立をはじめ、二世紀以上にわたってさまざまな議論が展開されたが、その中で、人間の女も他の動物と同じように体内に卵をもっているらしいことと、この卵はレーウェンフックが一六七七年に顕微鏡によって精液中に発見した精子とはおおいに性質を異にするという考えが、しだいに定着していった。すなわち大きくて栄養豊かだが、ひたすら受動的に待つ存在である卵と、活発で能動的に卵に働きかける精子という生殖上の役割分担のイメージが形成されていったのである。前出の通俗的性の手引書『アリストテレス作品集』はながらく男女の相似性や女の快楽の重要性を強調しつづけたが、その一方ではすでに一六九〇年の版に、女の卵が男の精液によって妊娠させられるのであり、女にも精液があるという説は誤りであるという記述が登場している（Blackman 1977 : 79）。また一七五五年の版では、男の精液の「最も精妙な部分」が「多数の卵の入っている女の睾丸」に到達し、そのうちの一つを受胎させると述べられている（Eccles 1982 : 42）。一八二七年にはフォン・ベールがイヌの卵胞と卵管中に卵子を確認し、はじめて哺乳類の卵の存在を実証した。ヒトの卵が最終的に確認されたのは二〇世紀に入ってからであり、正しい排卵周期が知られるようになったのは一九三〇年代のことであるが（それまでは女は月経中、またはその直後に排卵すると信じられていた）、性において強く積極的な男と弱く受け身の女という対照的な両性像の方は、すでにそのはるか以前に広く流布するようになっていたのである（Corner 1951）。

また一方で、生殖のために女は男のように快楽を感じる必要がない、したがって女は男よりも性的欲求が少ない（もしくはまったく欲求をもたない）存在であるという女の性欲不在（passionless-ness）の主張が、ほぼ一八世紀ごろから性に貪欲な女という古いイメージをしだいに押しのけていくのが見られる。啓蒙主義は性の歓びに対して寛容であったとされており、たしかにたとえば一八世紀のイギリスでは、性欲の満足は自然であり、善であり幸福であるとして、ポルノグラフィや性的見世物、買売春といった性の文化の繁茂が見られた。だがこの性に対する解放性は主に男性側に属するものであり、娼婦以外の女たちにも同様の自由が認められたわけではない。ボズウェルはある女性に、結婚していても性欲のおもむくまま自由に性の満足を追求するつもりだと語ったが、その女性が自分も同じようにしたいと言ったので、彼女を「頭のおかしなあばずれ」と呼んだと伝えられる（Porter 1982：24）。女に対してはむしろこの時期から、イギリスばかりでなくドイツでもフランスでも、無垢や清浄さ、淑徳こそ女の天賦の徳性であるとして賛美する「まことの女らしさの神話」が強調されるようになっていったのである（Legates 1976；田邊 1990）。

男女の根本的な異質性という新しいモデルは、性や肉体に関する局面だけでなく両性の生活の他の側面にも適用された。たとえばルソーは『エミール』（一七六二年）第五編の冒頭において、「性に関係しないいっさいのものにおいては、女性はすなわち男性である。女性も同じ諸器官と、同じ欲求と、同じ能力を持っている」と述べながらも、その後につづく部分では男女の生活や教育に関するすべてを「生まれながらの」性的非相似性によって区別しようとした。

完全な女性と完全な男性とは、顔よりも精神においていっそう似るはずのないものである……一方は能動的で強く、他方は受動的で弱くなければならない。一方は、必ず、みずから欲し、欲するところをおこない得なければならず、他方は抵抗力がほとんどなくてよいのである（Rousseau 1762＝1965 : 392）。

しかも女性は男性よりもはるかに自らの性、すなわち「自然」に強く支配される存在であると彼はいう。「男性はある刹那、刹那においてのみ男性であるが、女性は全生涯を通じて、あるいは少なくとも全青春時代を通じて、女性なのである。女性は何かにつけて絶えず自分が女性であることを思い出す。」それは、「女性固有の宿命」が「子供を産むということ」であるためであり、男女がこのように「性格の点でも、体質の点でも同じようには成り立ってはいないし、またそうなるべきものではないということがひとたび明らかになった以上、当然、両者は同じ教育を受けてはならないという帰結になる。自然の示すところに従えば、両者は相互に協力して行動しなければならないが、同じことをしてはならないのである」(Rousseau 1762＝1965：395-398)。

したがって女性が、「男性のほうが不当不平等に優位にあると不満」をいったり、男性と同じ権利を求めることは「間違い」であり、「空論に堕するもの」であった。あるいはまた、プラトンが『国家』において描いたように「あらゆるところで男女両性を、同じ雇傭、同じ勤労に混用」することは、「どうにも許しがたい混乱をひき起こさないはずのない」暴挙であった。「良き市民を形成するものは、良き息子、良き夫、良き父親」であれば十分なのであり、「自然の法則そのものによって、女性は、彼女たちのためにも、彼女たちの子どものためにも、男性の判断に身の上をまかせきっている」べきものだからである(Rousseau 1762＝1965：395-397, 399)。

このように「男性に関しては、不平等な現実社会を自然に反するものとして告発」することに熱心であったルソーは、「女性に関しては、同じ現状を自然のあたえたものとして賛美」した(水田 1979：57)。ルソーの「反フェミニズム」について論じたワイスは、彼は本当は「生まれながらの性差」の存在を信じていたわけではなく、性差を理由に両性に異なった役割をふり当てることが社会にとっての利益であると考えたうえで、「堂々たる嘘」をついてみせたのであると解釈している(Weiss 1987)。ルソーの真意がどのようなものであったとしても、彼やあるいは前述の科学者たちが主張してみせたような男女を本質的に同じ「人間」としてではなく、その機能と性質をまったく異にする「男」と「女」という別種の生きものととらえる思考モデルは、男女の社会的地位や役割の相違を説明するための基盤としてたしかに恰好のものであった。啓蒙主義思想は、理性を持つ存在としての人間という新しい抽象概念にもとづいてすべての個人の平等権を主張したとされている。だがこの「人間の平等」とは、実際は中産階級以上の資産を持つ男性市民にのみ適用される前提であり、無産階級と、階級にかかわりなく一方の性としての女性全体はそこから排除されていた。そのため、オランプ・ド・グージュが、フランス人権宣言の主語 l'homme をすべて「女性」および「女性市民」に置きかえて人権宣言のパロディである「女権宣言」を起草してみせたように、女の側から平等権の要求という発想が生まれてくる可能性はつねに潜在していた（西川 1989）。その中で女を権利においては従属的地位に置きながら、すすんで妻母役割に従事させるためには、この状態を積極的に裏づける論拠がなければならなかった。その要求を満たしたのが、女と男の肉体的差異を強調し、男女は解剖学的にも生理学的にもまったく異質であり対極的なのだから、社会的役割においても期待されるものが異なるのは当然であるという新しい身体モデルであった。すなわちこのモデルは、男女の権利、義務の相違を恣意的な優劣づけや差別の問題ではなく、「自然」の定めた生物学的宿命として説明することを可能にしたのである。

だが新しい男女完全異質論が、男女の上下関係を公然と宣言していた古いモデルとは違って、表面的には異質性は優劣や差別の問題ではないというロジックに立っていたことが、一面では女たちにとっても新しい武器を提供することとなった。このロジックを逆に利用して、男女の異質性の最たるものである母性という「女の徳」を、女の社会的地位を高めていくための切り札としてふりかざすことが可能となったのである。一九世紀以降の欧米各国、ひいては日本でも見られることとなる母性主義フェミニズムの源流は、ここに発していると考えられる。

しかし女をたんに「より劣った男」ではなく、独自の価値を持つ存在として新たな両性関係の中で規定しなおすためには、女の性的欲求を次元の低いものとして斥け、女のセクシュアリティを、母性と男性よりもすぐれた道徳性という方向で昇華させていくことが必要であった。そのため母性の賞揚と性的なものの否定という点では、たとえばメアリ・ウルストンクラフトのようなフェミニストも、女のつつましさや家庭性を説くドメスティック・イデオロギーの鼓吹者と奇妙に似た論調をとることになった。ウルストンクラフトは『女性の権利の擁護』(一七九二年)において、女も男と同じように理性をもった知的存在(したがって男と同じ権利を要求しうる存在)であると主張するために、女が情欲《パッション》を理性と美徳と知識によって克服することを訴えている。女にとって第一の義務は理性的な人間としての義務、第二は「女性を市民として考えた場合の、母親としての義務」であり、「母性を損うようなものはどんなものであれ、女性をその本分から逸脱させるから」、たとえ夫婦の間であっても情欲による恋愛にふけってはならず、恋愛は友情や無関心に席をゆずるべきであるとされた。彼女がとくに重視したのは慎み、品位、清純さ《チャスティティ》といった徳であり、女は「一生涯に一度だけ恋愛」したあとは、好色や官能的快楽を忘れ、子供に自ら授乳する「感動的な家庭」の良き母親となることが求められた。それは「母親としての感情を抱くことの中に、神は、おのずから恋愛に代るべきものを与えた」はずだからであった(Wollstonecraft 1792＝1980)。

こうした女性自身による母親役割とつつましやかな美徳の賛美は、一面ではたしかに女のために母性という男にはない特別な価値の座を用意することになった。だが同時にセクシュアリティに関しては、女の有徳性をきわだたせるための前提としてむしろ男女間の著しい非対称性、不均衡が強調されざるをえなくなる。すなわち男には放縦、女には貞淑という異なる性規範をふりあてる性のダブル・スタンダードの形成は、いわば男女双方の側から支持をうけて進められたのであり、一九世紀ヴィクトリアン・セクシュアリティの典型としてしばしば引用されるウィリアム・アクトン医師の次のような断定は、こうした過程がいきつく果てに登場したものであった。

いかなる性的興奮もまったく感じない女性が多くいる……最高の母、妻、家庭の管理者たちは、性に耽溺することなどほとんど、あるいはまったく知らない。彼女たちの感じる情熱は、家庭や子供たち、そして家事のつとめに対する愛情だけである。一般に、つつましやかな女性が自分から性の満足を求めたりすることなどめったにない。彼女が夫に身をゆだねるのは彼を喜ばせんがためだけであり、母性への欲求さえなければ、むしろ夫の関心をひかないことを望むのである（Acton 1865 : 112）。

3　性器としての女

1　産科学の成立

ではこのような男女の非相似性を強調する新しいモデルのもとで、女の身体はどのようなものとして知覚され、それが女の生活にとってどのような具体的意味を持つようになったのだろうか。それは一言でいえば、女のアイデンティティが子宮と卵巣という生殖器を中心に回転するようになったということである。

子宮や卵巣が男性生殖器の裏返しではなく女だけに存在するユニークな器官であるとの認識は、これらの器官に対する男たち、とりわけ医師の側からの執拗な関心と干渉を招き寄せた。この現象は、医学の一分野としての産科学の成立と密接な関係を持っている。医学は一四世紀から一七世紀にかけて圧倒的に男性のみに許された専門職業分野として成立したが、その中で出産にまつわる局面だけは「上品な」医師のかかわるべきことではないという考え方が根強く、ながらく産婆に代表される女たちの領分にとどまっていた。鉗子の発明者といわれるイギリスのチェンバレン一族のような理髪外科医《バーバー・サージャン》から出発した初期の産科医たちは「男産婆」と呼ばれて、内科学よりも一段低い地位にあった外科学の中でもさらに低い地位に置かれていたのである。男性医師（男産婆）が出産の場に呼ばれるのは難産などの特殊な場合に限られており、その場合でも彼らは技術においても知識においても必ずしも産婆にまさっていたわけではなく、実際に出産を介助した経験をまったく持たない医師も多かった。

だが一八世紀に入ると、骨盤測定や鉗子使用といった機械にたよる近代的産科技術が普及しはじめて、産科は外科から独立した新しい専門分野を構成するようになる。分娩が、新しい医療テクノロジーの開発、実験の場として医師たちの職業的好奇心をひきつけたのである。とりわけ鉗子は他のいかなる外科器具の場合よりも頻繁に改良が試みられた。一八世紀後半にフランスの産科医アンドレ・ルヴレが考案した窓の広い匙とフランス式ロックのついた鉗子は今日のものに近い形で、主に大陸に普及した（図11）。またイギリスではウィリアム・スメリーが『産科の理論と実地』（一七五二年）で鉗子使用の適応と用法について述べている（図12）（川喜田 1977：409）。これ以外にも「何百という型の鉗子が作られ、それぞれがその考案者の名によって区別され」、さらに「一年に一種類以上の鉗子が新たに考案されるといっても過言ではな」い状況であった。一九世紀には産科医たちはいっそう「信じがたいほど器具発明の熱意に取りつかれ」、「ときには危険で、しばしば無益であったが、独創的であるには違い」ない器具をつぎつぎと案出し、胎児と女たちのからだで実験したのであった（図13）（Speert 1973＝1982：272-273, 278）。またヴェルスルイセンの言うように、富裕なミドルクラスが階層として出現するにしたがって、助産が有望なマーケットとして多くの医師の経済的関心をそそるようになったことも見逃せないであろう（Versluysen 1981：26）。

こうして産科に進出していく過程で男性医師たちは、しばしば営業上の競争相手である産婆を無

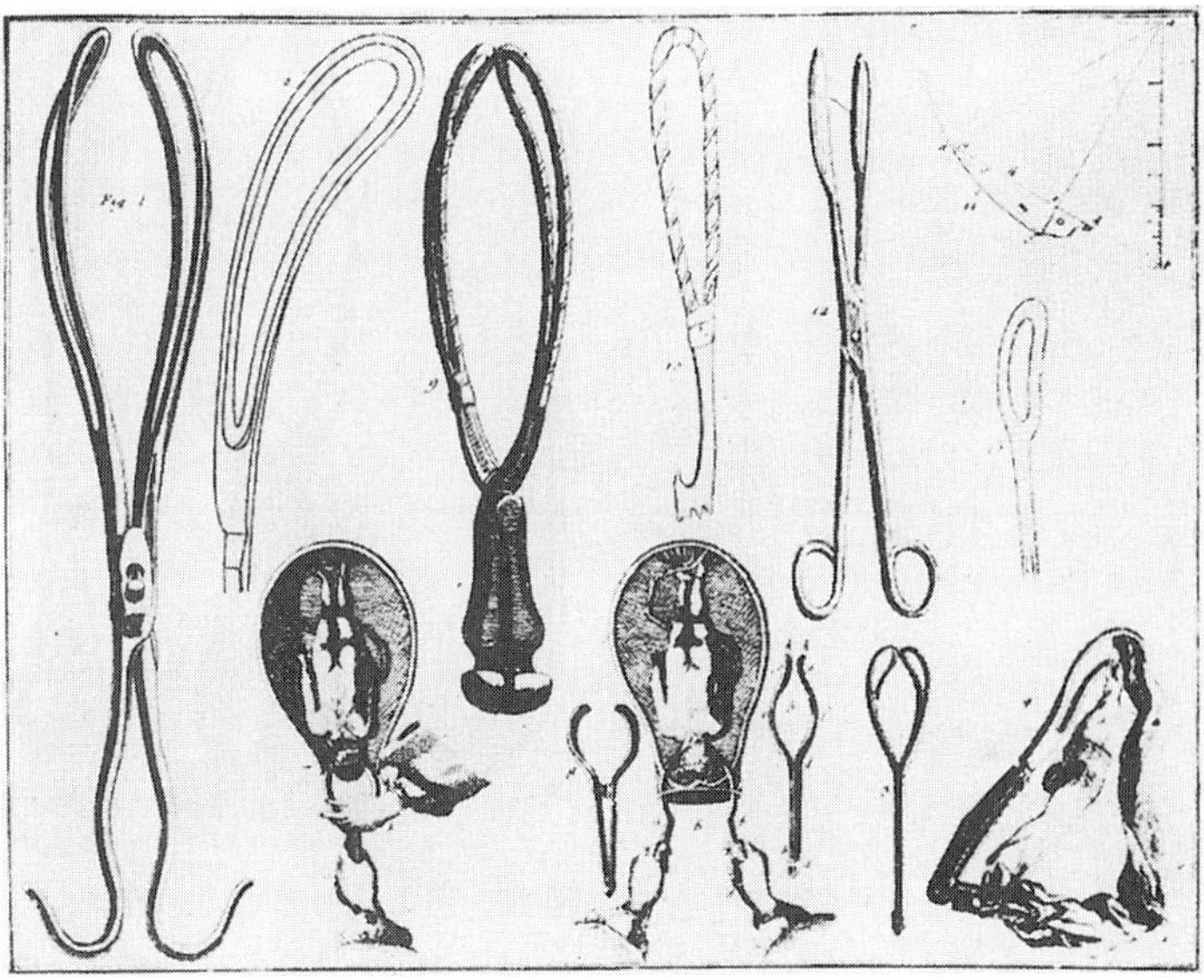

図 11　骨盤の曲線に合わせて作られたフランス風鉗子——ルヴレ『難産若干例の原因と症状についての考察』(1762 年)

知で迷信的で危険だとして非難し、排斥しようとした。実際に当時の産婆と男性医師のどちらがより産婦にとって安全であったかについては、論者の立場によって評価がまちまちであり、簡単に裁定の下せる問題ではない。産婆は新しい系統立った知識を身につけることができず、しばしば産婦にとって有害な伝統的習慣に固執し、難産や異常産を前にしてはなすすべもなかったとする見方もあれば、彼女たちが長年の経験から体得した女のからだについての実際的な知識こそ、実地経験に乏

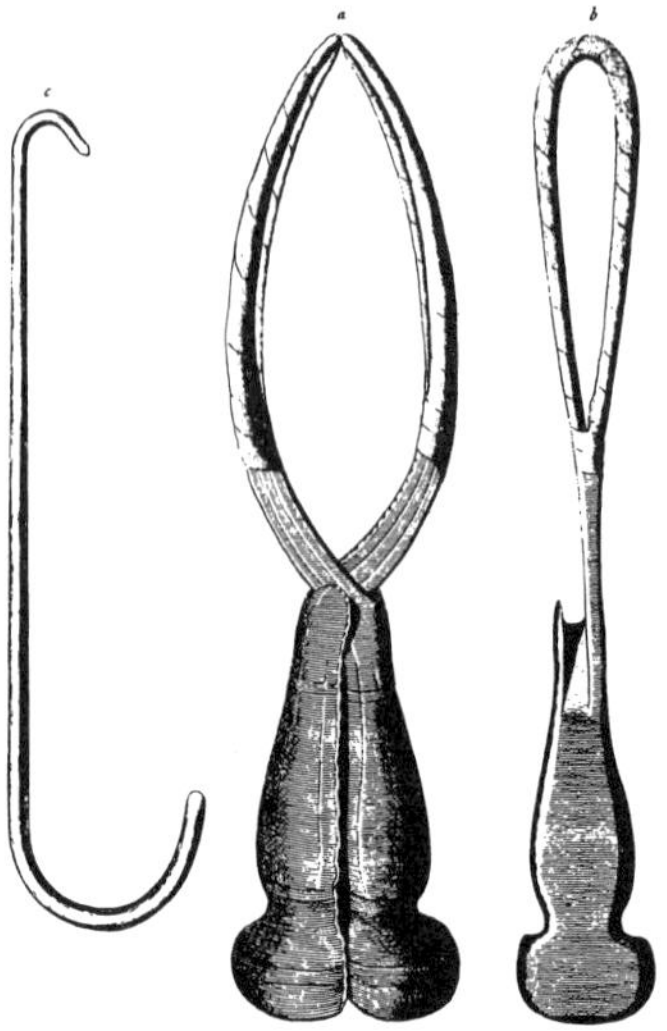

図12　短く真直ぐなイギリス風鉗子とスメリーの鈍鉤（左）

しく机上の理論のみにたよる男産婆に最も欠けていたものだとする見方もある（3）。だが少なくとも、産婆とは無学で貧しい寡婦や年とった独身女で、社会的にマージナルな存在であったとするステレオタイプに関しては、かなりの修正を要するであろう。イギリスの産婆についてのある研究によれば、裕福な商人や郷士《ヨーマン》の妻をふくめて、学も社会的地位もある産婆が一八世紀ごろまでは多数存在していたことが判明しているからである（Harley 1981 : 6-9）。おそらくはエックルズが言うように、「男女いずれにもすぐれた専門家がいた一方では、男でも女でも質の悪い連中もつねに存在していた」のであり、場合によっては「無知で乱暴で粗野な産婆」が「好色で、道具さえ使っていれば満足している利己的な男産婆」にとって代わられただけということもあり、「産科学においては、一歩前進が長い目でみて二歩後退になることも珍しくはなかった」であろうと考えられる（Eccles 1982 : 87）。

しかし女は一般に大学に入って正規の医学教育をうけることも、医師たちのギルドに加入することも禁じられており、したがって鉗子のような新しい医療器具を使うことも認められていなかった。

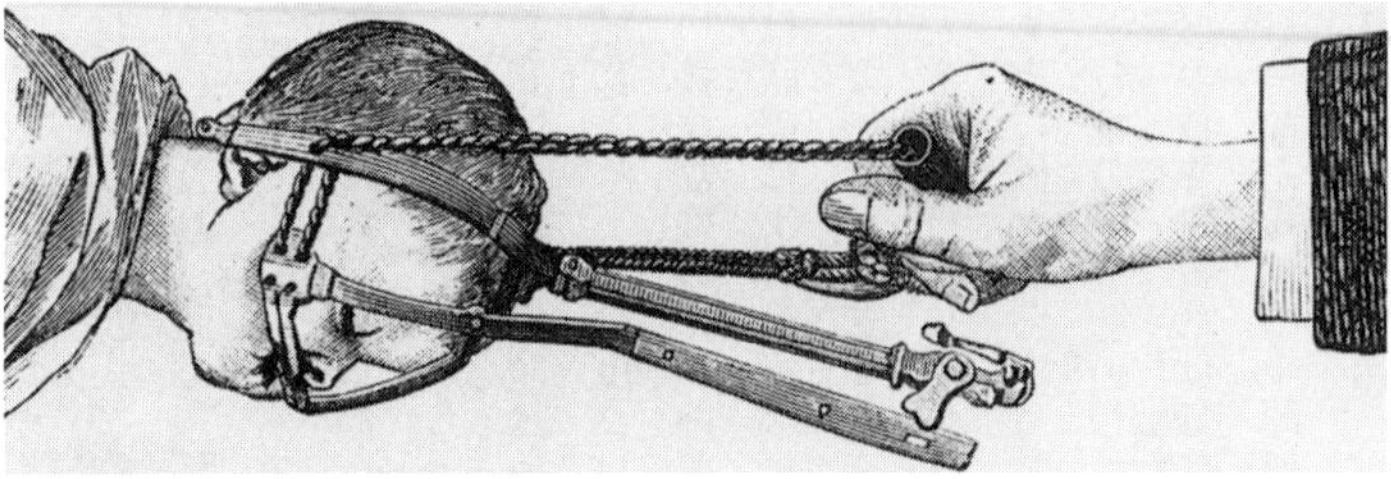

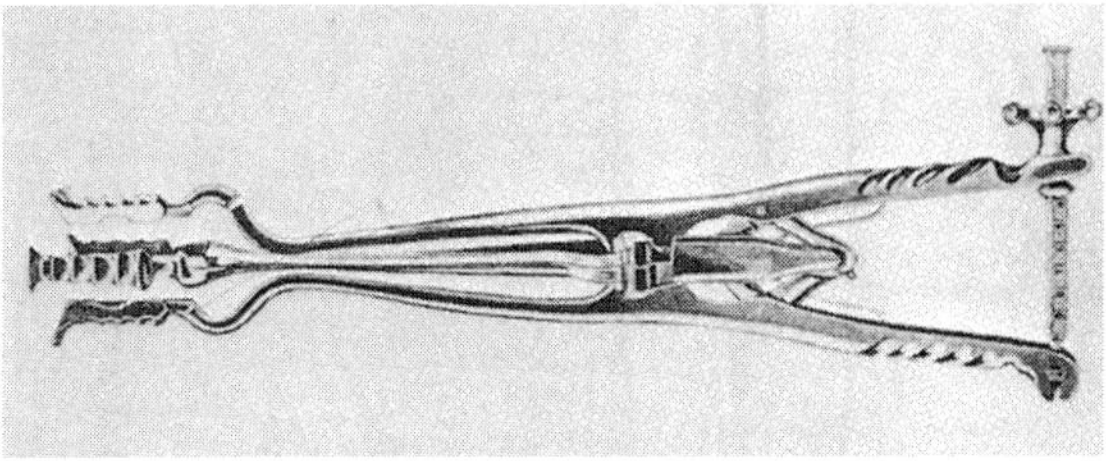

図 13-A　ジュール・プレ考案の胎児牽出器（19 世紀中頃）

図 13-B　ルイジ・マリア・ボッシ考案の子宮頸管拡張器（1881 年）10 年間人気を博したが組織を傷つけるため不評を買い、用いられなくなった。

こうした器具はそれ自体が感染や頸管裂傷のような新たな危険を内包するものではあったが、難産、異常産の場合には外科的処置の効果がもっとも劇的に立証されることが多く、それが男産婆の勢力拡大のひとつの要因となったと思われる。また、男性医師の最大の弱点であった実地経験の不足は、産科専門の病院を設け、そこで貧しい女に無料で分娩させるかわりに、彼女たちを実習教材とすることによってしだいに解消されていった。たとえばロンドンでは、一七三九年から一七六五年の間に二つの産科用病棟と四つの産科専門病院が「出産する貧しい女性を助けるために」設立され、地方でも一八世紀中に六つの病院がつくられた(Versluysen 1981 : 19)。さらに医師たちは産婆がなしうる医療処置に法的制限を加えて自分たちの監視下に置こうと努めるとともに、女たちが薬草などを用いて自力で行ったり、産婆の手で行われていた堕胎をも、医師のみが合法的にほどこすことのできる「医療行為」へと囲いこんでいった。避妊の試みも、不道徳的であり健康を害するという理由で非難され、禁じられた。

もっとも、だからといって現実の出産の介助がすべて医師の手に移ったわけではない。男性医師の介助による出産は新しい流行として社会の上層からしだいに中層へと広まっていったが、国や地域によってその度合はさまざまであった。たとえばアメリカでは二〇世紀初頭には有色人種や貧しい移民女性のための産婆を除いて伝統的産婆はすでにほとんど姿を消していたが、イギリスなどでは産婆による分娩の伝統が根強く、一九七〇年代に入っても多くの赤ん坊は産婆の手で取りあげられていた(Oakley 1976 : 31 ; Kobrin 1966 ; Dye 1987)。だがこれは必ずしも産婆の独立性や権限の大きさを意味したわけではなく、産婆はどこの国でも医師よりも下位にあって厳しい制限と監視のもとに置かれるようになったのである。

分娩の場に進出した男性医師たちは、異常分娩にさいしての鉗子分娩や帝王切開、胎頭破砕術などの救急処置だけでなく、正常分娩においても産婆のように自然の過程にまかせる方針をとるよりも、なんらかの干渉処置を行おうとする傾向があった。鉗子はいうまでもなく、阿片やローダノムのような薬の投与、会陰切開(一七八〇年、ある男産婆によって行われたのが最初といわれる)(Oakley

1976：36)、恥骨切開（一七八六年、エディンバラのエイッケンが考案）(Speert 1973＝1982：285)、さらには一九世紀後半には麻酔も使用されるようになった。出産は、近隣や身内の女たちが大勢集まって、産婦もまじえてワインやエールを飲んだり、食べたり、お喋りに花を咲かせたりする女のコミュニティ内部の正常な出来事から、医学が管理すべき病理現象へと変貌したのである。

このように一八世紀からとりわけ一九世紀を中心として、女のからだの管理権が女自身や産婆の手から男性医師の手へと移行する現象が顕著に認められた。これはそれまでの歴史に例を見ないまったく新しい事態であり、「ジェンダー秩序への挑戦」であった (Stacey 1988：52)。この変化を、たんなる医療技術の進歩と安全性の向上といった進歩史的議論や、あるいは愚かな産婆と賢明な医師といった単純な対比図式だけで説明することは適切とはいえない。この変化は、女のからだをめぐる覇権争い、もしくはより広範な生殖の政治学の新しく重要な一局面をなしていたのである。

2 病弱性の神話

このような職業としての産科学の確立と表裏一体となって医学的介入を正当化していたのが、女は子宮と卵巣という男にはない特殊な器官の支配下にある生き物であり、女のみに現れる月経、妊娠、出産などは自然な過程などではなく、「専門家」の介入と加療を必要とする異常事態、病理現象であるという女の身体観であった。いいかえれば、従来女の領域であった出産や女の性器を男性医師が直接管理することを意味する産科学というプロフェッションの成立は、女の身体の持つ潜在的危険性がいかに大きいかを強調することによって、はじめて可能となったのである。

一八世紀初頭のイギリスの男産婆兼医師ジョン・モウブレイは、すでにその著『女科医師《フィイメイル・フィジシャン》』(一七二四年)において、女はたんに男と共通の病気にかかるだけでなく、その生殖器のゆえに非常に多くの女だけに特有の病気にもかかりやすく、「子宮は六百の嘆きの源、女にとってのつきせぬ悲しみの泉」であるとのべた(Erickson 1982 : 83-84)。女の存在にとっての子宮の重要性は一九世紀にかけてさらにふくれあがり、子宮はその女性が妊娠していると否とにかかわらず、意思や感情とは無関係に女の全存在を支配する絶対的な力を持つと考えられるようになる。それは子宮がどの女性においても、「女という有機体の中で最大の、しかもおそらく最も重要な筋肉」であって、「脊髄とその特殊な興奮神経や反射運動神経」を通して全身のすべての場所とつながっていると考えられたからであり(Poovey 1987 : 145)、一九世紀末のある医師の表現を借りれば、あたかも「全能の神が女の創造にあたって、まず子宮を手にとり、その周りに女をつくりあげられたかのごとく」だからであった(Smith-Rosenberg & Rosenberg 1973 : 335)。

医師によっては子宮を卵巣に置き換えて、卵巣こそが女のアニマル・エコノミー全体に「巨大な力と影響」をふるい、「女性にその肉体的、精神的特徴のすべてを付与している」と主張するものもあった。たとえばヴィルヒョウは一八六二年、女のあらゆる肉体的特徴と精神的徳行を卵巣に帰因し、「卵巣を剔出すれば、醜怪きわまる不完全なもの、粗野な形、逞しい骨骼、髭、太い声、平たい胸、意地わるくて利己的な感情および、鋭い判断力をもった男のような女ができあがる」と述べたとされている（シュトラッツ 1971：213）。

このように子宮や卵巣の絶対的な重要性が強調され、女がいわば生殖器へと一元化されたのは（その反面、男がその生殖器のみに一元化されることはけっしてなかった）、医師の職業上の排他的利害関心とともに、人的資源の再生産装置としての女の身体に対する社会的関心が強まりつつあったこととも無関係ではないであろう。帝国主義時代の国家が質量ともに優秀な人材の確保をもとめて本格的に母性政策に目を向けはじめるのは一九世紀末から二〇世紀初頭にかけてだが、「生殖する身体」はすでに一八世紀末、マルサスによって社会問題として提示されていた。さらに一九世紀に入ってからは産児制限運動や優生学、優生運動という形で、女がどのような質の子供をどれだけ産み育てるか、あるいは産まないかが、社会的、経済的、政治的問題となりつつあった。バーバラ・ドゥーデンによれば、生殖が生産と対になった「再生産 reproduction」という語で表現されるようになったのは、ポリティカル・エコノミーの中での経済的分業における女の身体の役割が認識されるようになった一八五〇年ごろからであるというが、これもまた生殖機械としての女の身体への社会的注目の増大をしめす一つの指標であろう（Duden 1985）。まさに良きにつけ悪しきにつけ、「子宮は民族にとって、個人にとっての心臓のようなものであり、種の循環器官」であると位置づけられるようになったのである（Poovey 1987：145）。

だがかくも重要な器官である子宮や卵巣は、同時にきわめて不安定で故障を起こしやすい装置であるとも考えられた。すなわち男にはない月経という周期的変化やそれにともなう心身のさまざまな変動があること自体、女の不安定性と病弱性の証左にほかならないと見なされたのである。たとえば一九世紀半ばのイギリスの医師ウォルター・ジョンソンによれば、「女は男よりも余分な器官を持っているだけに、当然のことながらより病気にかかりやすい」のであった。とりわけ月経のある年代の女性は病気に冒されやすく、「なんらかのはずみで月々の分泌の自然な過程が乱されることがあると――過多になったり、少なすぎたり、まったくなかったり、あるいは来るのが遅れたりすると、二〇もの異なる病気が患者を悩ませようと待ちかまえている」といわれた(Jalland & Hooper 1986 : 70)。そもそも月経そのものが「三〇年にわたる女性の旅路」の間、毎月女をいためつける「内なる傷、ありとあらゆる悲劇の真の原因」なのであった(4)。さりとて女が結婚し、妊娠すると、この状態もまた「多くの危険や苦しみがつきもので、さらにこれらの危険や苦しみは分娩の時点では一〇倍にも大きくなる。」「出産の危険を幸いにも切りぬけたとしても、また他の病気の機会が登場する。」それは乳汁の分泌不全や授乳熱にはじまり、乳房の膿瘍、子宮脱、下肢の静脈瘤、腹部のたるみ、腰痛と、女に割りあてられた病患のリストははてしなく続いていく。そして最後に閉経期が訪れると、これもまた「それ以前よりははるかに平穏ではあるが、この時期には癌が広い範囲で猛威をふるい、乳房や子宮、あるいは卵巣を襲う」のであった(Jalland & Hooper 1986 : 10-12)。

その五〇年後、アメリカ婦人科学会会長のエンゲルマンも同じく次のように述べている。

多くの〔女性の〕若い生命が思春期の荒波の中で打ち砕かれ、永久に損傷をうけてしまう。たとえこうした荒波を無傷でくぐりぬけ、かつ出産という岩にぶつかってこなごなに砕け散らなかったとしても、たえず現れる月経という浅瀬で座礁するかもしれないし、その果てには閉経という最後の難関が控えている。ここを経てはじめて、性の嵐の吹きすさぶことのない静かな港に安住することができるようになるのである（Smith-Rosenberg & Rosenberg 1973：336-337）。

一九世紀には子宮と卵巣と中枢神経はたがいに結びついており、生殖機能のアンバランスや感染などは女のからだのすみずみにまで「反射」して不調を生じると考えられていた。その中には頭痛やめまい、消化不良、喉の痛みといったものから、萎黄病、ヒステリー、メランコリー、さらには狂気も含まれていた。たとえば萎黄病は、一八世紀に浮上し、一九世紀半ばにピークに達したあと、一九二〇年代にはほぼ消え去った病気であるが、貧血や疲労感、呼吸困難、異食癖などを特徴とし、ちょうど生殖器が成熟しつつある思春期の少女がかかるとされた（Figlio 1978）。ある医師の説明によれば、「これらの病気をよく調べてみれば、実際はまったく病気などではなく、たんに交感神経の反応、もしくはただ一つの病気、すなち子宮病のさまざまな症状にすぎないことが判明する」はずなのであった（Smith-Rosenberg & Rosenberg 1973：335-336）。結核でさえ、男が患者の場合には病因として環境的要因が考慮されたのに対し、女では月経障害のような生殖機能不全の結果であると考えられた。こうして女は、生まれながらの「患者カースト」として定義づけられたのである（Ehrenreich & English 1973b : 122, 24）。

女というこの多病にして扱いの厄介な機械の修理とメンテナンスは、当然ながら医師という専門家の手にゆだねられねばならず、一九世紀半ばには産科学とは別に婦人科学という特殊分野も成立した。一八七〇年、アメリカのガードナー医師は、一八四五年から一八七〇年の間に「多数の専門家の新しい階級（婦人科医）」が登場したが、それはまさしく彼らが、女性の状態が一般に「悪化」しつつあって、自分たちの助力が必要であることを発見したためであると述べている（Barker-Benfield 1975 : 283）。だが、じつは女たち以上にその医師たち自身が、女の病弱性の神話という助力を必要としていたのである。

3　女の「正しい」生き方

こうした過程を通して、女たちは出産や病気の時だけでなく日常の生活の中でも、いかに生きることが子宮と卵巣の持ち主たる身に最もふさわしいかについて、医師の全面的な助言と指導をあおぐ必要があるという了解がしだいに浸透していった。とりわけ一九世紀半ばごろから、医師の社会的地位の上昇とともにモラル・アドヴァイザーとしての発言力が大きくなっていく現象が見られる。この時期はまた、イギリスやアメリカで、教育や法律、政治上の不平等に不満を持つ主としてミドルクラスの女たちが、高等教育や医学のような専門職への進出、参政権などを求めてフェミニズムの運動を展開しはじめた時代でもあったが、このとき多くの医師が、女たちのこうした「不自然な」

要求がいかに彼女たちの生殖機能に悪影響を及ぼすか、そしてそれによって社会に損害を与えることになるかについて厳しく警告することを、自らの職業的義務と考えたのである。一八四八年はアメリカ、ニューヨーク州セネカ・フォールズで女性の権利大会が開かれ、女性参政権の要求がはじめて採択されたフェミニズム史上象徴的な年である。だがこれと同じ年、同じくアメリカの婦人科医、チャールズ・メイグスが医学生たちにむかって次のように述べていることもまた、きわめて象徴的な事実なのであった。

あなた方が探究すべきは、女性の性的特性が彼女に遂行することを可能ならしめている機能や宿命の歴史であり、彼女たちの持つ器官が、病気にせよ健康にせよ、その神経組織と機能によって、また女性の全生命力との関係において、たんに肉体ばかりでなく、心にも、頭にも、女性の魂そのものにまで及ぼすことのできる摩訶不思議な秘密の影響力であります。したがって医学に携わるものは、こと女性に関してはたんに純粋に医学的なことばかりでなく、むしろ心理的および道徳的なことについて、多くを学ぶ必要があります。将来あなた方にとっては、こうした研究が重要な責務となるでしょう（Barker-Benfield 1975 : 279）。

では、医師たちの勧める女性にふさわしい生き方とはどのようなものであったろうか。女の性質や行動はそもそもその内的器官によって家庭向けに運命づけられているとして、ある医師は次のように述べている。

知的にも、社会的にも、霊的にも、彼女は男性よりずっと内向的である。彼女そのものが男性の内なる部分であり、彼女の愛情や生活はつねに内を向いていて男性には理解しがたい……女性は家庭内の世話や用事にかかわるのに向いており、哲学や科学にではない……彼女は司祭であって、王ではない。家や部屋、衣装だんすが彼女の社会生活と力の中心なのである（Smith-Rosenberg & Rosenberg 1973 : 337)。

こうした理解に立てば女の内向性は、一面では女に男にまさる愛情深さや霊性を与えたとしても、反面では男と同じように外の世界で活動するのには向いていないことを意味していることになる。よしんば男と同等な知的能力を有する女がいたとしても、彼女には男にはない周期的病弱性というハンディキャップがつねにつきまとうと考えられた。

一生を病気にかからずにすごした女性は一人もいない。彼女は「女性のいつもの病気」にかかることもあれば、かからないこともある。だがいずれにせよ、普通の場合にも普通でない場合にも女性は病気である。すなわちすべての女性は、体質やその他の条件のゆえに、つねに多かれ少なかれ病人なのである。したがって女性は、なにものにも妨げられずに肉体的、あるいは知的労働に従事することはできない。未婚であろうと結婚していようと、そもそも女性全体が自然によって、男性と対等に競いあうことができないようにさだめられている（Jalland & Hooper 1986：34)。

したがってもしも女がこうした自然のさだめに逆らって男と同等の活動を行おうとすれば、その結果、彼女にとって最も本質的な部分である生殖機能が重大な影響をうけることになるとの警告が発せられた。この当時、人体は一つの閉じたエネルギー・システムであって、ある領域でエネルギーを多量に消費すればその分だけ他の領域にまわせるエネルギーは少なくなると考えられていた。男は持てるエネルギーのすべてを勉学や職業のような「高い目的」のためにまわせるのに対し（だからこそマスタベーションは精液を浪費することによって貴重なエネルギーを枯渇させるとして、とくに厳しく禁じられたのであるが）、女はつねに月経をはじめとする母性機能の維持のために一定量のエネルギーを確保しておく必要があるとされていたのである。この立場の論者の中でもハーヴァード大学の薬物学教授エドワード・H・クラークは、最も有名で影響の大きかった人物の一人である。その著『教育における性』（一八七三年）は一三年間に一七回の版を重ねて広く読まれたが、そこで彼は、女のからだは「一度に二つのことはできない」のであり、一二歳から二〇歳までの女性は生殖器官の発達に専念すべきであると断言している。にもかかわらず女があえて男と同じように教育に挑戦し、脳を酷使するとすれば、彼女の脳と生殖器官との間で限られたエネルギーをめぐって争奪戦がくりひろげられることになる。とくに思春期にこれが行われれば生殖器官の正常な発達が阻害されると恐れられた。その結果、イギリスの医師ヘンリー・モーズリイの表現によれば、女性は「学者としては立派でも、虚弱で病気もちの女としてカレッジを卒業し」、結婚を望まなくなったり、たとえ結婚しても多くの健康な子供を産んだり、授乳したりできなくなると警告されたのである(Newman 1985 : 84)。

女の身体的、生理的条件を無視した勉学は、たんに生殖機能や「母性本能」を損なうだけでなく、しばしばたえまない頭痛や神経衰弱、ヒステリー、はては狂気に女を追いこむともいわれた。一九〇七年、アメリカの医師パーソンズは、「神は、われわれの娘たちの華奢な体質と繊細にして高度に発達した神経系を、現代教育制度のストレスや重荷に耐えるようにはお造りにはならなかった」と述べ、その証拠として、一九〇二年にニューヨークの精神病院に収容された患者のうち、小学校以上の教育をうけた男性は一六パーセントにすぎなかったのに、女性は四二パーセントがかなりの教育をうけていたと報告している(Bullough & Voght 1973 : 75)。(こうした女性の中には、女性参政権論者で、因習的結婚を拒否して恋人と同棲したために、父親や兄弟によって「教育をうけすぎたために常軌を逸した」として入院させられた、同時期のイギリスのエディス・ランチェスターのような例も、あるいは含まれていたかもしれない)(Showalter 1987 : 146)。

こうした事態を避けるためには、思春期以降の女性は神経を興奮させるあらゆるもの——小説、夜ふかし、ダンス、刺激性の食物、情欲をそそるような絵や像を見ること、暑い部屋、アルコール、乗馬、自転車乗り、男女共学などを避けて静かな生活を送らねばならず、学校でもとくに月経中の生徒には頭を使わせることをやめて、一ヵ月の四分の一の期間、十分な休息をとらせねばならないといったことが主張された。その一方、母性という女の天職にふさわしい健康な身体をつくるためには適度の運動が必要とされたが、それはせいぜい散歩か、あるいは家事の手伝いが望ましく、けっして度を過ごしたり、男子のような競争を目的とした激しいスポーツであってはならなかったのである（Vertinsky 1988 : 101）。

そして女性固有の不安定性と病弱性は、女が医学のようなそれまで男の領域であった専門職に進出しようとした場合に、それに猛反対する論拠としても使われた。月経や妊娠などによって心身ともに変動の激しい女は、「同胞の生命を安心してまかせられるには適していない」というわけであった（L'Esperance 1977 : 118）。なかには一八七八年に『ブリティッシュ・メディカル・ジャーナル』誌上で繰り広げられた議論のように、月経中の女は手をふれた食物を汚染するという古い言い伝えを持ちだして、これを根拠に女は外科や産科術のような生身の肉体を治療する仕事につくべきでないとする意見さえあった（Pearsall 1969 : 269）。もっとも、こうした反対は主としてミドルクラスの女性が男性にまじって専門職につこうとする動きに対して出されたもので、看護婦のような男性と競合しない「女性向きの仕事」につくことは、介護者としての女の天性にふさわしいとして許容された。一方、貧しい階層の女たちは、厳しく不健康な条件のもとで十分な休息もなく重労働に従事しつつ月経や妊娠を経験していたにもかかわらず、医師たちは肉体労働は頭脳労働よりもからだにとって害がないと考えるか、あるいは次のアメリカの医師のように、労働者階級の女性は生まれつき頑健であると決めてかかる傾向があった。

南部の畑で夫とならんで力仕事に精をだすアフリカン・ニグロの女、あるいは北部のわれわれの家庭でせっせと洗濯や掃除にはげむブリジェットは、たいていの場合非常に健康で、子宮病などにはめったにかからない（Ehrenreich & English 1973b : 13)。

こうした女性病弱説に対して、女自身の側からの反駁がなかったわけではない。たとえば女性参政権運動の指導者の一人、ミリセント・ガレット・フォーセットは、ふつうの健康な女なら仕事をするうえで月経による不都合はなにもないと述べているし（Pearsall 1969 : 265)、彼女の姉で女医のパイオニアの一人であるエリザベス・ガレット・アンダーソンも、次のようにこの神話を一笑にふしている。

日々の仕事の中で女性はその特殊な生理機能を無視すると健康に害があるなどといわれると、その意味を了解するのに苦しむ。健康なおとなの女なら、そんなものは完全に無視して暮らしているのがふつうだからである……頭脳労働についていえば、モーズリイ博士が完全な一時的無力状態といわぬまでも虚弱になる時だとしておられる時期が、少しもそのようには思われないばかりか、むしろ多くの場合、神経や頭脳の力が他の時よりも高まってありがたいとさえ思われるのは、多くの女性の経験しているところである（Hollis 1979：27）。

だがその一方で、病弱性を上品でファッショナブルなことと受けとめたり、意識的にせよ無意識的にせよ、それを家庭の雑事や夫の性的欲求から逃げる口実として利用した女たちもけっして少なくなかった。ヴィクトリア朝の絵画に登場する、優雅な白いガウンをまとい、青ざめてものうげな様子で、「ひどい頭痛」や「神経」のために床についている女性が、ミドルクラス以上の女性美の一典型であった。それはこうした遊惰な生活を送りうること自体が、生活のために働いたりする必要のない有閑階級に属しているというステータス・シンボルであり、それ以下の階級の女たちと自分たちとを差異化する指標として有効だったからである。

これは、コルセットで締めあげた折れそうに細い胴（一八六〇年代のある女性雑誌によれば、四三センチから四五センチが標準とされている）が女のかよわさや無力さ、上品さの象徴としてもてはやされ、コルセットをしない女は下品でふしだらな存在として差異化されたのとも類似の現象であった（Reed 1919：858）。一九世紀のミドルクラスの少女たちは、四歳ごろからトレーニング用のコルセットをつけ始め、十代の少女たちのための寄宿学校では、ウェストを毎月一インチずつ細くしていって理想のサイズに近づけることを方針としているところさえあった（Davies 1982：626）。ローツは、こうしたコルセットや、鳥籠のようなパニエや大量の布を使って大きく張り出した、身動きもままならぬほど重いクリノリン・スカートのようなファッションが、女を弱々しく見せるだけでなく、実際に病弱にすることにも大いに役立ったと述べている。

コルセットは、ヴィクトリア朝の女性にあのように頻繁に見られた生気のなさ、すぐに気絶するくせ、それになにやらいつも気分がすぐれないといった状態と密接な関係があり、運動不足や極端に重い衣装（ドレスだけで目方が七キロ近くあるのは珍しくなかった）とあいまって、ヴィクトリア時代の弱々しく従順な妻というイメージを作りあげるのに手を貸していた（Roberts 1977 : 562）。

4　まなざしの偏在性

女のからだはこのように男との異質性と病弱性が強調される中で執拗な医学的まなざしにからめとられていくことになったが、それは同時に女自身が自分の性やからだから疎外され、他者のまなざしの客体としてしか存在しなくなっていく過程でもあった。前出のイギリスの男産婆モゥブレイは、一七二四年、交接のさいに性器の「あらゆる部分が活発に運動するさま」を、「大性唇が拡張する。穴が広がり、小性唇は退却する。（きわめて感受性にとむ）クリトリスが勃起する」と、あたかも一連の機械の作動手順を解説するかのごとくに描写した。そしてその中心のポンプの位置にあるのが子宮であった（Erickson 1982 : 84）。ここに認められるのは、男とは異なるがゆえに男にとっては興味のつきない「魅力的な機械」、女の性器を、ものとしてまじまじと凝視する解剖学的まなざしである。このようなまなざしを浴びたのはもとより女ばかりでなく、男も胎児も、人体機械のあらゆる部分は近代医学の「観察の還元主義」（藤田 1989：162）のもとでバラバラの部品へと還元され、ひたすら「科学的」精緻さをもとめて観察されたのではある（図14、15）。だが女の場合、その位置はつねに見られる客体の側にあって、見る主体の側にまわることは許されなかった。イギリスやアメリカで女医をこころざす女性に対して出された反対理由の一つに、医学教育には不可欠な解剖学や生理学の知識は上品な女性にはふさわしくないというものがあった。アメリカの医学校

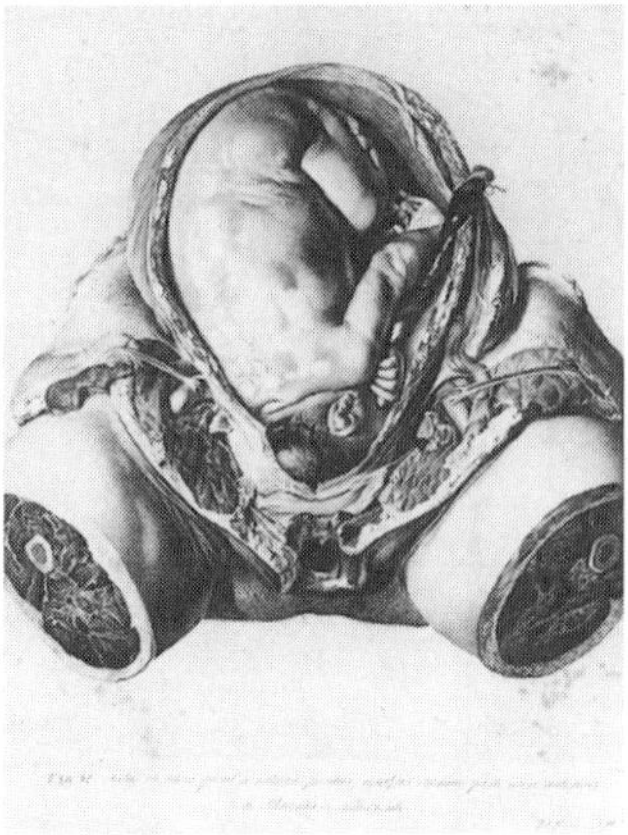

図 14　ウィリアム・ハンターの描いた子宮内胎児──『ヒト妊娠子宮の解剖学（1774 年）。図 15 と比較してみると、異常なまでのまなざしの凝視力である。

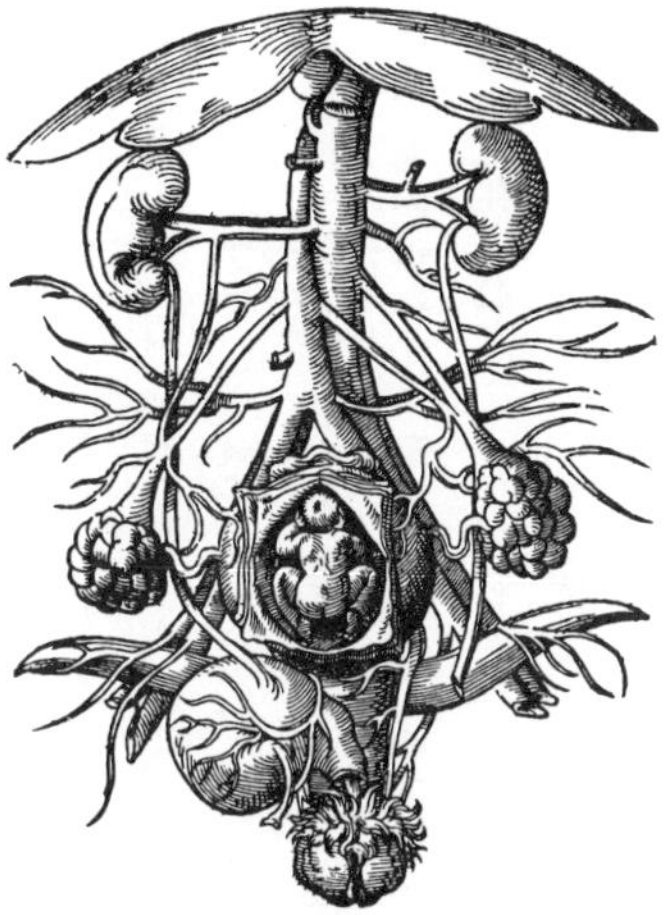

図 15　子宮内胎児──ヤーコプ・リュッフ『ヒトの受胎と発生』（1580 年）

の教授たちは、「レディ」のいるところでは解剖学を講義しようとはしなかった（Ehrenreich & English 1973a : 29）。イギリスでは『ランセット』が、「女性が、とくに男子学生のかたわらで解剖学や生理学を学んだりすれば、女性の純潔が破壊されることは避けられない」として、女医教育反対キャンペーンを展開した（L'Esperance 1977 : 118）。どのようなものであれ女が知識を身につけることは彼女の「無垢さ《イノセンス》」を汚すことであったが、とりわけ女が自分のからだについての理解を持つことにつながる医学的知識ほど忌避されねばならないものはなかったのである。すなわち女は、一方では the sex としてその存在理由を生殖器官へと一元化されながら、自らの性や性器について知識を得たり語ったりすることは厳しく禁じられたのであり、このタブーは女たち自身によってもしだいに内面化されていった。

一例をあげれば、前述の『アリストテレスの最高傑作』は十九世紀半ばになってもなお、ひそかに読まれつづけていた。それはエリス夫人著『英国の女性』（一八三八年）や『英国の娘たち』（一八四二年）のような当時の著名な女性向け家政書が、「赤ん坊の哺育や入浴、乳母の選び方といったことがらについては実際的な助言を与えていたが、性交や受胎、妊娠、赤ん坊の分娩といったことについてはまったくふれて」おらず、「これらの本の記述は生まれたばかりの赤ん坊が呼吸するところから始まっており、それ以前になにが起きたかについてはほのめかすことさえしていなかった」ためである。そこで、それ以上のことを知りたい人々は「引き出しの中にこっそり隠した」この種の本によって、「口には出せないこと」についての知識を得ようとした。しかしその『最高傑作』においてさえ、一七、八世紀の版では詳細に描かれていた男女生殖器の図が、十九世紀半ばの版では女性の子宮や卵巣の図のみになり、古い版には存在していた女の快楽の器官としてのクリトリスや性唇についての記述とか性交のやりかたの説明は完全に削除されて、性の手引書というよりは産婆の書のごとき観を呈するようになったのである（Blackman 1977 : 60–61, 68)。

また、のちに二〇世紀イギリスにおける産児制限運動の主導者となったマリー・ストープスは、無知は無垢に通ずると信じる母親に育てられたため、三一歳で結婚した最初の夫がインポテンスであることに三年間も気づかず、なぜ自分が妊娠しないのか理解することができなかった。彼女が相談しようとしたホーム・ドクターも彼女に事実を教えることを拒み、そのため彼女はさらに一年を空費した。彼女が弁護士を動かして「処女妻」であったことを証言し、ようやく結婚無効判決をかちとったのは、結婚六年後の一九一七年のことであった（Hall 1977 : 89–96)。

さらにハヴェロック・エリスの『性の心理学』（初版一八九七年）には、三人の息子の母親でありながら、「恐ろしくて」一生の間に一度も自分自身の裸体を見たことがないと告白した老婦人の話や、性についてまったく無知であったために初夜に窓から「人殺し」と叫んで助けをもとめた花嫁の話、あるいは姪にむかって女には「月々のものがあるからゾッとするほどいとわしい」と述べたある未婚女性の話などが紹介されている（Ellis 1930 : 34)。

その一方、客体としての女のからだや性器は、ポルノグラフィやエロティック絵画ばかりでなく、医学的研究の場でも克明に観察され、語られ、値踏みされた。たとえばヨーロッパでは一五世紀ご

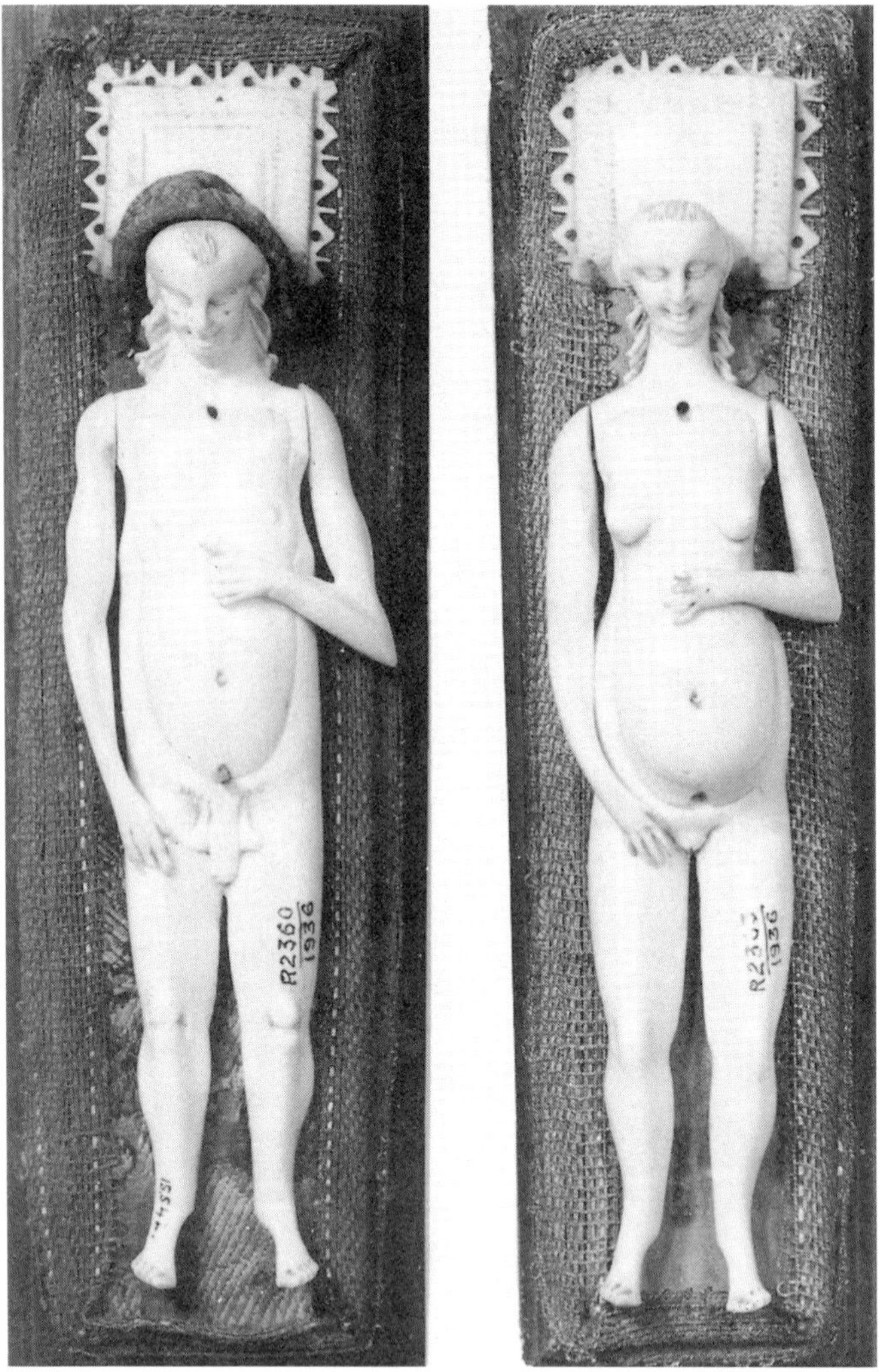

図 16　象牙製の男女の人体模型

ろから解剖学用の人体模型が使用されていたが、象牙で作られた一七世紀の模型は男女ともに同じ姿勢をとり、両性間にきわだった表現法の差異は見られない（Thompson 1925）（図16）。だが一八世紀末ごろからヨーロッパ全域に出まわるようになったイタリア製の蠟で作られた人体模型では、男はまっすぐに立った筋肉質のからだ、もしくはトルソとして表されているのに対し、「ヴィーナス」と呼ばれた女の模型のほうは絹やヴェルヴェットのクッションの上に横たわった姿勢で、長い髪やなめらかな肌、真珠のネックレスなどで飾られた、きわめてエロティックな「眠れる美女」となっている。トルソの部分を開くと、中には小さな胎児が入っており、男にとってのセクシュアリティと生殖という女に期待される二つの要素が表現されていた（Jordanova 1989 : 2001）（図17、18）。これらの人体模型はたんに医学目的で使用されただけでなく、一般向けの展示や美術アカデミーでも使用され、個人コレクションにも加えられたといわれる。

また婦人科医であるカール・シュトラッツの研究においても、眺められ精査される対象としての女のからだと、生殖者としての女に対する期待とが科学の名のもとに合体しているのが見られる。彼は一九世紀末から一九一四年にいたるまで、「女性美」の専門的研究家として世界各地の女たちの肉体についての九冊の著作を発表し、そこにちりばめられた二千枚近くの女性の裸体写真は、「女体美研究に初めて科学的基礎を与えるものとして、ヨーロッパ各国において熱烈な歓迎を受け」たといわれる（シュトラッツ 1956、訳者序）。一八九九年に出版された『女体の美』は一九二八年までに四二版を重ねたが、その中の「女体美の判断」という章で、彼は女の身体美の評価方法についい

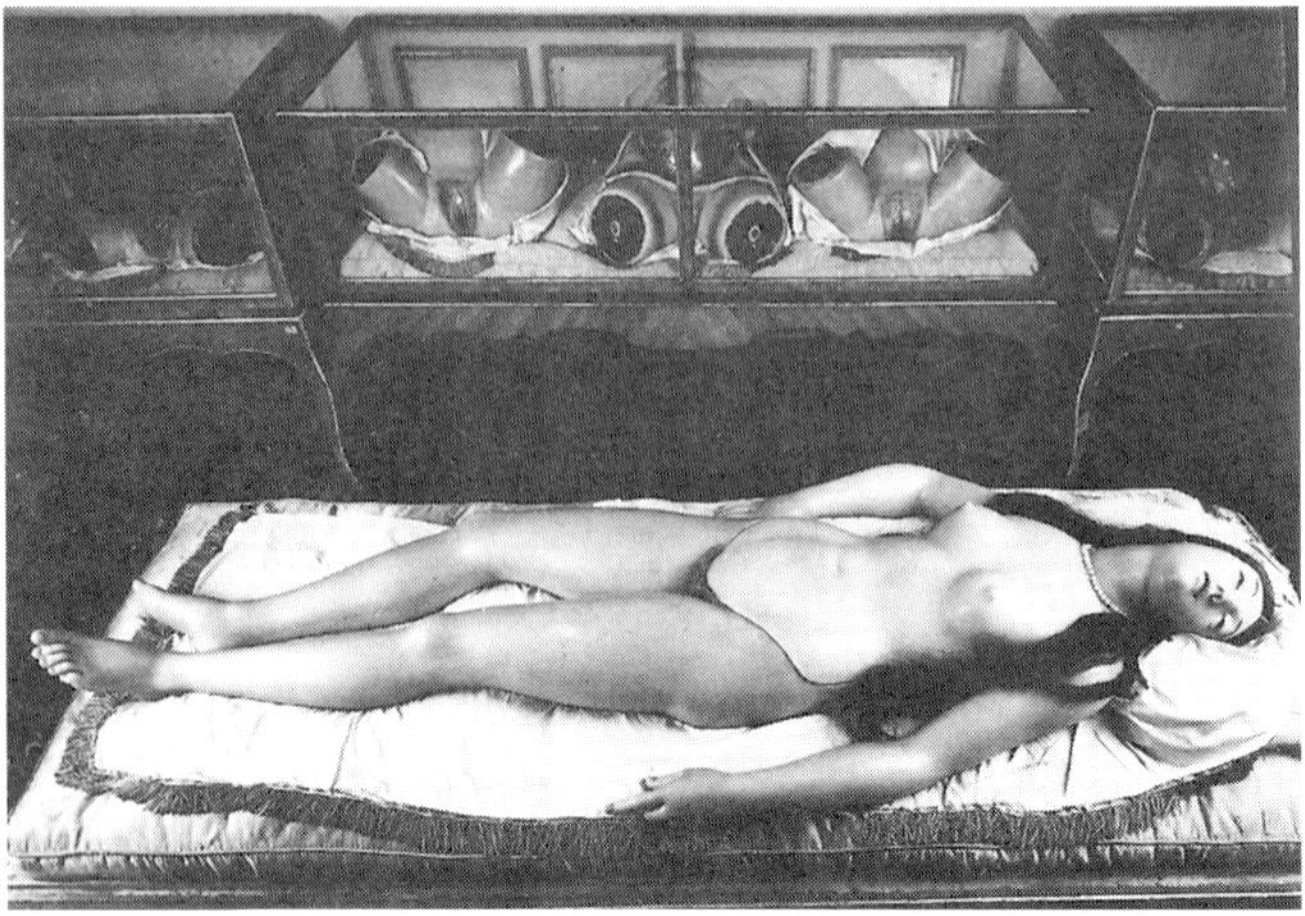

図 17　蠟製の女性の人体模型　18 世紀フィレンツェのコレクション

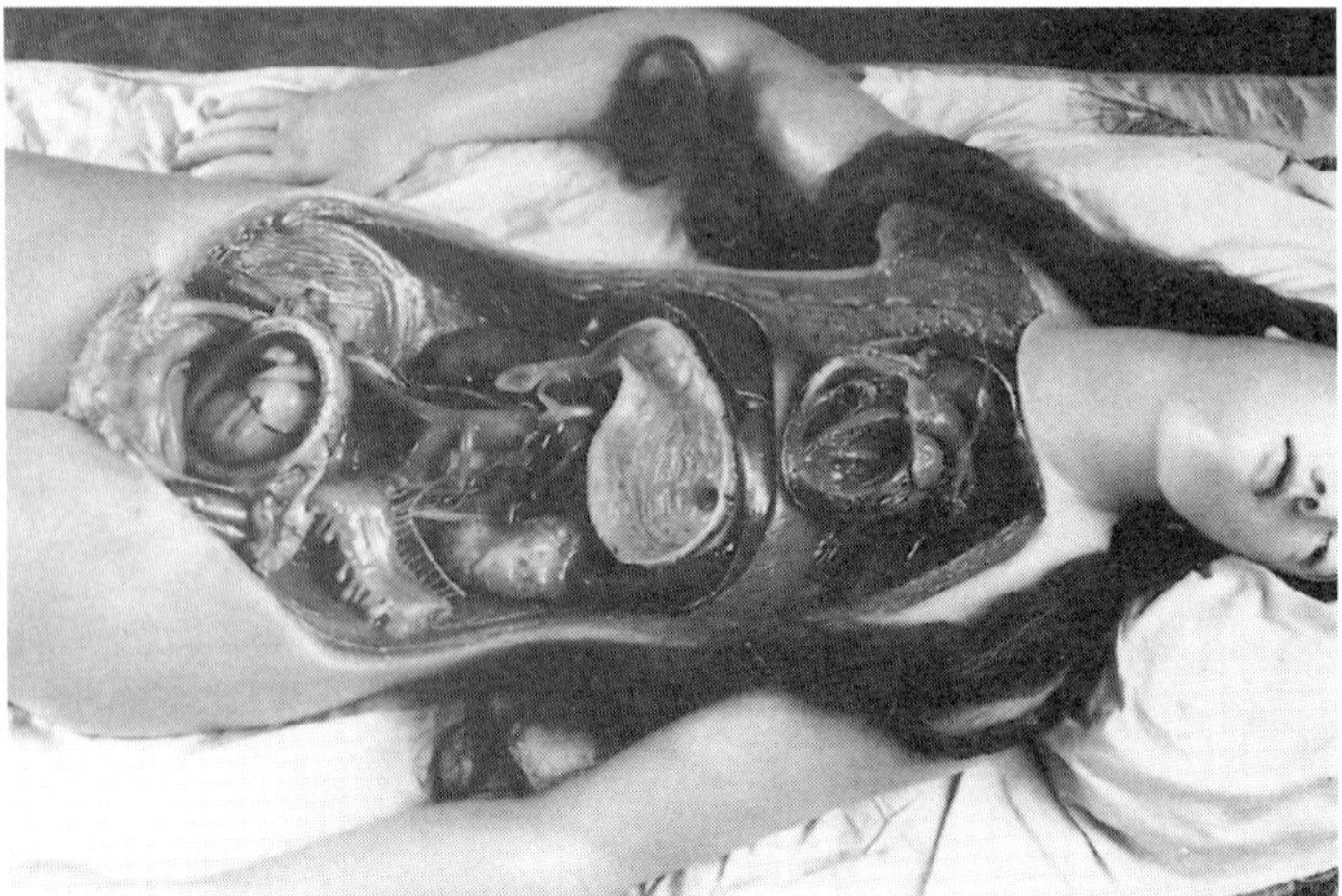

図 18　胴体外部を取り外すと、子宮には胎児の模型がおさめられている

て次のように述べている。

女性美の客観的判断にたいして掲げられるすべての要求を充たすためには、診察したり、裸の生きた身体を観察したり、測定したり、あるいはまた前、後および側面から撮影したり、できれば裸の身体と衣服を纏った身体とを対比してみたりする必要がある。写真は、観察と測定とによって得られた判断を科学的に確認し、第三者にも、見出された結果の正しいことを確認する機会を与えるものである（シュトラッツ 1956：276）。

そして彼はさまざまなポーズをとった女たちの写真を示しながら、目鼻立ちだけでなく肩や乳房について、脂肪のつきかたについて、脚や手足について、腹や腰や骨盤について、どのような女が最も美しいというべきかを克明に検討する。彼の理想としたのはコルセットで胴や背を圧迫した女ではなく、健康でよく発達した「古代の女神像」のようなからだであったが、それは彼が女の使命をなによりも母性に認めていたからである。一八九〇年代初頭に数年間ジャワで婦人科医として働いた彼は、ジャワ女性の健康美にうたれ、ヨーロッパ女性はコルセットをつけることによって本来の役割である母性に悪影響を与えていると考えた。第一次世界大戦直前になると、女の国民的義務としての母性役割の強調はいっそう明確になってくる。

この偉大な時代に、女性ははっきり、自然が自分たちにどんなに高くて神聖な義務を課したかを知り、産児制限にかんして叫ばれた数々の浮薄な言葉が他の多くの言葉とともに葬り去られることを祈っている。健やかで強い、妻として母として生まれた女性こそ、未来の女性である。……子供の養育を犠牲にしてさらに高い生活享楽を求めようとする努力、女性の職業生活への一段と旺盛な参加は、ますます出産を減退させ、人種の価値を低めている……女性はその天職に冷淡になり、それとともに国民の幸福と力とによって立つ土台が揺るぎはじめている。健やかな未来は、自分たちが権力を有するばかりでなく、義務をも負っていることを女性が意識するところにのみ繁栄するのであり、かの女ら自身、かの女らの子供たちおよびかの女らの国民の幸不幸とは一にかかって女性がこの義務を果たすか否かにかかっているのである（シュトラッツ 1971、訳者序。傍点は原文のまま）。

このシュトラッツに典型的に見られるように、鑑賞対象としての「女体美」と母性役割遂行への要求と女の生き方そのものにおよぶモラル・アドヴァイスとは、しばしば渾然と一つに結びつき、女はいかにそのからだを生きるべきかが科学的言辞として語られたのであった。

5　逸脱への懲罰

だが女の性や肉体が当事者である女にとっては外化され、女が自らのセクシュアリティを定義することが禁じられたとはいえ、前近代的なセクシュアリティ概念が完全に消滅したわけではなく、古い意識の記憶は水面下に生きつづけていた。たとえばニンフォマニアやヒステリーと診断された女に対する医療処置からは、女の性的貪欲さへの恐怖が透けて見える。一九世紀半ばのイギリスの公立精神病院では患者の過半数が女性であったが、これらの女性たちを狂気と定義するための最大の指標は、彼女たちの奔放なセクシュアリティやマスターベーションを含む「猥褻さ」であった。若い女が精神に異常をきたす時にはニンフォマニアックな症状が「つねに存在」していると、ロンドンのある精神病院の医療監督官は考えたし、別の精神科医は、「貞潔な女性が、見ていて悲しくなるほどはなはだしく淫らな考えや感情をどこでどう身につけたものか、まったく説明に苦しむ」と述べている（Showalter 1987 : 74-75）。閉経期の女が性的欲望を表明することも異常と考えられたし、職業を持って自立することや性的自由を願う女は、必ずやヒステリー患者となって自滅するとの予言が行われた。ヒステリー自体は近代になって発明された病気ではなく、古くから、体内を動きまわる子宮が心臓や肺を圧迫し、卒倒などの発作をひきおこすと考えられていた。だが一九世紀前半にはまだ麻痺や痙攣の発作が主な症状と見なされていたのが、後半になると発作の重要性は影をひそめ、ありとあらゆる身体的不調がヒステリーと結びつけられるようになったばかりでなく、病因を女の性格にもとめて、自己中心的でナルシシスティックな「ヒステリック・ウーマン」像が強調されるようになった。安静療法で名高いアメリカの神経科医ミッチェルによれば、幼いころから「自分を抑える」訓練を受けてこなかった女がヒステリーになるのであった（Smith-Rosenberg

1985 : 201-202, 205)。そしてこうした「常軌を逸した」女を治療するために、患者たちはあたかも家庭を思わせるようにしつらえられた病院の中で、沈黙や礼儀正しさ、上品さ、奉仕、信仰心、感謝といったレディらしい徳を身につけるよう、厳しい「道徳管理《モラル・マネジメント》」のもとに置かれたのである。あるいはまた、閉経期を迎えていながらエロティックな言動を見せる女に対しては、直腸に氷水を注入したり、膣に氷を入れたり、性唇と子宮頸管にヒルを吸いつかせるといった手荒な「療法」が勧められた（Showalter 1987 : 79-81）。

さらに過激な治療法が、悪名高いクリトリス切除術（クリトリデクトミー）である。この手術は一八二二年にベルリンで行われたのが最初といわれるが、世紀の後半になって、イギリスの外科医兼産婦人科医アイザック・ベーカー・ブラウン（のちにロンドン医師会会長）によって広められた。狂気の原因はマスターベーションにあると確信していたブラウンは、クリトリスを手術によって切り取ってしまうことにより、病気の進行をとめることができると考えた。思春期の少女がもしも職業を持ちたがったり、家庭を離れて自活したがったりするようなら、それはこの病気にかかりかけている徴候であった。ショウォルターの報告によれば、「ブラウンはロンドンにある個人診療所で一八五九年から六六年までの七年間、性器手術を行った。一八六〇年代には手術はクリトリス切除だけでなく、性唇の切除にまで及んだ。しだいに自信を深めた彼は、一〇歳という若い患者や、白痴や癲癇や麻痺患者、さらには眼に問題のあった女性たちにまで手術を施した。彼の行った手術のうち五例は、一八五七年に制定された新しい離婚法に訴えようとして狂気と診断された女性たちに対するもので、いずれの場合にも術後患者たちはおとなしくなって夫のもとへ戻っている。ブラウンの主張によれば、最も完全に治癒するのはニンフォマニアで、手術後にこの病気が再発した例は一つもないというのであった」(Showalter 1987 : 76)。

他にも自己主張が強く、結婚したがらなかった女性や、夫を嫌っていた女性たちが、手術によっておとなしく自分たちの役割を受け入れるようになり、「幸福な妻であり母となった」といわれる。だがこの「成功」が、当の女性たちにとってはじつに苦い敗北であったろうことは想像に難くない。彼女たちが手術の結果「おとなしく」なったとすれば、それは手術にともなうあらゆる苦痛や屈辱、ショックが彼女たちを打ちのめしたためであろう。すなわちクリトリス切除術は、医学的根拠を持った治療というよりは、期待される女性役割に従順でなかった女たちへの懲罰、イデオロギーの外科的強制という性質を持っていた。フィグリオの表現を借りれば、「医学は社会規範を健康という形に作り直す」ことによって、一九世紀ブルジョワ社会の安定に貢献したのである(Figlio 1978 : 176)。

ブラウンは一八六七年に産科学会から追放されたが、それは他の医師たちが彼の療法に不賛成であったり、彼だけがこの手術を行ったためではなく、患者たちから手術を強制されたという訴えが出て、スキャンダルによって医学界の名誉が傷つけられることが懸念された結果であった。イギリスではブラウンがその後すぐに死亡したこともあり、クリトリス切除術は比較的早くすたれたが、アメリカではむしろこの頃から手術がさかんとなり、二〇世紀に入ってからも続き、最後にこの手術が行われたのは一九〇四年とも一九二五年ともいわれている（Barker-Benfield 1975 : 288）。

アメリカではまた、クリトリス切除術以上に流行を見た手術として卵巣剔出術があった。一八七二年にジョージア州の医師ロバート・バッティが考案して以来、神経症や狂気から月経不順、マスターベーション、自殺未遂、性欲や食欲の旺盛さにいたるまで、女らしくないと見なされたあらゆる振る舞いの治療法として正常な卵巣の剔出が行われるようになり、一八九〇年代には「蔓延」「熱狂」「大繁盛」といった言葉で表現されるほどの流行を見た。一方、「保存的卵巣手術」派の医師たちは全剔には反対したが、かわりに卵巣の焼灼や穿刺、部分切除などを行った。医師たちは学会で自分が剔出した卵巣の数を競いあい、一九〇六年には一説では合州国の一五万人の医師の各々について一人の割合で手術によって不妊となった女性がいるとされたほどで、「一五〇〇から二〇〇〇個の卵巣を剔出したとおおっぴらに自慢」する医師も見られたのである。さらに一八九五年からは子宮剔出術もこれに加わった（Barker-Benfield 1975 : 288-289）。こうした手術が行われたのはイギリスやアメリカだけではなく、同時期のドイツやフランスでも同様の現象が見られた（Kern 1975＝1989 : 131）。現代では、まだ閉経期を迎えていない女性の正常な卵巣を手術によって取り去ってしまい、突然にいわば人工的な更年期を創り出すことは、たとえホルモン投与療法を行ったとしてもさまざまな副作用や後遺症をもたらすといわれている。したがって、まだ合成ホルモン剤の存在しなかった一九世紀の女性たちは、剔出術の結果、強度のうつ状態やのぼせをはじめ多くの悪影響に見舞われたものと推測できる。

これらの手術はもとより医師の専断で行われたわけではなく、その背後には手術に同意を与えたその女性の保護者である夫や父親、身内の人々が存在していた。一方で女の母性役割を強調しながら、他方でこうした不妊手術が濫用されたことは一見矛盾するように見えるが、妊娠と去勢は、手に負えない女のセクシュアリティを効果的にコントロールする手段としてはどちらも有効と考えられていたのであり、性的に逸脱した女はもともと不妊であることが多いとか、たとえ妊娠したとしても欠陥のある子供しか産めないのだからと、手術の正当化が行われることもあった。

とはいえ、身体に外科的に介入するこうした侵襲的な手術の実験台となったのは、女だけでなかったことも付け加えておかねばならないであろう。マスターベーションが精液漏やインポテンス、はては狂気につながることを恐れた当時の医師たちが、男性患者に対しても性器への電気ショックや焼灼、ペニス・リング、化学薬品の使用など、さまざまな療法を試みたことを指摘し、一九世紀アメリカの医学は無知であった分だけ、治療の面では「男女平等」であったと主張する研究が存在するからである（Morantz 1974; Parsons 1977; Kern 1975＝1989: 134）。たしかにこうした過激な療法《ヒロイック・メディシン》の濫用、もしくは「一九世紀医学のテロリズム」（Haller & Haller 1974: 216）は、種々の病因を男女ともにセクシュアリティとの関係で説明しようとする、この時期に特徴的な性に対する強いオブセッションや、人体を部分的修理が可能な部品の集合体と見なし、外科的侵襲の多用を肯定する近代西洋医学の基本的発想そのものをも視野に入れたうえで、解釈される必要があるだろう。だが男の場合には処置の対象がマスターベーションやインポテンス、性病など、少なくとも直接性器にかかわるトラブルの分野に限られていたのに対し、女にあってはその性格や生き方を理由に性器への侵襲が認められたという相違は存在する。また男については比較的短期間でヒロイック・メディシンの流行は後退したのに対し、女の生殖器官を潜在的に危険なものと見なしてたえざる操作と管理の対象とする感覚は、現在にいたるまで持ちこされていることも事実である。現代のアメリカでは成人女性の六二パーセントが七〇歳になるまでに子宮剔出術または卵巣剔出術、もしくはその両方を受けることになるといわれる。しかもそのうち少なくとも三〇パーセントから五〇パーセントは明らかに不必要な手術であり、ありふれた産婦人科疾患の治療や永久避妊、癌の予防などの口実で剔出が行われている。たとえばある婦人科医は、次のように断言している。

子宮には一つの機能しかない。それは生殖である。最終の計画出産がすんだら、子宮は無用で、出血する、病気になりやすい、癌を生じやすい器官となるのだから、これは取り除くべきである。さらに左右の卵巣も取り除けば、手術不能の悪性腫瘍のもとがもう一つ減ることになるのだ(Boston Women's Health Book Collective 1984＝1988：469-470)。

このように子宮や卵巣はいまもなお、病理的で危険な、ともすれば反抗を企てる器官としてイメージされており、医師は生殖という役割をはたした女性から「無用な」子宮を切り取ることによって、彼女たちの救済者を演じつづけているのである。

おわりに
——まとめと展望——

以上に見たように、西欧においては古い秩序が崩壊し、新しく近代社会が形成されていく過程で、男女の性差観にも大きな転換が生じた。両性の身体を基本的に同種のものととらえ、女は男ほど完全にはなりえないが、その性や生理は男の場合と本質的に変わらないとする古い理解は、男女を心身においても生き方においてもまったく異質で非相似的なものと見る新しい性差観に席をゆずったのである。解剖学や生理学が男女の異質性を「科学的」に立証するために利用されたが、とりわけ男にはない女特有の器官と考えられるようになった生殖器には、「女についての専門家」である産婦人科医を中心に熱いまなざしが注がれることになり、女の全存在はその身体性へと還元され、それによって価値づけられるようになった。すなわち子宮と卵巣を持つ女は、一方において母性や女らしさの賛美という形で「天職」としての再生産役割へと誘導されるとともに、他方では女の生殖器官や分娩、月経のような生理機能そのものが病理的と見なされ、病弱性の神話が女を公的価値の世界から排除する論理として利用されたのである。しかし女とこの身体性とは奇妙な疎外関係に置かれた。女が自らの性やからだについて語ることは禁忌化され、女の身体は一方向的に、男のまなざしによる鑑賞と値踏みの対象、および専門医による管理の対象として、客体としてのみ存在することとなったのである。フーコーはこのような女の全存在の性への還元を「女の身体のヒステリー化」と呼んだが（Foucault 1976＝1986：134）、ここではむしろこれを女の「性器化」現象とでも名づけてみたい。このようにして形成された女の身体モデルは、西欧近代社会を構成する基本的要件の一つである性別領域概念を支える論理的基盤として効力を発揮し、今日にいたるもなお、その有効性を全面的に失ってはいないのである。

最後に今後検討すべき課題として、二つの方向を示しておきたい。一つは、女たち自身にとってこの身体モデルがどのような価値をもっていたかという問題である。いいかえれば、女たちはたんに完全な受動体として否応なしにこのモデルの中に組み込まれ、意思に反してそこに閉じ込められただけなのか。あるいは逆説的であれなんであれ、このモデルの中に自分たちにとってのメリットの存在を感得し、進んでこれに同意し、内面化したのか。これは近代的性別領域の形成と維持に女はどのように関わったのかという問いにも通じ、女性史が今後、たんなる告発史観や被害者史観から一歩を進めていくためには必ず検討されねばならない課題である。本稿ではこの点にきわめて不十分にしかふれることができなかったが、医学による女のからだの征服にせよ、性のダブル・スタンダードの問題にせよ、「女はそれにどう関わったのか」という視角ぬきには、女性史は支配と抑圧の図式のみに依存して、「結局のところあまりに同義反復的な研究にしか行きつけないような知的孤立におちいる危険」につきまとわれることになろう（Perrot et al. 1986＝1988：138）。

いま一つの課題は、「近代化」過程の欠くべからざる一環として西洋近代的医学知が導入された非西欧世界、とりわけ日本についての検討である。ほぼ完全に西洋医学の覇権のもとにある現代の日本においては、西欧社会について述べたのと変わらぬ女のからだの客体化現象が顕著に認められる(5)が、こうした女の性を差異化する「解剖学的まなざし」はいつごろ成立し、いかなる経路をたどって浸透したものであろうか。またそれ以前の日本社会に存在していた身体を見るまなざしとはいかなるものであり、それは新しいまなざしとの接触の過程でどのように変容し、あるいは互いに作用しあったのであろうか。残念ながらこれらはすべて今後の探究課題として残さざるをえないが、ただそのための手がかりとして、最後に一、二の断片的事実に言及しておきたい。

日本における西洋医学の公式輸入は周知のように明治以降であり、一八六八年、典薬少允高階筑前介による建白書が出されたのをきっかけに天皇から西洋医学差許の沙汰が下り、西洋医学が漢方医学にかわって公式医学として採用されていく過程が始まった。これと並行して明治初頭には、杉田玄端訳『産科宝函』(一八七三年)、ジェームズ・アストン著、千葉繁訳『造化機論』(一八七六年)などを皮切りに欧米の産科学書や性科学書があいついで翻訳出版され、知識人層に広く読まれるようになるとともに、こうした輸入性科学書の中身をわかりやすく戯作調に説きくずした庶民むけの書物もつぎつぎと出版された。したがっていちおう水路としては、まずこうしたメディアや西洋医学を身につけた医師を媒介として、西洋近代的な身体観が流入してきたと考えてよいであろう。だがこうした新しいまなざしがぶつかった一九世紀中葉の日本の少なくとも庶民層における身体とは、たとえば次のようなものであった。

一軒の家の前の、殆ど往来の上ともいう可き所で、一人の婦人が例の深い風呂桶で入浴していた。かかる場合誰しも、身に一糸もまとわぬ彼女としては、家の後にかくれるか、すくなくとも桶の中に身をかくすかすることと思うであろうが、彼女は身体を洗うことを中止せず平気で我々一行を眺めやった。人力車夫たちは顔を向けもしなかった。事実この国三千万の人々の中、一人だってそんなことをする者はないであろう（Morse 1917＝1970：89）。

まだあまり遠くへ行かぬうちにふとある光景を目撃し、順風をはらんだ帆から風を抜くように私は思わず足を止め、あだっぽい娘と衝突するのを避けた。まったく全裸の状態で家から飛び出し、風呂場に向かって駆けていったのだ（Cortazzi 1987＝1988：412）。

瀟洒な住宅のまえをさしかかろうとした時、ひとり戸口にたたずんでいたわんぱく小僧が、〝唐人がきたぞ！〟と、突然に大声をあげた。すると、おもしろかったことには家族全員が道路に飛び出してきて、私のほうをまじまじと見つめたのだ。しかも、かれらはなにひとつ身につけてなかった……大変高齢の老婆がふたりと、年老いた男がひとり、戸主とその妻、それから六歳から十八歳くらいまでの男女の子供が五、六人ばかり。どう見ても自分たちが素っ裸の体を臆面もなく路頭にさらしているという意識もなく、目を皿のように大きく開けている（Cortazzi 1987＝1988：415-416）。

だが、欧化政策開始以前の日本が裸体や性器に対するオブセッションの乏しい社会であったにしても、女の性器に異様な執着を示す解剖学的まなざしがまったく存在していなかったわけではない。たとえば春画における性器描写の変化がそれを知る一つの手がかりとなるだろう。すなわち、同じ交合図を描いても全体の一部としてごく稚拙にしか描かれていなかった男女の性器が、一八世紀末ごろから精密さを増してゆき、さらに喜多川歌麿の『会本佳裸錦』（一七八九―一八〇〇年）のように、女性器のみが全体から切り離されてクローズアップで描かれる現象が出てくるのである。歌麿のこの図は、たとえば後のアストンの『造化機論』とまったく同種の、医師が内診するときの視角で外性器を正面から観察した構図をもち、性毛をはじめ細部の描写に非常な注意がはらわれている。さらに文政・天保期の渓斎英泉にいたると凝視する視線は内部にまで及び、女の性器を外側と内側の両方から見た解剖図が細部の名称つきで微細に描かれ、膣口からは男のものとおぼしき二本の指がさしこまれているのが見える（福田 1988）。

中沢新一は、このような春画における描法の変化を西欧的な性と権力の関係によって説明するのではなく、日本独自の自然《ビュシス》と技術《テクネー》のかかわりあいの中から生まれた一八世紀マニュファクチュア的文化の産物であるとする解釈を行っている（中沢 1988）。たしかに近世日本における社会経済状況の変化が江戸後期の人々の自然に対する見方を変え、内発的に生じた「博物学者の視線」をもって性行為をのぞきこもうとする春画を生んだという面は重要であろう。高山宏のあげている一八世紀ヨーロッパと日本に見られる数々の「同時代性」の証拠も、こうした解釈を裏づけるものである

（高山 1989）。だが一方で、一八世紀末からさかんとなった蘭学の受容とそこに体現される西洋近代科学的視線への共鳴という要素もまた考慮に入れなければなるまい。たとえば前述の英泉作『閨中秘聞枕文庫』は、女性器の構造についての知見を『解体新書』（一七七四年）から得ており、画面にも「倣解体新書写」とのことわりが明記されているのである。日本における女の身体の近代化をあとづけ、西欧との比較史的視点からそれを検討する作業は、このような内発性と外部からの刺激のいずれをも視野におさめつつ、取りかかられねばならないであろう。

注

（1）この説は通常ガレノスに由来するとされているが、エックルズはそれは誤解で、一三世紀のマイケル・スコットの著、*Liber physiognomiae* に端を発するとしている（Eccles 1982 : 27）。
（2）『アリストテレスの最高傑作』については、Blackman（1977), Porter（1984）を参照。アメリカにおける同書の流布について述べたものとしては、Beall（1963), Bullough（1973）を参照。
（3）前者の例としては Donnison（1977）で、Eccles（1982）もこれに近い。後者は、Rich（1977), Oakley（1976)。
（4）Ventinsky（1987 : 13-14)。こうした考えを抱いていたのは医師だけではない。たとえばジュール・ミシュレも『愛』において、女の月経周期を「愛の傷」と呼び、「女はほとんど常に、ただ病んでいるばかりでなく傷ついている」と述べている（Michelet 1858＝1981 : 54)。
（5）それを最も衝撃的な形で啓示したのが、一九八〇年に埼玉県所沢市で発覚した富士見産婦人科病院による、健康な子宮・卵巣への手術濫用事件である。この事件は、日本でもまた女自身が自分のからだを医師の管理するもの、男の見るものとして完全に外化してしまった結果、自らの生殖器についての基礎的な知識すら持ちえないという疎外状況に陥っていることを、象徴的に示していた。

第五章　フェミニズムと生物学

——ヴィクトリア時代の性差論——

一九世紀後半から二〇世紀初頭にかけてのイギリス社会では、「女性問題 Woman Question」と総称される議論が種々のメディアを賑わした。それは一口に言えば女性とは何か、女性は本来いかにあるべきかという女の本性論であると同時に、男と女はどう違うかという性差論でもあった。しかもこの時代の大きな特色は、これらの議論がいずれも科学、とりわけ生物学を正当性の拠りどころとして闘わされた点にある。

本章では、なぜこの時期に科学的性差論が展開される必要があったか、その背景についてふれた後、一般の議論の基盤となった主要な性差理論について述べ、最後にこれらの理論に対する女性たち、とりわけフェミニストの反応についても若干の考察を行いたい。以下に述べることはイギリスが中心となっているが、同時期のアメリカについてもほぼそのまま該当する。また類似の現象は、多少の時間的ずれをともないながら、明治以降の日本においても生起した。

1　科学的性差論の背景

この時期に性差論、それも科学的性差論がさかんとなった背景として、三つの要因が考えられる。第一は、工業化の進展とともに外（職場）と内（家庭）という男女の活動領域の物理的分離が進み、それにともなって理念面でも男とは対照的な「女の領域」や「女の特性」が、ミドルクラスを中心にイデオロギーとして確立されたことである。

ここでいう性別領域の確立とは、性別《ジェンダー》による労働の分離と同義ではない。伝統社会でも男女の仕事には区別があったが、それぞれが生産活動に参加し、労働の場も多くは重なりあうか接近していた。これに対し性別領域 separate spheres の概念は、女を出産以外のあらゆる生産的活動から排除し、しかもそれを男にとっても女にとっても理想的あり方とした点に新しさがあった。現実にこのような性別領域の分離が見られたのはミドルクラスが中心であり、男女とも生産に関与しない上流階級や、女も生産労働の担い手であった労働者階級では状況が異なっていたが、イデオロギーとしての性別領域概念はしだいにこれらの階級にも浸透していったと考えられる（Burstyn 1989 : 12-22, 30)。

「家庭の天使」と呼ばれ、美しく清らかで感情豊かだが、反面ひ弱で、知的には男に遠く及ばず、男の庇護なしには生きていけないというのが、ヴィクトリア時代の理想の女性像であった(1)。たとえばジョン・ラスキンは、「ヴィクトリア朝思想の特徴である愛、女性、および家庭の理想化の例として最も重要な文書」といわれる「王妃の庭園について」で、男女の領域をこう規定した(Millet 1973 : 226, note 1)。

男性の力能は、積極的・進取的・守護的です。男性はすぐれて行動者・創造者・発見者・擁護者です。男性の知性は思索と発明にむいていますし、その精力は冒険に戦争にまた征服に……むいています。ところが女性の力能は戦闘ではなくて統治にむき、女性の知性は発明や創造にではなく、気持ちの良い秩序・整頓および決定にむいています。……女性の偉大な職能は「賞賛」です。

かのじょは恒久的に、不朽的に善良でなくてはならず、本能的に絶対確実に賢明でなくてはなりません。賢明というのは、自我の羽を伸ばすためではなくて自我を捨てるため、つまり、夫よりも高くとまるためではなく、夫の横からけっして離れることがないようにするためのものなのです(Ruskin 1865＝1967 : 242-3)。

これに対峙する第二の要因としては、右のラスキンの言葉にも影をおとしているフェミニズムの勃興があった。すなわち他ならぬミドルクラスの女たちの中から、女が教育、職業、結婚後の法的権利や性道徳の面で男に比べていかに不平等な扱いを受けているかを指摘する声が聞かれ、改革を求めるさまざまな運動がほぼ一八六〇年ごろから展開されるようになったのである（2）。彼女たちは、男子大学の女子への開放を要求すると同時に、女性のための中等・高等教育機関を設立した。看護婦のような「女らしい」職業への進出は認めるが、女医の誕生は阻止して医学を男だけの領域に留めおこうとする医師たちや医学校に対しても、粘り強い攻撃をくり返した（3）。一八六四年以降は伝染病法反対キャンペーンを通して、女には純潔を求めながら男には放縦を認め、買売春を容認する性の二重規範《ダブル・スタンダード》を攻撃した〔第九章を参照〕。既婚女性の財産権を求める運動は、七〇年代を中心にくり広げられた。また政治面では、国政への参政権こそ第一次世界大戦後まで獲得されなかったものの、地方レヴェルでの女性の政治参加は徐々に進行した。これと並行して、一八五八年創刊の『イングリッシュ・ウーマンズ・ジャーナル』（後にレヴューと改称）誌上でも、これらの問題が大いに論じられた。

こうした動きは、たしかに担い手は一部の女たちにすぎなかったとはいえ、前述のような理想の女性像や性別領域概念に対する異議申し立てであり、「イギリス社会の女と男の関係と役割の再定義を目指した」点で、確立したばかりの近代社会にとって無視しえない不協和音であった（Kent 1987 : 9）。そこでこれらの要求が女性として正当なものか否か、またこれらの要求を認めれば社会にどのような利益もしくは不利益が生じるかを論議し、自説の正しさを立証することが、フェミニズムを支持する側にとっても反対する側にとっても必要となったのである（4）。

そして第三の要因として、一七世紀以来発展してきたヨーロッパ近代科学が、一九世紀に至り神学に代わって権威の王座についたことがある。自然科学のめざましい発達は、実証主義と客観性信仰を生み出した。科学は、政治的、世俗的利害とは無関係な「真理」を啓示しうると期待されたために、自然界だけでなく人間社会にも同じように科学的「法則」を当てはめることで、社会的問題に対する解決策の当否が判定できると考えられるに至った。神ではなく科学が「究極の裁き手」(Fee 1978 : 11-16)、「全問題に対する回答」(Spenncer 1963＝1970 : 485) となったのである。なかでも進化論は、進歩や無限の発展への信頼、自由競争といった一九世紀的メンタリティの産物であると同時にそれを正当化する理論として、一般の人々の間にも強い浸透力を持った。これと並行して、それまではたとえ論じられるにせよ神学論議や主観的、情緒的主張の形をとりがちであった女性論も、一八世紀末ごろからは解剖学的性差などが強調されるようになり、さらに「女性問題」が急浮上してきた一八六〇年代以降は、進化論と結びついた科学的性差論という装いがこらされることになったのである。

2　科学的性差論の系譜

1　ダーウィンの女性論

次に述べるスペンサーに比べてチャールズ・ダーウィンは、「自然科学的な例証を収集することにのみ自己を厳しく限定し、これ以外のこと、とりわけ自説から当然のものとして引き出しうる世界観や宇宙論を語ることに対してはかたく禁欲を守った」といわれる（米本 1984：117）。だが、彼自身が「十分な教育を受け、毎日の糧のために労働する必要のない一群の男」たちの一人であり、「ビクトリア朝の典型的な上層中流階級の人物」であったダーウィンの人間観が、その社会環境からくる影響と無縁であったわけではない（Darwin 1874＝1967：196；松永 1986：106）。一八七一年に出版された『人間の起原』は全体のほぼ七割が性淘汰の問題にあてられ、そのうち主に最後の三章で人間の性淘汰や性差が扱われていて、ダーウィンの女性観を窺い知ることができる。

彼の性差論の核心をなすのは性淘汰、性分化、および獲得形質の遺伝という三つの仮説である。まずダーウィンは、進化の過程では自然淘汰以外に性淘汰が重要な働きをすると考えた。自然界でオスがメス獲得のためにオス同士で争う時、メスはできるだけ大きく、強く、闘いに長じたオスを選ぼうとするだけでなく、よりメスを魅きつける諸形質（鮮やかな色やいろいろな飾り）を持ったオスを選択する。その結果、こうした形質を持つオスはそうでないオスよりも多くの子供を残し、その形質が子孫に伝えられていく。この性淘汰の原理は人間についても適用できると彼は言う。

「女に比べて男のほうが身体が大きく、力が強く、肩幅が広く、筋肉がよく発達し、身体の輪郭がごつごつしており、勇敢で好戦的」なのは先祖のオスから伝わったものであり、「これらの形質は、人間の長い原始時代を通じて、最も強く、最も大胆な男が、普通の生存競争においても、妻を求めての争いにおいても成功したために保存され、あるいはむしろ強められたのであろう。というのは、その成功によって強く大胆な男は、自分ほど資質に恵まれていない仲間たちよりも、たくさんの子孫をのこすことができただろうからである」(Darwin 1874＝1967：498)。

これに対し女の場合は、淘汰の基準は外見の美しさであった。すなわち、肉体的にも精神的にも自分よりも強い男を魅了し、保護してもらうために、「どこの女も自分を美しくすることが大事だということを知っていて、方法さえあれば、あらゆるたぐいの飾りで自分の身を飾ることを、男たちより喜ぶのである」(Darwin 1874＝1967：534)。

性淘汰は、心理的能力の差としても現れる。男は「争いを愉しみ、争いは野心をはぐくみ、野心はさらに利己主義へとすぐさま発展していくのである。この野心とか利己主義とかいう性向は、男にとって生まれつきの不幸な生得権らしいのである」。これに対し「女は男よりずっと優しく、男ほど身がってでない」し、その母性本能を自分の子供だけでなく周囲にも及ぼすため、男よりも利他的である。さらに女は直観力やすばやい知覚、模倣性においてもはるかに男に勝っている。「しかし、これらの能力のうちの少なくともあるものは、下等な人種の特徴でもある。したがって、過去の低い文化状態の特徴ということにもなる」(Darwin 1874＝1967：499)。すなわちこの図式によれば、女は男よりも進化の階梯の低い位置にとどまっていることになるわけである。

さらにダーウィンは、性分化と偏差の法則によって男女の知的能力の差を説明しようとした。女は男より早く成熟し、早く成長がとまる。つまり女は男よりも子供に近い原初的段階でとどまるのに対し、男は発達を続け、種々の第二次性徴を獲得していく。この第二次性徴は非常に個人差が大きく、そのためにさまざまな形質や能力について比較すると、女は互いに似通っているのに対し、男の方ははるかに平均からのバラつき（偏差）が大きくなるが、それだけ「あらゆることにおいて男のほうが女よりもはるかに高度な段階にまで達しうる」ことにもなる。その証拠に、「もしも、詩、絵画、彫刻、音楽（作曲や演奏をも含む）、史学、科学、哲学などの各分野で、最もすぐれた人間を六人ずつあげて、これを男女別にした表を作ったとしたら、この二つの表は比較にならないだろう」（Darwin 1874＝1967：499）。このようにダーウィンは、男女の業績の差は先天的能力の差からくると強く示唆するのである。

しかし彼は、生涯のうちの遅い時期に獲得された形質は、男女どちらの子供にも等しく遺伝するのではなく、同性の子供が同じ年頃になった時に伝えられる傾向があると考えた。「観察力、推理力、想像力もしくは発明の才など、高度な知的能力」は、「人生の男盛りのときに絶えず試練を受け、淘汰され、……ますます強化され」る性質のものであるため、これらの能力は「男盛りの時期に主として息子に伝えられる」ことになり、娘には伝わりにくい。「このようにして結局は、男は女よりすぐれるようになる」（Darwin 1874＝1967：500-501）。そのうえ、文明が進んで社会が複雑化すればするほど、この性差は顕著になっていくはずであった。

だが、女が男に追いつく希望がまったくないわけではない。そのためには女は、成熟以前の「やっとおとなになろうとするときに精力と根気を鍛え、かつ推理力と想像力を最高にはたらかせなければならない。もしそれが可能であれば、それを成し遂げた女はそれらの資質をおもに自分の娘に、娘がおとなになったときに伝えることができるであろう。しかし、女が一人残らずこれほどまでに高められるためには、いま述べたようなしっかりした美徳を身につけた女たちが代々結婚して、他の女たちよりもたくさんの子供を産むことが前提条件である」(Darwin 1874＝1967 : 501)。

このようにダーウィンは、男は強く優秀なもの、女は体力的にも知的にも弱く劣ったものというヴィクトリア朝ミドルクラス的男女像を所与の前提としたうえで、それを正当化し、必然視させるような性差論を展開した。たしかに彼は、自分の理論を直接社会に適用して女性運動の要求について云々したりしなかったという点では、禁欲的であったといえるだろう。また、性差が今後環境によって変化しうる可能性を完全に否定したわけでもなかった。だが、たとえばこれより二年前にジョン・スチュワート・ミルが「男性と女性とのあいだの精神的な相違のうちでどれだけが自然でありどれだけが自然でないか、またそもそも自然の相違なるものがあるのか、あるいは不自然な原因をみなとり除いてしまえばどんな性格があらわれるのか、これらはみな今日では何とも決めえない問題であ」り、女にも男と平等な機会が長期にわたって与えられた後でなければ判定はできないと主張したのに比べれば、ダーウィンが男女の役割についてははるかに現状肯定的であり、生物学的決定論の側に立っていたことは明らかである(Mill 1924＝1957)。彼の説には、フェミニズムを苦々しく思う人々が女性運動の要求は「反自然的」だと非難する時の根拠として利用しうるだけの要素が、十分に含まれていたのである。

2　ハーバート・スペンサー

スペンサーは今日では半ば忘れられた思想家だが、一九世紀後半にあっては進化思想のポピュライザーとしてダーウィンにまさるとも劣らぬ広汎な影響力を持った人物である。彼は、ダーウィンの『種の起源』が出る以前から進化論を哲学や社会学の分野に適用し、人間社会を生物学至上主義的に解釈しようとしていた。「(最) 適者生存」という語の発明者はダーウィンではなくスペンサーであるし、evolution の語が進化の意味で使われるようになったのも、スペンサー哲学の流行の結果、哲学用語が生物学に持ちこまれ、定着したのである (松永 1986 : 104)。

とりわけスペンサーを熱狂的に受け入れたのはアメリカである。「南北戦争後の三〇年間、スペンサーをマスターせずにいかなる知的活動分野に携わることも不可能であった」ばかりでなく、カーネギーやロックフェラーをはじめとする経済界のリーダーたちもスペンサー哲学を信奉した。競争と適者生存を通して社会は必然的に進歩するというスペンサーの思想が、自由放任経済を擁護する理論として最適だったためである (Hofstadter 1955)。また日本でも明治一〇、二〇年代にはスペンサーの著作の翻訳ラッシュが見られ、「明治のインテリにとって、スペンサーほどポピュラーな人物はいなかった」と言われるほどであった (清水 1970 : 28 ; 源 1978 ; 山下 1983)。

スペンサーは、社会は個人から成り、個人の行動はその本性の諸法則、すなわち心身を支配する生物学的、心理学的法則により決定される、したがってあらゆる社会現象は生命現象として理解しうると考えた。彼の女性論は著作の随所に見られるが、とりわけ一八七三年に発表された論文「性の心理学」は、こうした考え方を性差論として展開した代表的なものである(5)(Spencer 1873)。

スペンサーはまず、男女に生殖機能からくる明白な肉体的相違があるのと同様に、精神的にもそれぞれが種族保存に果たす役割に応じた相違があるのが当然だと述べた後、二種類の差異をあげる。第一は、女の方が男より早く成熟し、成長が停止することで、これは女は将来の生殖のために男よりも余分の生命力を消費せずに貯えておかねばならないからである。その結果は、たんに男の方が体格が大きくなるだけではない。人間の進化の過程で最も新しく獲得された機能である抽象的思考能力や公平さの感覚は、個人としての進化が早く停止する女には男よりも現れにくくなる。一方、親としての本能は男にもないわけではないが、女の方がはるかに強く、育児にふさわしい行動も女は本能的にわきまえている。両性のこうした親としての役割の相違は、それ以外の行動にも影響を及ぼす。女が情にもろく、近視眼的なのはその一例である。

第二に、強者対弱者という男女の関係から生じた違いがある。野生状態にあっては、たんに勇敢で力が強いだけでなく、攻撃的で無慈悲な男のいる種族ほど生存競争に生き残りやすく、女はこうした残虐な男に合わせていくのに適した精神的特性を身につけた。それらは、相手の気に入られ、賞められようとする傾向、自分の感情を殺し、ひどい扱いにも耐える力、巧みに相手を言いくるめる技術、周囲の人間の気持を敏感に察する能力など、うまく男の機嫌をとり、危険を回避しながら自分や子供が生きのびていくのに必要な特性である。さらに女には力を崇拝する傾向があるが、これは肉体的、精神的に強い男に魅かれて結婚した女ほど、そうでなかった女よりも多くの子孫を残すことができたからである。そのため女は、たとえ虐待されても男の強さに魅かれ続けるし、超越的な力への憧れが権威に対する弱さや判断力のなさ、宗教心の強さとなって現れるのである。さらに女には、男のような他から干渉されずに思いどおりに生きたいという自由への欲求も希薄である。

このようにスペンサーはダーウィンと同じく、性差は進化の過程で「自然に」発生したと主張した。そこには明らかに、現在あるような性差の存在は人類にとって有益であり、母性は女の回避すべからざる宿命であるという含意がある。さらにスペンサーに顕著なのは、女の本性を徹底して男への依存性によって説明しようとしていることである。彼は、たとえ女が自らの本性を変えたいと願ったとしても、主体的な努力によるというよりは、文明が進歩して男の本性が変化し、両性の相違が縮小に向かうのを待たねばならないと述べており、女の従属性は決定的であった。スペンサー自身は、夫がパンの稼ぎ手となり妻を外界から「庇護」するヴィクトリア朝の家庭こそ、最も進化した人間の結びつき方と信じていたので、なぜフェミニストたちがあえて家庭外への進出を望まねばならないのか、理解できなかった。

一般の女性の生き方に大きな変更を加えることは不可能だし、してはならぬことである。さらに女性を商業や専門職に向くようにしようとして女子教育の広範な変革を行うことも有害である。女性が、家庭という領域にどれほどのものが含まれているかを理解しさえすれば、決してそれ以外のものを求めたりはしないだろうに（Spencer 1876 : 792)。

スペンサー説のもう一つの特徴は、女の生殖機能とエネルギー保存の法則を結びつけ、人間が消費できるエネルギーの量は有限であるから、大部分のエネルギーを種の再生産のために使わねばならない女は、それ以外の活動や知的発達に割けるエネルギーの絶対量が少ないと主張したことである。彼はしばしば女子教育の弊害に言及し、少女時代に脳を酷使した女は不妊になりやすいとか、「厳しい勉強をくぐりぬけたペチャンコの胸の娘たち」は、すこやかな子供を産んだり授乳することが困難になると書いている（Burstyn 1980 : 94）。この考え方は、同時代の医師たちによっても愛好され、広められた。彼らは女のかかるあらゆる病気や不調の原因を生殖器に求めただけでなく、月経をはじめ、特有の生理機能に多大のエネルギーを必要とする女が男子学生と同様の教育を受ければ、生殖系の発達が阻害され、不妊や結婚忌避などの重大な障害が起きて人類の将来が危うくなると主張して、女子高等教育や女への専門職の開放を阻止しようとしたのである。

3　人類学の女性論

ダーウィンやスペンサーの進化論的性差論は広汎で長期にわたる影響力を持ち、その系譜は現在でも社会生物学における性差論として存続している(6)。初期の人類学から派生した頭蓋測定学《クラニオロジー》の流行は、これに比べれば短命に終ったとはいえ、進化仮説を解剖学的データを用いて実証しようとした試みとして、一九世紀後半には無視しえない威力を持っていた。

「野蛮人」や「未開民族」の研究から出発した人類学では、たとえば黒人は教育や「文明化」によって白人と同じレベルに達することが可能なのか、それとも人種間の差は生物学的に決定されたもので、それを奴隷解放や政治的改革によって変えようとすることは無駄なのかをめぐって、研究者の間で意見の対立があった。同様の論争は、女の知的能力や女が学問の分野に進出することの是非をめぐっても存在した。この問題に科学的データ主義で対処しようとしたのが、ドイツから輸入された頭蓋測定学である。

頭蓋測定学は、脳は精神活動の中枢であり、頭蓋の形や容積、脳の重量などは知的能力や進化の度合と密接な関係があるという信念の上に成立していた。一八六〇年代から九〇年代にかけて各国の研究者たちは、さまざまな人種や男女の身体・頭蓋を測定し、比較することに熱中した。ついには一つの頭蓋骨に対して五千回もの測定を行ったり、測定用機器だけでも六百種類を超えるという「頭蓋測定学のバロック時代」が現出したほどである（Fee 1978 : 85）。そしてその測定結果は、人種や男女間の優劣を示す証拠として扱われ、人類学者たちによって差別を正当化する論拠として用いられた。

> 黒人の脳がヨーロッパの女性や子供の脳に非常に似ており、したがってよりサルに近いことは疑問の余地がない（Fee 1978 : 80）。

女を獲得するための闘いにおいて、他の条件が等しいとすると、脳の大きい男ほど有利である。

男は、種族社会でも都市にあっても地位を得るためには、何らかの知的能力を有していなければならない。……女はその美しさによって追い求められる。……女性美についての我々の基準の中には、程度の差はあれ額が垂直であることという条件がある。これは頭蓋の頂が基部よりも優越している結果であるが、男においてはこの種の頭蓋骨が最高の形とは考えられていない(Burstyn 1980：79-80)。

頭蓋腔に見られる性差は、進んだ人種ほど大きくなる。すなわちヨーロッパ人の男と女の差は、黒人の男と女の間の差よりも大きい。このことから、男はつねに女に先んじており、文明が進歩すればするほど両性間の不平等もそれにつれて増大するといえる(Burstyn 1980：78)。

だが、脳の大きさや重さ、しわの数にしろ、頭蓋骨の容積や角度にしろ、頭蓋測定学の提案した尺度はいずれも最終的には生き残ることができなかった。一つの指標が提案されるたびに、それに対する反証が登場してこれをくつがえすという状況が続いたからである。一八九〇年代からは測定方法の煩雑さと結果の不毛に対する懐疑の声が聞かれるようになり、一九〇一年、アリス・リーが男性学者群と女子学生群の頭蓋測定によって頭蓋容量と知能とは完全に無関係であることを立証した頃には、「一九世紀科学において最も技術的発達を見た生物学的決定論の形態」であった頭蓋測定学は、すでに凋落の途をたどっていた(Fee 1978：87)。そしてそれに並行して人類学の関心も、生物学的決定論を離れて文化人類学的アプローチへと向かうことになったのである。

4　ゲデスとエリス

頭蓋測定学に代わって九〇年代には新たに多くの性差論が輩出した。たとえば犯罪学者ロンブローゾは、ダーウィンや優生学の祖ゴルトンの唱えた偏差仮説に基づいて、男には天才や犯罪者といった平均からの逸脱例が多く見られるのに対し、女にはどちらも稀であり、それは女が男よりも「種のより原始的なタイプ」に属しているためであると主張した（Alaya 1977 ; Shields 1982）。ここでは当時の性差論の双璧としてゲデスとエリスをとりあげる。

パトリック・ゲデスは生物学から社会学へと関心を移した学者で、弟子のＪ・Ａ・トムソンとの共著『性の進化』（一八八九年）は、英米で広く愛読されて版を重ねた(7)。

ダーウィンやスペンサーが、女の特性の多くの部分が環境や男との関係の中で形成されてきたと考えたのに対し、ゲデスは、すべての性差は男女の生殖細胞および全身の細胞の化学作用が根本的に正反対であるところから生起すると考えた。すなわち卵は大きくて不活発であり、精子は小さくて能動的である。女のからだは子供を産むためにエネルギーを貯蓄し、男は逆に消費する。ゲデスはこうした生物経済学的差異を女の「同化性」anabolism と男の「異化性」katabolism と名づけ、男女の知能や気質上の差もこれによって決定されるとしたのである。「より活動的な男は、その結果経験の幅も広がり、より大きな頭脳とより多くの知能を持つことになる」のに対し、「女はより安定しており、それゆえより「常識」に富む」、「男は考え、女は感じる。男は発見するが、忘れっぽい。女は受け身だが、記憶力がよい」(Geddes & Thomson 1901 : 290-291)。また、男が利己的なのに対し女が忍耐力や愛情、同情心に富んでいるのは、男の暴虐の故ではなく、男女が、その性特有の構造によって決定された道を分化してきた結果である。もしも女がこの利他主義という特性を失わずに社会的、政治的活動に参加できれば、社会に利益をもたらすことができるが、男とまったく同じ平等や競争を求めようとするのは、危険でもあり無駄でもある。なぜなら、「先史時代に単細胞動物《プロトソア》において決定されたことは、議会の条例によっても取り消せない」からであった(Geddes & Thomson 1901 : 286)。

　このように女の社会的地位は後天的に作られたものではなく、細胞レベルでの性差によって決定されていると説くゲデスの理論は、フェミニズム批判のための恰好の「科学的武器」となった。たとえ女が男より劣った地位に置かれているとしても、それは「自然の法則」のしからしめるところで、人間、とりわけ男が責められるべき謂れはないと反論することができたからである。

　これに対し、現代性科学の始祖ともいうべきハヴェロック・エリスは、その著『男性と女性』(8)において、性差を第一義的性差(生殖器とその関連器官)とそれ以外の第二義的性差に分け、後者について「性的相違が如何なる点まで人為的であるか、即ち如何なる点まで、伝説や境遇の結果であるか、又如何なる点までが、男女の有機体の実際の構造に根底を持っておるものであるか」を、科学的データをもとに究明しようとした(Ellis 1894＝1913 :「第四版の序文」4)。この姿勢は前述のミルと一見似ているが、エリスの場合、性差の存在自体が問題になったわけではない。彼は、近代社会の変化は徐々に人為的性差を取り去りつつあるが、なお「人工的でない処の性的相異、男女の社会状態を、如何ほど平等になそうとしても全然取去ることの出来ない性的相異」は残る、「女が第一義の性的特徴及び生殖作用に於て、男と違っている間は、最高等の心的過程に於ても、絶対的に男と同じではあり得ない」と信じていたからである（Ellis 1894＝1913：14）。

こうした前提に立ち、大量の先行研究を渉猟して書かれた『男性と女性』は、本全体が一九世紀後半に出現した多種多様な科学的性差論の集大成の観を呈しており、性の問題が当時の科学の世界でいかにオブセッションと化していたかを窺わせる。これらの研究に対するエリスの評価は概して冷静、公平であり、データが不十分な分野については慎重に結論をさし控える一方、頭蓋測定学に関しては、これは非科学であり、科学史における「傷ましいページ」となっていると明言している（Ellis 1894＝1913：64-65）。

だがそれにもかかわらず、性差についてのエリスの見解には、いくつかの問題があった。第一に、彼は男女は正反対であればこそ互いに魅かれあい、助けあえると、男女の相補対照性を重視していたので、男が知的、抽象的であるのに対し女は情的で具象的なものに魅かれる、男は心臓や肺のような胸部の内臓が勝っているのに対し、女は腸その他の腹部の内臓において勝っている、男は独立心に富み、女は依頼心と模倣を特徴とするというように、つねに類似点ではなく差異ばかりを追い求め、強調する傾向があった。彼の意識ではこうしたカテゴリー化は優劣に結びつく問題ではなく、

「何等かの短所が一方の性に存する時には、それを補うべき何等かの長所があ」って「男女の釣合は出来るだけ完全になされて居る」というバランスの問題なのであった（Ellis 1894＝1913：354）。

またエリスは女の月経周期を重視し、「月経は孤立せる一時的の現象ではなくして、女の心身全体に行き亙っている所の連続的現象」であり、女は生理的のみならず、心理的、知的、道徳的にもつねにこの周期の支配下にあると主張した（Ellis 1894＝1913：207）。彼が女のからだのリズムに着目したこと自体は評価できるだろうが、それのみが強調された結果、女はその日ごとに能力や自制心が大きく変動し（たとえば月経中は犯罪を犯しやすくなるなど）、あたかも生理機能に翻弄される存在であるかのような印象を与えることにもなった。

エリスはダーウィンやスペンサーとは異なり、女を男よりも進化していない人間とは見なかった。逆に彼は、幼児こそ種の原型《プロトタイプ》であり、幼児と男との間に位置する女は男よりも進化上高い位置にあると考えた。また、生殖は自然にとって最も重要な事柄であり、「若しも母となるべき側が、生活作用に於て父となるべき側よりも一般に劣っているような種族であるならば、残存することはむつかしい」はずだから、女を男よりも劣っているとする諸説は「絶対的に愚な議論」であるとも述べている（Ellis 1894＝1913：350-351）。

だがその一方でエリスはダーウィンやスペンサーと同様に男には「変化的傾向（平均からの偏差）」があるとする立場をとり、女が早熟で早く発達が停止した後も、男は多様な変化をとげ、個性を伸ばし、それによって文明を築いたと考えた。女があらゆる芸術や学問の分野で見るべき業績を残していないのは、女が「固定的保守的の有機的傾向」を持ち、「個性を発揮する事も、変形を生ずる事も少い」生物学的宿命のためなのであった（Ellis 1894＝1913：323）。すなわち彼は男女の差を優劣の名で呼びこそしなかったが、性差を幅広く決定論的にとらえようとした点では、その先達と本質において選ぶところはなかったのである。また彼が男女の相補性や「女性的なるもの」を強調したことも、性差を極大化し固定化する効果をあげた。エリスが性差研究の名で行ったことは、じつは性差をできるかぎり相対化することではなく、性差のステレオタイプを女にとってより口当りのよい、受け入れやすいものにするために、女性性への評価を一部手直しすることにすぎなかったといえよう。次のような一節が、冒頭に引いたラスキンの言葉と響きあうものを持っているのは、決して偶然ではなかったのである。

> 男の進歩的分派的傾向は、先導者の導を受け入れ、それに従って行く女の本能を呼び起し、且つそれを満足させる。又考のない、そうして間違いを演ずる子供を可愛がる女の本能を満足させる。……女は男よりも一層自然に調和している。……女が男と自然とを調和させる。さまよい歩く男にとっては、女が形に於ても、働に於ても、本能に於ても、原始的である所が安息を与えてくれる（Ellis 1894＝1913：324-325　傍点は原文）。

おわりに
——女たちの反応——

以上のような性差論はいずれも、その本質においては科学の装いをまとった性別領域概念の正当化であり、男女の両極性というロマンティックな二元論の追認であった。これらは、彼ら自身が性別領域イデオロギーの受益者の側に立っていた男性科学者たちが、女はかくあってほしいという願望を生物学的宿命論に託して表現したものといえるであろう。では、当の女たちの側の反応はどうだったのだろうか。

まず、フェミニズムに対して批判的な立場に立つ女たちが、たとえばビアトリス・ウェッブのように、「わたくしは、どんな劣った男でも、わたくしよりすぐれていると思わなかったことはありません」と、男女間の優劣を肯定する発言をくり返したとしても、それは驚くには足りない。ヴィクトリア女王も、「わがあわれな弱い性が女らしい感情とたしなみの分別のすべてを忘れて傾倒している、女性の権利という気違いじみた邪悪な愚行を、それにともなうすべての恐怖とともに阻止するために参加」せよと、「善意あるすべての女性」に対して反フェミニズム・アピールを発している（Klein 1946＝1982 : 48-49）。だが、このように攻撃されたフェミニストたち自身も、極端な女性弱者説（たとえば女は高等教育に耐えられないなど）や劣等説には反発したものの、男女の異質性については概して肯定的であり、性差の進化論的説明を受け入れた人が多かったようである。オリーヴ・シュライナーやマーガレット・サンガーらが、エリスをフェミニズムの擁護者として高く評価したのはその一例である。この点が、ボーヴォワール以降、性差の環境決定論が主流を制するようになった現代のフェミニズムとの大きな相違点といえよう。

もちろん、なかには米国の第一世代のフェミニストであるエリザベス・ケイディ・スタントンのように、一八世紀的自然権理念の伝統に立って、男女は完全に平等であり、知的にも差はないと考え続けた女性もいた。彼女は「母性本能」という概念を一蹴し、ダーウィン理論の本を読んでもその影響を受けなかった（Rosenberg 1974：35-40）。だが彼女より若い世代のフェミニストたちは、性差の進化論的説明を受け入れたうえで、その評価基準に異を唱えたり、男女の異質性を自分たちの運動に有利なふうに解釈する道を選んだ。男女は異なっているからこそ、愛や平和主義といった女の特性を政治や教育、職業の場にもちこむことで広く社会を浄化しうるというのが、彼女たちの論理であった。そこではゲデスの説でさえ、女の利他性という美徳を強調するために利用することができた。またアメリカの女医の草分けの一人、フランシス・ホワイトは、ダーウィンの進化論を肯定しつつも、ダーウィンは男の側の性淘汰のみを評価したが、性淘汰は女にも美しさややさしい声、愛情深さなどの優れた第二次性徴をもたらしたと、修正意見を述べている。さらに彼女は、男の強さや狡智が評価された野蛮時代に代わって文明の度が進むにつれ、道徳や宗教の守護者という女の特性が賞賛されるようになるのであり、この面では男はむしろ女に後れをとっているとも主張した（Newman 1985 : 25-32）。

このようにフェミニストたちは、進化論が本来持っていた「変化」の側面を重視し、社会はもっと女の特性を活用することでよりよく変わっていくことができると、フェミニズムと進化論とを調和させようとした。そしてその際、しばしば母性を女の最高の特性として押し立てたことは、彼女たちの運動に対する一般の抵抗を弱め、一定の成果をかちえるのに役立った。しかし半面このロジックは、女イコール母性という神話をさらに社会に浸透させ、根づかせる役割をも果たすことになったのである。

注

（1）「家庭の天使」という表現は、コヴェントリ・パトモアの同名の詩から来ている（Christ 1977）。

（2）女の地位向上や変革をめざす種々の運動が「フェミニズム」と称されるようになるのは一八九〇年代以降であるが、ここではそれ以前の活動もその文脈から判断してフェミニズムと定義して良いとするレヴィンの説に従う（Levine 1987 : 14）。同書はヴィクトリア時代のフェミニズムについての要を得た概説書であるが、他に Banks & Banks（1964＝1980），Banks（1981），Kent（1987）も参考になる。ただしバンクス夫妻の著書は、フェミニズムのインパクトに関しては全体に否定的論調をとっている。

（3）女たちの間でもこの点に関しては意見の対立があった。代表例として、ナイティンゲールと女医エリザベス・ブラックウェルとの関係について述べた、Monteiro（1984）を参照。

(4) 一八三〇年から一九七〇年までのイギリスの医学雑誌に登場する女性関連記事を調べたフィーは、記事の出現頻度が女性運動の消長と重なりあっていることを発見した (Fee 1978)。

(5) この論文が掲載された雑誌 *The Popular Science Monthly* は、スペンサーの熱烈な信奉者であったL・ヨウマンズが、アメリカ人に進化論を広めるために一八七二年に創刊したもので、誌上ではスペンサーのこの論文をめぐって女性問題論争がくり広げられた。詳しくは、Newman (1985 : 5-12) を参照。

(6) わが国ではそれほど話題になっていないが、欧米においては社会生物学の「反動性」や「性差別主義」をめぐって長らく論争が続いており、フェミニストたちによる社会生物学批判もさかんである。邦訳されたものでは、たとえば Wilson 1975 = 1985, Wilson 1978 = 1980, Hrdy 1981 = 1982, Breuer 1981 = 1988 などを参照。

(7) ゲデスについては、Shields (1982), Conway (1973), Rosenberg (1974 : 18-20), 下田 (1921 : 162-170) を参照。なお生物学者のファウスト＝スターリングは、現代の社会生物学者D・バラシュの説は、装いこそ新しくなっているものの、内容的にはゲデスとトムソンの説と同じであると指摘している (Fausto-Sterling 1985 : 184)。

(8) この本は一〇年間だけで四版を重ね、多くの言語に翻訳された。日本では小倉清三郎の訳により『性的特徴』の題で刊行された。以下の引用は小倉訳によるが、現代用字に改めた。

第六章　男の性と生殖
――男性身体の語り方――

はじめに

男の身体性は、学問研究の対象としてはごく浅い歴史しか持っていないテーマである。最近では全般にセクシュアリティや身体についての言説が増殖する中で、男についての語りも増えてきているのは確かだが、それらを分析的に論じることはまだほとんどなされていないように思われる。

しかも従来の男の身体をめぐる言説には、いくつかの特徴もしくは偏りが見られる。第一は、セックス、セクシュアリティに関心が偏り、男と生殖（避妊、中絶を含む）の関係についてはほとんど語られてこなかったことである。これには、後に見るような男の性についての通念とともに、男の性や身体についての語りの多くがゲイ・リベレーションとの密接なかかわりの中で始まったことが関係しているのかもしれない。

第二は、女性（とくにフェミニスト）が男のセクシュアリティを問題にする場合、「従軍慰安婦」問題や強姦、セクシュアル・ハラスメント、夫婦間暴力などの性暴力がらみか、もしくはポルノグラフィや買売春のように性の商品化がらみの文脈が議論の中心となってきたことである。そのためそこでの表象は、「男はすべて潜在的に強姦魔」とか、「男の性欲が諸悪の根源」といったステレオタイプ化された平板なものになりやすいきらいがあった。こうしたアプローチは、性暴力や性の商品化を問題化し糾弾していくうえで持つ政治的効果は大きかったとしても、男をこのようなものとしてカテゴリー化するだけでは、男性論としてはまったく不十分であるという不満が残る。フェミニズムが主張してきたように、女の性や身体が一つではないとすれば、男の現実の性や身体もまた同様に単一で超歴史的なものではありえず、本質論では語れないはずだからである。

そこで本章では、今後男の身体性について考えていくための手がかりとして、まず最初に、男自身が自らの性または身体についてどう語ってきたか、そこでは「男」とはどのようなものとして定義されているかを検討し、次いで最近目につくようになった男と生殖をめぐる言説のうち、いくつか代表的なものを取り上げ、そこに「男」についての何か新しい定義なり洞察なりが見られるかどうかを考えてみることにしたい。

1　男が語る「男の性」

男のセクシュアリティ論における第一の特徴とは、次の引用に見られるように、男にとって性交とはすなわちペニスの勃起とその終着点としての射精であり、それのみが快楽であるというテーゼが中心的な地位を占めていることである。

単に一人でシコシコはげむばかりがオナニズムではなく、レイプも買春も、そればかりか妻あるいは恋人相手のセックスであれ、自分の手が女の身体に変っただけのオナニズムにすぎないというのが、私の持論、というよりはむしろ現代の性に対する（少なくとも男の）共通了解事項であると思う（金塚 1987a : 154)。

あるいは、

ペニスは単なる生殖器であり排尿器官である。問題はペニスに収斂される男の欲望が、あらゆる幻想と妄想を孕んでひたすら射精したいと思うことである。射精してしまえば男の欲望はなえてしまうが、射精までのプロセスに男の欲望と情念がはてしなく続くのだ。……もし射精だけが目的であれば自慰行為で十分ことたりるわけだが、しかし自慰行為といえども想像の中で女の身体が介在しているのでなければならない。そして男の性は想像の領域にとどまることなく必ずそれを現実の領域において体現しようとする（梁 1992：53）。

梁はさらに、「すべての男が四六時中セックスのことばかり想像しているわけではないが、男の性は観念が先行していると言えるだろう。男の性衝動や強姦は一見肉体が先行しているように思えるが、じつは観念が先行しているのである」としたうえで、「端的に言えば、男は女を性器そのものとみなしており、女の社会的存在を否定することで男の性差は成り立っている。女を社会的存在として考えるとき、男女の性的親密性は崩れてしまうのだ」と述べている（梁 1992：54, 56）。すなわち、ここでは男の性は勃起に始まり射精に終わるというペニス中心主義が語られ、女とその身体はその「ペニスによる快楽」のための手段にすぎないと位置づけられているのである。

こうしたペニスおよびその機能である勃起と射精への関心の一局集中は、一方で「千人切り」に代表されるような「征服」した女の数や回数、勃起の持続時間やサイズを誇る性的パフォーマンス（達成度）への固執をもたらすと同時に、そうしたパフォーマンスが達成不可能になることへの恐怖感をも生じさせる。キャンディブとシュミットは、男はセクシュアリティを別な人格との関係のかたちとしてではなく達成として考え、女を支配できるかどうかに自分のアイデンティティと価値がかかっていると信じているために、現実的であれ潜在的であれ、ペニスから勃起や射精機能が失われるインポテンスの可能性を何よりも恐れるのであるという。

ペニスが機能することは男であることの自己定義の中心を占めており、それが失われるかもしれないという可能性は、男であるとはどういうことかの意味の核心を危うくするのである(Candib and Schmit 1996 : 211-212)。

近年、女性の更年期がメディアでさかんに論じられるようになったのに続き、雑誌などで「男の更年期」が取り上げられることもしだいに増えているが、そこでの関心もインポテンスの問題に集中しがちである。その場合、女にとって相手の男のインポテンスがはたして問題であるのかどうかということには、まったく関心が払われないか、少なくともほとんど重視されていない。『クロワッサン』誌の対談で泌尿器科医師の入澤俊氏は、「女性にとって立つ立たないは、あまり重要ではないような気もしますが」という女性医師大川玲子の問いかけに対し、次のように答えている。

男は立たないと沽券にかかわる。男ならだれしもそう思っていますよ。立てて、入れてというのが一番のプライドなんです(入澤×大川 1998 : 78)。

ここでは性(の快楽)とは、それにかかわる当事者間の関係性の問題であるとは考えられていない。あるいは、勃起→挿入→射精以外の関係性のあり方が夢想だにされていないというべきか。それは次の梁の言葉がはっきりと示しているように、この図式から外れることは「支配の放棄」すなわち「敗北」としか感受されないからである。

インポテンツになることは、男の権限であるところの男性優位論や生物学的本能論を放棄することになる。性的欲望や快楽を享受できなくなるのもさることながら、じつは男性優位論や生物学的本能論を放棄しなければならないことが、男にとって耐え難い屈辱なのだ。それは女から軽蔑されることであり、社会的にも敗北者の烙印を押されかねない。しかもインポテンツは不意に訪れるらしく、そのショックは深刻だろう。だが、男はいつかペニスが勃起しなくなる運命にある。これは女の月経が終わるのと本質的に違う。月経が終わった女の場合、それから新たな性の世界が始まるといわれるが、男の場合、勃起しなくなった時点で性交の終わりを意味している

(梁 1992 : 112-113)。

新しい性的機能不全治療薬バイアグラをめぐる狂騒曲は、勃起＝射精が不可能になることに対する男たちの恐れがいかに広範に存在し、かつ癒しがたいものであるかを示すカリカチュアである。アメリカでは一九九八年四月の発売以来、バイアグラ服用が原因とみられる死者が、半年余ですでに少なくとも一三〇名に達したという(『日本経済新聞』一九九八年一一月二六日)。しかし、経口避

妊薬ピルに対しては二〇年以上にわたりさまざまな口実をもうけて認可を先送りしてきた厚生省は、バイアグラの日本国内での発売については急ピッチで審査を進め、一九九九年一月、申請から六ヵ月という異例の短期間で発売承認に踏み切ったのである。

このように「多くの男にとって、立たせられないと考えることは死よりもひどい運命だ」(Tiefer 1987 : 168) と考えられているかぎり、セックスレスや男の更年期が話題にされるようになったとしても、それは「立たなくってもいいじゃないか」と弱さを承認する方向の議論には、(建前はともかく心情的には) なかなか結びつきにくいかもしれない。むしろセックスレスの原因としての勃起障害論のように、インポテンスに医学的説明を与える言説が増えていくとすれば、それは「男性性そのものに問題があるのではなく、たんに病気なのだ」というかたちで男としての面子を保たせながら、治療を通じて再び男性性を勃起能力の方向に回収しようとする効果を持つだろう。そしてそうした指向の延長線上に、テストステロン補充療法の提言 (Carruthers 1996＝1998) や、ペニスに挿入するプラスティック棒やポンプ式シリンダーのような物理的療法 (Tiefer 1987 : 168; Candib & Schmit 1996 : 214) が、「男らしさ」の救済策として位置することになるのである。

以上に見たように、男の性をめぐる言説はペニスに一元化されているが、そのペニスはじつは現実の姿というよりも、つねに勃起した状態にあり、「攻撃的で暴力的、貫き、目的に向かって一直線に進む」(Flannigan-Saint-Aubin 1994 : 239) 征服するファロスとしてイメージされている。また同じく男性性器でありながら、「受動的で、受容的、包み込み、安定し、周期的」(同前) な性質を持つ睾丸は、男らしさのイメージとはそぐわない身体部分としてしばしば不可視化される。実際の去勢において対象となるのは普通睾丸であるにもかかわらず、フロイトに代表される男性の去勢恐怖ではペニス切断がイメージされていることも、このような文脈でとらえ返してみるならばきわめて示唆的であるといえよう。

こうした「鋼鉄のファロス」のイメージを守るためか、少なくとも西洋美術においては、女が男のヌード、とりわけ男性性の象徴であるペニスを表象することに対するタブーや反発が根強く存在してきた。北原恵は、男性ヌードを撮り続けた女性写真家が、美術学部の教師たちから「男のペニスを写真に撮って、コーネルにとどまることはできない」といわれ、大学での職を失った話を紹介している。一九九六年、ピアスや注射針を刺したペニスを持つ巨大なビニール製男性人形というシェリー・ローズの現代アートは、日本での展示にさいし「猥褻物陳列罪」で警告を受け、布をまとわされた。さらに東京の某芸術大学でも、長年女子学生が男性ヌードモデルをデッサンしたいと要求しているにもかかわらず、いまだにそれは認められていないという（北原 1996 : 136-141）。

だが、女が男の身体をモノとして対象化して見るようになることを、男たちはそれほど恐れる必要があるのだろうか。一九九二年に六〇人以上の女性アーティストが撮った男性ヌードを集めて開催された『彼女が欲しいもの　女性アーティストが男を見る』展のカタログを見ると、そこには勃起していないペニスが寝そべったり、排尿したり、果物と並んでカメラにおさまったりしている（Salaman 1994）。私の受けた印象では、その頼りなげで、けれども安らいだ「普段着の」ペニスたちは、男に対する女の恨みつらみや復讐心のターゲットにされていたりポルノグラフィックであるよりも、むしろユーモラスで温かみを感じさせるものであった。それとも、ペニスがこのようにか弱く、愛すべきものとして表象されることこそ、男性社会が何よりも避けたかった「敗北」なのだろうか。

2 「他人事」としての生殖、あるいは「やりっぱなしの性」

前節で見たようにこれまでの多くの言説においては、他者との関係性を結ばない、オナニズム的自我の再生産としての男の性が強調されてきた。そこでは生殖の問題は、女にしか関係のない「他人事」視されてそもそも視界に含まれないか、あるいはせいぜい男にはできるだけ多くの女に自分の遺伝子を受け継ぐ子どもを産ませたいという「種つけ本能」があるといった主張としてしか、語られないことになる。

たとえば金塚貞文は『現代思想』の「特集・男性論」での上野千鶴子との対談において、男は「障害児の父親になるとか、自分の子どもが登校拒否をする」といった「余儀ないクリティカルな状況に巻き込まれて、いわば関係を強制されたとき」以外は再生産における自他関係にかかわろうとしないという上野の指摘を肯定して、次のように述べている。

男とは何か、父親とは何かとか、問いかける必然性というのが、男の場合、ある意味で正常な生活、普通の生活を送っていれば出てこないんですよね。……上野さんが男性学というような形で問題を提起されても、答えるべき男の側にその問いの必然性というか、緊迫性というのがまるでないというのが、今の状況だと思うんですよね（金塚 1987b : 145-146 傍点は原文）。

また同じ特集の中で田原八郎は、動物の雌雄の場合と同様、女は生殖を引き受ける「土着の性」であるのに対し、男は基本的に「さすらう性」にすぎないと定義している。

男にとっては、性は生産・交換に従属するのであって、その逆にはけっしてならない。というよりも子を産まぬ男にとって、性は所詮は遊びごとか子を産む女へのつきあいでしかない。女にとっては子を産み子を生かしつづけることの方が自分の生存（これは生産と交換によって保持される）よりも重要であることがありうる。雌としての女の生理本能とはそういうものであろう。だが、男にとってかけがえのないものは己の生存のみなのだ（田原 1987 : 110 傍点は原文）。

さらに男がとかく避妊に協力的でないことも、無意識に多くの種をばらまこうとする「生物学的本能」があるのだという議論によって説明される。

射精は排泄行為である。男はひたすら射精したいと思い、したがって男には避妊の観念がまったくと言っていいほどない。生物学的本能論と種つけ本能論は必然的に避妊の観念を欠落させる。それに腹を痛めるのが女だから、陣痛を知らない男は避妊について考える必要がないのである（梁 1992：94）。

男性はみな気まぐれなセックスを求めるようにプログラムされているが、できるだけ多くのチャンスを得られる男性は、ほとんどいない。だからこそしたがるのだ。もし、そんなチャンスが到来したなら、射精しないでやり過ごしてしまうことはできるだけないようにプログラムされている。したがって、妊娠するチャンスを除くためにコンドームを使うことは、気まぐれなセックスを追い求める男性の根本の理由を否定することになる。無意識のうちに、男性の体は、妊娠しない気まぐれなセックスの無用さを認識している（Baker 1996=1997：293）。

人間の性行動のすべてを卵子への授精をめぐって戦われる「精子戦争」という観点から説明しようとするベイカーによれば、レイプも男の子孫繁栄のための有効な戦略の一つである。もっともそれは、平時には社会的な制裁が用意されているために危険な戦略であるが、処罰の恐れがほとんどなくなる戦時においては、「もし別の時代に別の場所に生まれていたとしたら、自分たちはレイプも殺人もできないと宣言しただろう」男たちが、体内プログラミングの命ずるままに集団レイプや個別レイプに走ることになる。

戦時になるとレイプの数が増加するというのは、あるかぎられた数の男性が何回もレイプするのではなく、より多くの男性がレイピストになるからである。このパターンは、……一定の数の遺伝的少数派がレイピストになる傾向があるという説より、すべての男性は潜在的なレイピストであるという説のほうにずっと近い。これは不愉快なことではあるが、戦争によって焦点が当たる男性の行動の別の面と同じようにそうである。すなわちすべての男は潜在的な殺人者であるのだ（Baker 1996＝1997：357）。

ちなみにベイカーは女性の側についても、レイプされた女性がパートナーとのセックスの場合よりもレイプによって妊娠する可能性が高いのは、状況を的確に判断しレイプを成功させるような「優秀な」遺伝子を持つ男の子供を産むことが、女性にとっても子孫繁栄という生物学的戦略の上からは有利になるためであると説明している。

ベイカーに代表されるような男の性本能の生物学的決定論が、冒頭で述べたフェミニズム的言説に見られる男のステレオタイプ化と奇妙に符合する部分があるのは、皮肉なことである。さらにこうした「男＝やりっぱなしの性」論の文脈から見直してみるならば、女性運動が避妊や中絶の権利を要求する中で中心的スローガンとなってきた「産む産まないは女《わたし》が決める」という主張も、パラドキシカルな色彩を帯びてくる。このスローガンは、女の身体および生殖への家父長的介入や管理に対するそれ自体としては正当な異議申し立てであったが、結果的に男を生殖へのかかわりから排除し（あるいはそうしようとしていると受けとられ）、「生殖＝女だけの問題」意識を強化することで、避妊・中絶の負担の女へのいっそうの偏在を招いた面のあることが否定できないからである。また経口避妊薬ピルにしても、それはたしかに一方では女を「望まない妊娠」を押しつけられる不安から解放することに役立ったが、「やりっぱなしの性」としての男のありかたそのものは不問にふすことで、かえってそれを助長するという効果をもたらしたといえよう。

3　男にとっての避妊と中絶

ここまで見てきたような男性論では、生殖＝女の問題としながらも、じつは男にはつねに性交能力だけでなく授精能力も備わっていることが暗黙の前提となっており、それが論者たちの安心と自信の源となっていた感がある。しかし最近では、フェミニズムに近い立場に立つ男性たちの中から男と生殖とのかかわり方を問い直す言説が登場する一方、不妊や生殖テクノロジーの問題とからんでこうした暗黙の基盤そのものがゆすぶられる事態が生じつつある。まず本節では、避妊と中絶をめぐってのある論争を取り上げたい。

森岡正博は、人工妊娠中絶を「権利」や「生命尊重」の文脈ではなく「暴力」という視点からとらえることを試み、「中絶という行為は、胎児、女性、男性、社会を網の目のようにむすんだ「暴力行使のネットワーク」」であると定義したうえで、この暴力は女性だけでなく男性をも傷つけると論じている。

すなわち中絶は、「「存在し続けよう」「成長しよう」としている生命体である胎児の生存を、一方的かつ強制的に破壊し抹消するという暴力」（森岡 1997a : 25）であるという意味で、女性（および依頼されて処置を行う医師）から胎児への暴力であると同時に、当の女性にとっても肉体や精神に傷を残すような暴力である。では、「中絶する女性の性的パートナーであった男性にとって、それはどのような暴力なのだろうか。男性が中絶に賛成したのなら、それはまず、男性による胎児に対する暴力である。中絶という手術を受ける当事者は女性であり、男性は自分の肉体をいじられるわけではない。だから、男性にとっては、中絶手術を受ける女性との関係、そして中絶される胎児との関係において、暴力性があらわれてくる」。しかし、男性はむしろ産んでほしかったのに女性が中絶するのを止められなかったような場合には、「中絶と言う暴力行使を、自分の力によって食い止めることができなかったという悔やみを抱えてしまったり、自分もその暴力の共犯者になってしまったという負い目を抱えたりすることがある。中絶させてしまった、という男性の心的外傷については、いままでほとんど語られてこなかった。フェミニズムの目配りがここまで届かないのはしかたない。これは今後の男性学のテーマである」（森岡 1997a : 27）。

森岡はまた別の場所で、レイプや妊娠の恐怖が男にとって月経と同じように基本的に他人事であり、男がそれらについて鈍感であることを認めたうえで、次のように述べている。

だとすると、男性は妊娠に対してなんにも意識がないのかと言えば、それは全然違うのである。まだ結婚していない男性が、ガールフレンドとつきあっているときに、彼の頭のなかをいつも去来しているのは、「セックスして彼女が妊娠したらどうしよう」という思いだ。……男にとって、妊娠とは、自分が妊娠することではなく、セックスした相手が妊娠してしまうことである。そして「彼女が妊娠したらどうしよう」という意識は、相手に次の生理が来るその日まで消え去ることはない（森岡 1997b：77）。

しかしこうした男性の意識も、相手の女性との関係いかんによって大きく左右される。

避妊にかんする男性の意識が女性の意識と決定的に違うところがある。それは、セックスする相手との関係性に応じて、避妊の徹底度が激変してしまうということだ。早い話が、自分が大切にしている女性の場合は、きちんと慎重に避妊をするだろうが、もしその男がどこかで見知らぬ女性をレイプするとしたら、はたして彼はコンドームをつけてからレイプするであろうか。まさか、そんなわけはない。レイプするときには、その相手の女性は、男にとって使い捨ての道具にしかすぎないのだから、どうしてコンドームをわざわざする必要があろうか（森岡 1997b：78）。

そして「多分、男性が買春する動機のひとつは、「無責任にセックスできる」からだと私は思う」と述べられているように、「やりっぱなしの性」が「男性の性意識の根幹に植え付けられ」ていることがここでも確認されている（森岡 1997b：79）。

これに対し、中絶を女性ばかりでなく男性にとっても暴力でありうると論じた森岡の主張は貴重な議論ではあるが、それだけではまだ不十分であると批判を展開しているのは沼崎一郎である。沼崎は、男を「貪る性」や「犯す性」としてばかりでなく「孕ませる性」として自己定義しなおすことを提唱するとともに、フェミニストたちが女の自己決定権を守ろうとする立場から、あえて生殖における男の関与を問題化することには懐疑的であったことに理解を示しつつも、次のように反論する。

しかし、だからといって、中絶問題における男性の関与と責任を問わなくてもよいということにはならない。なぜなら、中絶とは望まない妊娠のひとつの結果であり、望まない妊娠の原因は避妊しない性交であって、避妊しない性交の当事者のひとりは男性に外ならないからだ。受精・受胎ではなく、受精・受胎をもたらした性関係を起点に中絶問題を考えるならば、受精させた男性は中絶の原因を作った張本人である。〈孕ませる性〉としての男性は、まさに中絶の当事者なのである（沼崎 1997：88）。

妊娠・出産は、現代の社会構造と社会意識の文脈では、女性にとっては深刻な身体的・社会的

〈危険〉なのである。そうだとすれば、そのような〈危険〉に女性を晒す可能性のある膣内射精という行為は、一種の〈性暴力〉だと、私は考える。性暴力というと、レイプやセクシャル・ハラスメントを想起するが、恋人間・夫婦間の性関係においても、妊娠と出産に対する周到な配慮と準備なしに膣内射精を行なうならば、それは男性による〈性暴力〉の行使だと考えるべきだ（沼崎 1997：99）。

したがって中絶とは、〈妊娠しない自由〉という基本的人権を侵害された女性が行う〈緊急避難〉行為または〈損害賠償〉なのであり、森岡の中絶＝暴力論は、「そもそも中絶をせざるをえないような状況に陥った責任が男性にあるという認識は弱く、胎児に対する暴力としての中絶の暴力性だけを強調して、女性に対する暴力としての膣内射精の暴力性に無反省だという点で、〈男性学〉としては極めて不十分なものに終わっている」（沼崎 1997：91）というのが、沼崎の主張である。

では、このような妊娠や中絶を男の問題としてとらえようとする議論にシンパシーを感じる男性はどのくらいいるのだろう。男性が中絶に対して抱く感情や反応についての調査研究は乏しいが、そのうちの一つでノイスタッターは、彼女がインタビューした三〇人の男たちは、「私のからだのことは私が決める」という女たちの主張に反論するのを恐れつつも、中絶体験において自分たちが果たすことのできる積極的で建設的な役割が何もないことに落胆を表明したと述べている（Neustatter 1986：116-117）。また、女性につきそって中絶クリニックに来た男たちを調査したショスタックも、感情をあらわにせず弱みを見せないという伝統的男性役割によって抑えられてはいるものの、多くの男たちが罪悪感や自責の念を感じ、つきそいを自分に課すべき当然の罰と考えていたと述べ、女と男が「犠牲者と悪漢」以外の役割を持てるようにするためにも、妊娠・中絶カウンセリングに男性も含めていくことの重要性を指摘している（Shostak 1987 : 190-195）。

日本では、森栗茂一が調査した東京の芝増上寺に奉納された水子供養の絵馬に、次のような男女そろっての、または男性のみからのものがいくつか含まれていたという。

ごめんな（略）おまえを育てていく自信がなかったからすごく迷ったよ、けれども自分の子どもを見捨てることはできなかった（略）どんなにつらいことがあるかわからないけれどもおまえを二人で育てることを決意した。（略）これから何年たったとしても、おまえを一時たりとも忘れたりしない……　愛するRちゃんへパパより（女性との連記。略は原文のまま）（森栗 1995 : 136）。

今年で初めてきた（略）おまえは元気か　今年は二人でこれたから良かった（略）俺の右足がだめになったり、身のまわりに悪いことばかり起きて……五年もほったらかしにして（略）バチが当たったんだよな。きっとあの世で元気でな（男性のみ）（森栗 1995 : 139）。

また、私がある大学で水子供養について講義の中で話したところ、一人の男子学生が、友人の男子学生は「おれは両肩の上に水子がいる」と言っていたという話を聞かせてくれた。もちろんこれはたんなる伝聞にすぎないが、少なくとも中絶や水子を女だけにしかかかわりのない、男にとってまったくの「他人事」ととらえるのではない、異なった感性のありかたを、可能性として想定することはできるのではないだろうか。

しかし先の沼崎の議論に対しては、「孕ませる性」の暴力性を直視したことは評価しうるとしても、「孕ませない責任をどう実体化しうるのかという点」については何も語っていないという批判が、宮地尚子から提出されている。その責任を法制化というかたちで実体化するとすれば、たとえば次のようなことが考えられると宮地はいう。

孕ませない責任にどのような法が可能か。沼崎は、望まない妊娠は性暴力だという。ならば性暴力に対する既存法を参考にする手がある。強姦罪や強制猥褻罪などにならって、「強制妊娠」と「合意妊娠」という概念を構築すればよい。性交には同意した。けれども、避妊方法については同意しなかった。例えば、女性が「わたしはピルを飲んでいない。今日は危険日である。だからコンドームをしてほしい」という。男性はいやだといい、ことに及ぶ。女性は妊娠し、男性を「強制妊娠罪」で訴える（宮地 1998：144-145)。

そしてこの「強制妊娠罪」を犯した男性は、その妊娠の帰結に応じて「強制中絶罪」か「強制出産罪」に問われることになり、出産した女性が子どもの養育を望まない場合は、男性が全面的に養育責任を負うことになる。それがいやなら、避妊をきちんとするだけで男性は自衛することができたはずなのだから。これは恐ろしい管理社会のように感じられるかもしれないが、じつはこれまで女性が避妊や妊娠に関して課せられてきた負担や責任を男性の側に移してみせただけにすぎず、女性にとってはこれがつねに現実であったのだと、宮地は指摘する。問題は、なぜこうした性による偏りが存続しつづけるのかである。

なぜ男は避妊しない性交を求めるのか。沼崎はその答を、妊娠が女性に及ぼす負担に対する男性の認識の甘さ、にみようとする。しかし、女性の負担の重さに気づいていても、それが自分の身にふりかからないため、どうでもよいとする男性、そして、妊娠の負担に気づいているからこそ、避妊外性交を行う男性もいる。孕む危険をもたせることで、女性の行動の自己規制を促す。身体につながれた性と、身体から自由な性との生物学格差を楽しむ。自覚の有無は別として、そういう男性は決して少なくないはずである。女性が負う負担に気づいていないだけであれば、女性と話し合い、想像力を養うことで、男性の行動は変革されるかもしれない。けれど、気づいた上でその格差を利用する男性をどうすれば変革できるのか。……攻撃性は男性性の重要な一部であり、避妊性交は男性の攻撃性をそぐとみなされる。性行為によって、男性は女性を「征服・支配」し「所有」する。妊娠は征服の証であり、女性の身体は「植民地」となる。たとえ植民地として所有し続けることはできなくても、中絶という戦争の傷跡を残すことはできる。戦場におけるレイプとは、それがメタファーでなく現実となったものである。攻撃による加害の可能性は普段は隠されている。しかし、思い通りにことが進まなかった時のために、男性性の中に常に加害性は担保されている。……性と生殖を切り離したくないのは、そういうメタファーの中で生きる男性たちである（宮地 1998 : 149-150）。

宮地の批判を通して、私たちはこうして再び「男性性の闇」に立ち返ることになる。

4　環境ホルモン・男性不妊・生殖テクノロジー

では次に、男性論の暗黙の前提である授精能力のゆらぎの問題に視点を移してみよう。周知のようにここ一、二年、いわゆる「環境ホルモン」に起因するといわれる自然界の性の異変や男性の精子数の減少をめぐって、国際的な騒動が起きている。もちろんこれまでにもＰＣＢをはじめ、環境汚染物質の人体への影響はくり返し問題になってきた。しかし女性だけが影響を受ける（と思われている）のであれば、環境ホルモンがはたしてここまでのパニックを引き起こしたであろうか。次の引用が示すように、今回の環境ホルモンをめぐる不安の特徴は、男の身体と生殖能力がターゲットとして意識されていることである。

男性の精子が減少するということは、不妊の確率が高まるということである。欲しい子供がつくれなくなるということであり、もしその減少傾向が続くならば、子供をつくれない男性がちまたにあふれることになる。……そうであれば男にとっても環境ホルモンは怖いものとなる。いままでの事例では、人間といえばもっぱら女性や胎児、乳幼児に大きな影響を与えると考えられてきた。そしてまたそのように叫んできた。母体からの環境ホルモンの移行があるから「赤ん坊が危ない」と。だが、どうやらそれだけではすまないようだ。大人の男への被害も想定しなければいけなくなってきたのである（ひろた 1998 : 215-216）。

この問題に関して最も激しいアジテーションを男性に向けて発信しているのは、立花隆である。東京大学での授業をもとにした『環境ホルモン入門』において、彼は次のように書いている。

彼らは、いわば生まれながらに世代丸ごと環境ホルモンに強姦されてしまったような世代なのである。学生の一人が書いているように、生まれながらに、みんな時限爆弾を体内にかかえこまされているようなものなのである（立花 1998 : 14）。

この環境ホルモンの問題というのは、若い人が真剣に考えたら、暴動を起こしたって不思議ではないくらいの問題を含んでいると思うんですね。……生まれたばかりの男の赤ちゃんを全部集めて、百人に一人の割合で、そのオチンチンをチョン切るなんてことを国が決めたりしたら、どこの国だってたちまち暴動が起きるよ。この問題で、「いまただちに健康に被害が起るわけではない」とか「因果関係がはっきりしないから手のうちようがない」といった、使い古された弁解をならべるだけで何もしない政府は、それと同じことをしてるんだよ。きみらの未来の赤ちゃんのチン切りをしているってことなんだ（立花 1998 : 16）。

ここでは「強姦」や「チン切り」といったきわめて男性視点に特化された比喩を用いながら、自分が、あるいは自分の息子たちが「不妊男＝去勢された男」になるかもしれないという想像がどれほど男性アイデンティティにとって恐怖をかきたてるものであるかが、あからさまに吐露されている。この立花を含めて環境ホルモンをめぐる言説の分析を行った北原恵は、ここでは精子減少という「男らしさの危機」がいかにたやすく「日本の危機」「人類の危機」へと横すべりをし、さらには（男らしさを脅かすと目される）同性愛やフェミニズムへの攻撃へと変容していくかを詳しく述べている（北原 1999）。

ところで不妊医療の分野では、不妊の三割から五割は男性の側に原因があるとされているにもかかわらず、実際に治療を受けているのは圧倒的に女性が多い。このことが示すように、一般にはインポテンスでさえなければ男は不妊に責任はないという思いこみがいまだに根強く存在している。加えて男の身体の構造や機能についての男性自身の知識不足もあって、不妊も避妊や中絶と同様、多くの場合、男にとっては「他人事」と見なされてきた。それだけに、自分の精子に問題があると診断されたときの男のショックは、非常に大きいものであるようだ。『男性不妊』の著者であるメイスンがインタビューしたある三〇代の男性は、当時のことを話しているうちに泣き出したという。

本当にきつかった。うちのめされて、心はズタズタ。そのときの気持ちを正確に伝えることはできないけど、結果を告げられたとき、ボクは立っていたんだが、座り込まずにいられなかった。息ができなくなって、頭はぐるぐる回るし、脚はヘナヘナ、胃はひっくり返ってた。……家へ帰って泣きに泣いたけど、そのおかげでちょっとは楽になった。何週間か、そんな調子だったよ（Mason 1993 : 79）。

メイスンはまた、不妊と診断された男たちはほぼ例外なく、恥、怒り、信じられなさ、他の男から「失敗者」と見られることへの恐怖といった感情を味わうと報告している。このことは、男の「孕ませる性」としての側面は、「貪る性」や「犯す性」の側面に比べればこれまで総じて不可視であり、男性自身にも明瞭には意識されていなかったとしても、けっして不在だったのではなく、男の性アイデンティティの形成・維持・再生産にとって、不可欠な前提としての重要な意味を持っていたことを示唆している。したがって、「性と生殖を切り離したくないのはむしろ男の方だ」という先の宮地の指摘は、的を射たものであったといえよう。

さらにメイスンの調査によれば、不妊と診断された男性の多くが他の男性ドナーからの提供精子を利用して子どもを持つことに対しては概して否定的ではなく、実際に三〇人中六人がその方法で子どもを得るか、パートナーが妊娠中であった。だが、彼らも友人など、そのアイデンティティが特定できる人物から精子提供を受けることについては否定的であったし、六人中二人は、妻が、提供精液に自分の精液を混ぜたもので人工授精を受けたこと、別の一人は人工授精の前後にも妻との性交を行っていたことから、「自分が子どもの父親かもしれないと信じる気持ちを抱いて」いたと報告されており、「孕ませる」ことへのこだわりが容易に乗り越えがたいものであることをうかがわせる（Mason 1993 : 124)。

また、体外受精に代表される生殖テクノロジーによる生殖過程の細分化と外部化は、不妊男性以外の男性に対しても、「孕ませる性」の意味をこれまでとは異なったものに変えていく可能性がある。体外受精技術の登場は女を「卵の母」「子宮の母」「育ての母」に三分割することを可能にし、最近では「卵の母」を「核を提供する母」と「卵の実質のみを提供する母」にさらに細分化することもできるようになった。これに比べれば、男の場合はせいぜい「精子の父」と「育ての父」の二分割が起きているだけであり、それすらも不妊ではない多くの男性には無関係と考えられている。しかし人工授精用精子のドナーになったり精子バンクに精液を売る男性は、一方では労せずして多くの自分の子孫を残すことができるわけだが、他方では「男いらずの子づくり」を実現させることによって、生殖過程からのいっそうの男の排除に手を貸していることにもなる。

アメリカなどでは以前からレズビアン・カップルやシングル女性が精子バンクから買った精子で

子どもを作っていることが知られていたが、日本でもインターネットのホームページを通じて業者から斡旋された精子で未婚女性が妊娠し、出産をしていたことが最近になって報じられた（『毎日新聞』一九九八年一二月一三日）。ここでは男はもはや顔も名前も権力も持たない、脱身体化されたたんなる「材料」でしかない。さらに遠からぬ将来に実現するかもしれないヒトにおけるクローン生殖は、たとえ現状ではその技術を行使する医師や科学者には圧倒的に男性が多いとしても、男不在の生殖の完成であることには違いない。こうした生殖方法の出現は、いずれ「男」とは何かという意味の問い直しをもたらさずにはおかないだろう。

他方で精子バンクや人工授精・体外受精の日常化は、ノーベル賞受賞者の精子や、スクリーニングされエイズや肝炎の心配のない「高品質の厳選された精子」を商品化することによって、「生殖に使用されるに適した精子」と「ふさわしくない精子」という新たな階層性を男たちの間に導入しつつある。こうした脱身体化されサイボーグ化された「テクノ精子」（Schmidt & Moore 1998 : 21）の登場は、「孕ませる性」という一元的な「男らしさ」の前提を崩壊させ、精子の「質」による男性間の新たな差異化と序列化を、生殖医療の現場から社会全体へと浸透させていく可能性を持っている。

かつて優生主義者太田典礼は、身体的精神的質に応じて人間をA、B、Cの三段階に分け、A級の男とA級・B級の女たち（A級の女だけでは出生数が足りないので）の間でのみ子孫を残すことを認め、残りは断種させることによる人間改良策を提案した。彼は、この案は「今日では先ばしりすぎる、非現実的である、非科学的である、人権無視だ、全体主義だ、反動思想も甚だしいなどさまざまな非難をこうむることはまちがいないと思っている。しかし、数十年たてば、実行にうつされる時が必ず来る、また来なければならないと確信して」いると述べた（太田 1967：297）。太田が予言したような優生社会は、それとわかる露骨なかたちではいまだ到来していないし、そこでは男だけが選別の対象となるわけでもない。だがテクノ生殖の日常化は、不妊とは直接かかわりのない男たちにとっても、そうした選別社会が到来した場合の自分にとっての生殖の意味、あるいは生殖における自分の「価値」について想像してみる、一つのきっかけとなりうるのではないだろうか。

おわりに

以上に見てきたように、男の性や身体についてのこれまでの議論は、多くは男にとっては勃起と射精こそが性のアルファでありオメガであるとし、「孕ませる能力」を持つことを暗黙の前提としながらも、生殖は男には「他人事」であるとするものであった。そしてそこでの「男らしさ」を体現していたのは、現実のペニスとは必ずしも重ならない理想としての、あるいは幻想としての「鋼鉄のファロス」であった。こうした男のイメージは、フェミニズムが一方で問題化し、批判しようとしながら、同時にそのステレオタイプな見方の枠内から抜け出しきれずにいたものでもあった。

しかし最近では、避妊や中絶への男のかかわりを問うことで射精中心論の持つ暴力性を指摘し、

「男とはいかなる性なのか」を定義しなおそうとする動きが見られるとともに、環境ホルモン問題や不妊治療、生殖テクノロジーの発達に影響されるかたちで、「男らしさ」の暗黙のよりどころであった「孕ませる能力」もぐらつきはじめている。もしも「男らしさ」が射精中心論、あるいは自明のものとしての孕ませる能力から切り離されていくとすれば、男たちはその性アイデンティティを語る言説を、今後何を足場にして、どこでどのように構築していくことになるのだろうか。またその性アイデンティティは、はたしてなんらかの支配や暴力、優越性のイメージと結びつくことなく成立する回路を見出しうるのだろうか。

Ⅲ

第七章　子殺しの論理と倫理

――ヨーロッパ社会史をもとに――

はじめに

肉体を持った女の歴史を考えようとする場合、女の生活を根本の部分で規定してきた性や産むことと並んで、産むことの否定――避妊、堕胎、子殺しもまた、不可欠な研究課題の一部となる。日本の女性史においてはこうした研究はまだほとんど例を見ないが、欧米のフェミニスト女性史、または「新しい女性史」と呼ばれる分野では、生殖をめぐる女の自決権（リプロダクティヴ・フリーダム）を重視するフェミニズム運動からの影響の下に、女の性や出産、避妊、堕胎についての歴史的研究が生み出されつつある。女を自らの生殖機能に翻弄される受け身の犠牲者と見がちな従来の女性史とは逆に、フェミニスト女性史家たちは、性と生殖における自律性を求める過去の女たちのさまざまな努力とそれに対する社会的圧力との拮抗関係という視点から歴史を読み解こうとしている。

しかしその中で子殺しは、相対的に取り上げられることの稀なテーマである。それは一つには、子殺しの与える陰惨で残虐なイメージが敬遠されるためであろう。また、産む性である女は本来ならば自分の子を殺したがるはずはないので、女による子殺しがあったとしても、そこでは当の女もまた状況の犠牲者にすぎず、積極的な加担者ではなかったと考える立場もあろう。だがその一方、育児疲れによる母親の子殺し事件が報道されると、必ず「ひとごととは思えない」と呟く女たちがいるように、育児体験を持つ多くの女にとって子殺しへの衝動は、実はかなり馴染みぶかい感情でもある。

もしも、避妊と堕胎と子殺しをそれぞれ位相の異なるものと見るのではなく、個人にとっては生殖を、社会にとっては人間の繁殖をコントロールしようとする意志の一つらなりの表出ととらえるならば、避妊や堕胎と同様、子殺しについてもより意識的にこれを考察し、三者の相関関係と、それが時代、地域、階層、性別に応じてどのように変化するかを明らかにしなければならない。ここではまだそれを全面的に展開する用意はないが、手はじめとして、過去における子殺しの実態と、それがどのような理由で行われ社会的にどのように受けとめられていたかを、主として社会史と呼ばれる分野の先行研究をもとに概観する作業を行う。あわせて、そこから女と子殺しの関係についていかなる示唆が得られるか、考察をも試みたい。

対象地域をヨーロッパとしたのは、日本の伝統社会（主として近世）においては堕胎や間引きがかなり常套的に行われていたとされるのに対し(1)、西欧ではキリスト教による禁令の故に子殺しは皆無でないまでも例外的現象であったとする理解が見られるので（たとえば田嶋 1979, 1983；藤田 1984；二宮 1986）、そのことの当否をもあわせて検討してみたいと考えたためである。

1　キリスト教化以前

子殺しを生殖コントロールの有効な一形態と見なすことは現代人の感性にはそぐわないが、論理的には子殺しにもそれなりの利点はある。妊娠中・後期の堕胎に比べて分娩後の嬰児殺しの方が母体を損傷する危険性が少ないし、生まれた子の性や質に応じて選別が可能だからである。その方法も、直接的殺害から遺棄や養育拒否まで、さまざまなヴァリエーションが存在する。

先史時代の化石においてすでに一四八対一〇〇という男女比の異常なアンバランスが見られるとの報告があるが（DeMause 1974）、このことは「殺されるのは女児」という子殺しの基本パターンの一つが、非常に古い起源を持つことを示唆している。有史前の人間の行動を類推するためにしばしば援用される「未開」民族の調査によれば、子殺しの主要パターンにはこれ以外に、人数制限（双生児、多胎児の除去を含む）、奇形児や婚外の子の排除、母親が死亡した場合の対応としての子殺しなどがある。人類学者ディックマンは、こうした種々の認識カテゴリーに応じて子の取捨選択を行う能力こそ、生物行動学的に見たホモ・サピエンスの重要な定義の一つではないかと指摘し、狩猟採集民でも栽培民でも階層化された農耕社会でも、五パーセントから五〇パーセントの割合で子殺しが見られるとしている（Dickeman 1975）。

古代には神への犠牲としての子殺しも存在した。カルタゴ人はその子供たちを進んで犠牲に供し、かたわらでは母親が泣くこともうめくこともせずに立っていたとプルタークは伝える。類似の風習は、アイリッシュ・ケルト人、ゴール人、スカンディナヴィア人、エジプト人、フェニキア人、モアブ人、アンモン人、一時期のイスラエル人の間にも見られた。発掘された、犠牲に捧げられたと思われる子供たちの骨のうち、最古のものは紀元前七〇〇〇年のエリコまでさかのぼる。また、城壁や建物や橋の基礎部分に子供を人柱として埋めこむ風習も、旧約聖書で名高いエリコの城壁から、新しくは一八四三年のドイツの事例に至るまで見出されるという（DeMause 1974）。

子供の売買の歴史も長い。バビロニアでは子供を売ることが法によって公認されており、古代国家の多くに同様の慣行があったと推測される。アテネのソロンは親による子の売却権を制限しようとしたが、実効のほどは不明である。後に七世紀になってカンタベリー大司教テオドルスは、息子が七歳をこえたら親は奴隷として売ってはならないと定めた。しかし一二世紀になってもイギリス人はアイルランド人に奴隷として子供を売っていたと伝えられている。子供の売買は地域によって近代まで続き、ロシアでは一九世紀に入るまで違法とはされていなかった（DeMause 1974）。

古代ギリシアでは新生児の殺害や遺棄は罪ではなく、とくに虚弱児や奇形児を遺棄することは市民社会にとって必要と見なされていたようである。「どんな子供が育てるに適しているか」というヒポクラテスの問いは、この新生児の選別を前提としている。スパルタではそれを決定するのは長老たちの役目であった。父親が新生児を長老たちの前へつれていくと、彼らはその体を調べ、弱い子や障害のある子は近くの山の麓にある洞窟に捨てることになっていた。他のポリスにも類似の慣習はあったようで、アリストテレスは奇形児の養育を禁ずる法の制定を主張し、正常児については従来の慣習で捨て子が禁じられている場合には捨ててはならないとしている。テーバイでは例外的に新生児遺棄を禁じ、ポリスが子を引き取ったが、その子は成長後は養育費提供者の奴隷となった。紀元前四世紀頃のアテネでは、市街取締役の仕事の一つが、壺に入れて捨てられた嬰児の死体を国有奴隷に片づけさせることであったと伝えられる（村川 1969）。

障害児が常套的に排除されたのは、優生思想以外に、不吉な前兆として恐れられたためもあったようだ。正常児についてはここでも男児より女児が多く遺棄され、異常な性比をもたらした。たとえば紀元前二二八〜二二〇年にミレトスの市民権を獲得した七九家族の成員中、息子は一一八人いたのに対し、娘はわずか二八人にすぎなかった。また二世紀のデルファイの六〇〇家族のうち、娘が二人いた家はわずか一パーセントとされている（DeMause 1974）。捨て子をするのは貧しい階層に限られず、豊かな家でも娘は捨てたのである。その大きな理由は、将来必要となる嫁資（持参金）の節約と考えられるが、より始源的には、女の絶対数を減らすことによる人口増加抑制策という意味もあったと思われる。

ローマにおいても状況は類似している。ソラノスは、育児法とは「育てられるに値する新生児とはどんな子供か」を決める技術であると定義したし、セネカは「人の子でも、虚弱で、異常に生まれれば、水に沈める。健康なものを無用なものから区別するのは、理性のすることである」と断言した。またタキトゥスは、どんな乳児も大切に育てようとしたユダヤ人の風習を奇妙なことだとしている。ローマにおける家父長権は絶大で、父親には子供に対する生殺権、遺棄権、売却権が与えられ、国家もながらくこれに干渉できなかった。新生児はまず父親の足元に置かれ、父親はこれを取りあげることによって自分の子と認め、育てる意思を表明した。取りあげられなかった子は拒否された子であり、かごや箱に入れられて、奴隷や産婆の手で、競技場や神殿、市場や公共のごみ捨て場など、人の多く集まる場所に放置された。こうした捨て子は通行人に拾われて奴隷や、ときには養子として育てられることもあり、娼婦や剣奴、あるいはわざと不具にして物乞いにさせる目的で拾われる場合もあった。だが大多数は飢えや寒さで死ぬか、犬や鳥の餌になったと考えられる。ローマの建国神話に登場する、狼に育てられたロムルスとレムスの双生児の兄弟は、当時のこうした習俗の反映である（Etienne 1973; Eyben 1980/81; 三浦・長谷川 1984）。

なおローマでは、胎児が「生命」を得るまでの期間の堕胎は罪と見なされていなかった。（その期間をいつまでとするかは、古代社会ではハンムラビ法典の六ヵ月からアリストテレスの男児四〇日、女児九〇日説までさまざまである。）堕胎した妻が夫に告訴された例があるが、それは子供の生命を奪ったことが問題なのではなく、夫から後継者を、国家から市民を奪うことにより、夫や社会の権利を侵害したためであった。したがって未婚の女の堕胎は問題とならない。彼女には父権と同じく、子供をどう処置するかの決定権が認められていたからである（Etienne 1973）。同様に、ギリシア・ローマ社会において例外的に父親でなく母親に子供の生殺権が認められることがあった。離婚した女が前夫に子供の引きとりを拒まれた場合とか、奴隷から自由民になった後で生まれた子供の場合である（Eyben 1980/81）。

古代社会において嬰児殺しと避妊や堕胎とがどのような割合で実行されていたのか、判定することは難しい（それは他の社会についても同様であるが）。フランドランは、避妊技術は娼婦の職業上の秘密であり、堕胎は女にとって分娩以上に危険であったという前提に立って、「古代における正式な夫婦の産児制限は、嬰児殺しを通常の手段として、避妊、堕胎はふつう奴隷、妾、娼婦たちの用いる手段だったと想像できる」との仮説を立てている（Flandrin 1981＝1987：192）。これに対しホプキンズやアイベンは、金持よりは貧しい人々の方が子殺しや捨て子に訴えたと、社会階層で分ける立場をとっているが（Hopkins 1965；Eyben 1980/81）、前述のドモースの伝える性のアンバランスの事例は、こうした単純な見方に疑問を投げかける。

2　キリスト教世界の子殺し

キリスト教の登場とともに子殺しの論理に変化が生じた。ユダヤ教の影響を受けた原始キリスト教の教父たちの多くは、避妊や堕胎、捨て子、子殺しをすべて殺人と解するようになったのである。もっとも初期のキリスト教はべつだん子供を宝と考えていたわけではなく、結婚よりは独身や処女性を優位におき、結婚生活においても禁欲や節制を奨励した。しかしあえて結婚した以上は、神の創造の過程に人間が介入することは罪であり、禁欲以外の手段で避妊することはまだ孕まれていない生命に対する殺人、堕胎はまだ生まれていない子供の殺人として、生児に対する殺害と同列に置かれたのである。ユダヤ系のギリシア哲学者フィロンは、捨て子もまた殺人の一形態であると断じた（Eyben 1980/81）。

国家のレヴェルでは、三一八年のコンスタンティノス帝は父親による息子・娘の殺害を罪と宣言し、父権の制限を試みた（ただし子の売却権は認めている）。さらに三七四年のウァレンティアヌス帝をはじめ、四世紀末の皇帝たちは子殺しを死に値する犯罪であると定めた。この方針転換の背後には、キリスト教だけでなく、疫病や飢饉、ローマ帝国末期の混乱によって人口が減少し、人口制限が不必要になったという事情もある（Langer 1974）。しかしこれがどの程度実際に運用されたかは不明で、教父たちが各種の子殺しに科すべきであるとしている罰もまちまちであり、総体に故意の殺人に対するものよりも軽かった（Eyben 1980/81）。また、七世紀後半、カンタベリー大司教テオドルスが子殺しは一五年の刑に値するとしつつ、貧しい女が犯人の場合には七年に減刑すると定めたように、状況に応じた刑の軽重があったようである（Kellum 1974）。

いずれにせよ、もろもろの家族制限法に対する教父たちの非難の執拗さは、逆にそれらの慣習が根強かったことの証左とも読みとれる。現に四四二年のヴェゾン宗教会議で、捨て子を発見した場合は教会で告知せねばならないと定められたことや、七八七年ミラノにヨーロッパで最初の捨て子収容所が設けられ、以後他にも類似の動きが見られたことは、中世に入っても一般人の態度が容易に変化しなかったことを物語っている（DeMause 1974）。

また教会にしても、無条件にすべての新生児の生命を貴重なものと見なしたわけではない。先天障害をもって生まれた赤ん坊は、ケルト・ゲルマン系社会では妖精が本来の子供と妖精の子供をすりかえたものと考えられ、必ずしも虐待の対象とはなっていなかった。ところがキリスト教は、肉体の不具は神意であってそれ相応の理由があり、本人、または親の罪過（夫が妊娠中の妻を呪った、妻が婚姻外の子を産んだ、悪魔と性交した、禁令を破って月経中や聖日に性交した、など）の表れであると解釈するようになった（Haffter 1968）。そのため障害児を産んだ親は、「罪」が衆人の目にさらされるのを恐れて子供を殺したい誘惑に駆られることが多かったと考えられる。六世紀末、ツールのグレゴリウスは、母親が主日（日曜日）の夜みごもったため「四肢の萎えた」男について語り、その母親は「母親たちの習慣にしたがってわが子を殺す勇気がなく、健康な子どもと同じように彼を育てあげた」と伝えている（Flandrin 1981＝1987：202）。あるいはまた、紀元一〇〇〇年にアイスランドがキリスト教に改宗した際に残された嬰児遺棄の慣習は、一二世紀のノルウェー教会法でも、新生児が不具もしくは生活力を欠いている場合という条件づきで存続を認められた（Flandrin 1981＝1987：200）。すなわちキリスト教のイデオロギーは必ずしも全面的に子殺しの排除の方向に作用したわけではなく、むしろそのイデオロギーのゆえに、キリスト教以前からあった障害児抹殺の慣習が存続することを許しもしたのである。

女児殺しについても、九世紀初頭、フランスのサン・ジェルマン・デ・プレ所領での男女比が一五六対一〇〇であったという報告（Coleman 1976）をはじめ、類似の研究結果が見られることから、婚姻内で生まれた嫡出の女児の殺害が相変わらず行われていたことが推察できる。さらに「罪の子」である婚姻外の子は男女を問わず殺されることが多かったから、結局中世における子殺しの実数はかなりの数にのぼっていた可能性がある。

その手段としては、捨て子以外に、生後すぐに絞殺または窒息死させて死産を装ったり、投げ落としたり、地中に埋めたり、溺死させる方法もあった。一二世紀末、インノケンティウス三世がローマにサント・スピリト養育院を開設したのは、赤ん坊をテベレ河に投げこむ母親が多かったためといわれる。また一五二七年、ある聖職者は「便所には投げこまれた子供たちの叫び声がこだましている」と嘆いたという（DeMause 1974）。

だが実は子殺しの多くは、あからさまな暴力よりももっと立証の難しい方法で行われたようだ。添寝による圧死がそれである。六〇〇年頃、イギリスのコロンバンは子供を圧死させた親に対する罰を定めたが、それは一年間をパンと水だけですごし、その後二年間はワインまたは肉を断つというものであった。これにはさらに、処罰期間中夫と妻は性関係を控えるというおまけもついていたが、これは罰であると同時に罪の再発を予防する意味もあったと思われる（Kellum 1974）。以後、この三年という比較的軽い処罰期間（成人をあやまって殺した場合は五年）がながらく標準となったが、一三世紀から一八世紀にかけて、しだいに教会の態度は厳しさを増していく。また処罰の対象も、初期の夫と妻からしだいに母親だけに移行する傾向が見られた。フランドランはこの変化を、夫が古代の父親が持っていたような子供の生殺権を失い、幼い子供に対する実際の責任者が母親となったためと説明している（Flandrin 1981＝1987：201）。とすれば処罰対象の移行は、育児が母親（母親のみ）の責任領域と見なされるようになっていった変化の過程を示す一つの指標とも考えられる。ともあれ、圧死に対する禁令はイギリスでは中世を通じて一六例も見られ、「あまりしきりに出されているところから、あたかも、教会が禁令という形で、嬰児殺しを勧めているとも読み替え得るほどである」との解釈もある（鈴木 1979）。大陸においても、一五〇〇年頃フィエゾレの主教は、大人が幼児と同じベッドで寝ることに対し罰金や処罰を科すと宣言している。同時期のフィレンツェでは、arcuccio（小さなアーチ）と呼ばれる編み枠が作られていた。これを寝ている赤ん坊にかぶせて、子供が掛け布団によって窒息したり、添寝の乳母や母親により圧死させられるのを防ぐための工夫であった（Trexler 1973a）。

さらに一七八四年にオーストリアで五歳以下の子供を親と同じベッドで寝かせることが禁じられたり、一〇年後のプロシアの法律ではこの年齢が二歳に引き下げられたりしていることが示すように、近代でも子供の圧死は続いたようである（2）（Langer 1974）。イギリスの一七、八世紀の死亡統計表には年間一〇〇件以上の圧死が報告され、一七〇一年から七六年までに約四千人の乳児が圧死したとされている（Fildes 1986 : 195）。だがフィルデスは、これらの数値のうちのかなりの部分が、現在でも見られる乳児の原因不明の突然死によるものではないかと推測している（Fildes 1986 : 196）。またルークスも、圧死が強調されたのはむしろ窒息死を恐れる強迫観念のゆえだと説明している（Loux 1978＝1983 : 235）。もとより、すべての圧死が故殺でなかったのは当然のこととしても、故殺と事故死や自然死とを見分けるのは難しく、それゆえこの方法に魅かれた人々もいたと想像できる。

それ以外にも、熱湯を浴びたり、炉の中にころげ落ちたり、井戸や溝で溺れたり、家畜や野生動物に食べられたりして幼い子供が死ぬことが多かった。たとえこれらが明らかに意図的な殺害でなかったにしても、かなりそれに近い悪意ある放置や怠慢の結果である場合もあったのではないかと、中世末期のイギリスについて研究したケラムは述べている（Kellum 1974）。いずれにせよ、こうした死は殺人としての立証が難しかったし、全般には乳幼児の死は殺人とは異なるもっと軽い犯罪ととらえられ、告発頻度も他の犯罪に比べ低かったようである。一四世紀イギリスの女性犯罪者について調べたハナワルトによれば、公文書中の二九三三件の殺人事件のうち、一歳以下の嬰児殺しはわずか一件にすぎなかった。また子殺しで告発された場合にも、狂気、あるいは一時的錯乱の結果であると弁明して許されている例が多い（Hanawalt 1974）。

しかし一般に、既婚女性とその夫が子殺しの罪で罰されることが少なかったのに対し、一六世紀に入る頃から二つの女性グループに対する攻撃が目立つようになる。すなわち、未婚の母の追及と魔女迫害である（Trexler 1973a）。未婚の女が妊娠と出産を隠していてその子が死んだ場合、彼女は子殺しを犯したと見なされ、狂気であったとの主張が認められなかった時には死刑にされた。中世のニュルンベルクでは、女を犬や雄鶏と一緒に袋に入れて口を縛り、川に投げこんだとの記録があるが、一五世紀頃にはこの方法はすたれていたようである。しかし代わって生き埋めの刑が行われ、心臓に杭を打ちこんで殺すとか、空気抜きの筒をつけて死を長びかせるといった方法がとられた。同地での一五一三年から一七七七年までの記録によれば、子殺しで処刑された女は八七名で、うち四名を除いて全員未婚であったという（Langer 1974：阿部 1984：123, 197-198）。ニュルンベルク市の死刑執行人フランツ親方の日記にも、一五七八年から一六一五年にかけて嬰児殺しで処刑された女が一九名登場するが、三名以外は私生児や不義の子を産んだ女である。この頃になると処刑方法は溺死か「慈悲ぶかい刑」である斬首で、「恥ずべき刑」である絞首刑はまれであった。親方の日記からある例を引用しておこう。

デルフラーの娘は砦の陰の庭園で子を産み、その赤児を生きながらにして雪の中に放置した。そのため赤児は地上で凍てつき死んだ。エルンストの娘はベーハイム家で子を産み、その赤児の小さな頭を押しつぶした上、長持の中に閉じこめた。レングの娘はさる銅細工師のもとで子を産んだが、その赤坊の首筋を締め、金くずの山の中に埋め隠した。以上三名全員を剣で打ち首の刑に処し、首は絞首台に釘で打ちつけた（一五八〇年一月二六日の記述。シュミット 1987：28）。

こうした処刑はしだいに少なくなりつつも一九世紀まで続いた。近世のドイツでは「嬰児殺し」とは未婚の母が私生児を密かに殺すことだけを指し、貴族に誘惑された下婢がその子を殺すという典型的パターンがロマンスのモティーフとして発達したとの指摘があるが（河野 1981）、その背後には、こうした未婚の母への排斥強化の歴史が存在したのである。

魔女についてはここでは詳述する余裕はないが、ヨーロッパで魔女として迫害された女たちの中に、多くの産婆や薬草医などの民間施療者が含まれていたことに注意したい。魔女の罪状としては、悪魔と性交渉を持ち、サバトに参加したとか、魔術を使って隣人に危害を加えたといった告発と並んで、しばしば子殺しが登場する。産婆が、分娩の介助だけでなく堕胎や不用な嬰児の処分も引き受けていたこと、女性施療者が植物堕胎薬などの女の医療文化の伝承者であり、当時勃興しつつあった男性医師のライヴァルとなったことが、こうした告発と密接な関わりを持っていると考えられる（Kellum 1974; Oakley 1976; Easlea 1980）。

嬰児殺しの中でもとりわけ未婚の母と魔女が追及されたことは、教会が子殺しを問題にした動機がたんなる新生児の生命尊重ではなかったことを、あらためて示唆している。未婚の母は神聖な婚姻によらず不義の子を産んだ罪、魔女は悪魔に加担し神に反逆した点にこそ、処罰の重点があったのである。

同時に、教会が新生児の死が受洗の前か後かを極度に重視し、洗礼を受けずに死んだ子供の教会墓地への埋葬を許さなかったことにも注意しなければならない（Kellum 1974）。受洗できずに死んだ子は邪悪な汚れた存在とされており、その魂は天国に入る資格を与えられなかった。そのため、難産などで子供の生存がおぼつかない場合、産婆がとりあえず仮洗礼を授けることを認めたり、あるいは運搬の途中で子供が死亡する危険を冒してでも、大急ぎで新生児を教会まで運ぶといった事態が生じた。トマス・アクイナスが天国でも地獄でもない「リンボ」なる世界を考案したのも、行きどころのない幼児の魂の収容先としてであった（鈴木 1979；藤田 1984）。未婚の母による密かな子殺しが非難された背景には、こうした汚れた魂の処遇という問題も存在していたのである。

3　養育院と里子

近代に入っても子殺しの様態に急激な変化が生じたわけではなく、これまで述べたような種々の形態は依然として存続した。しかしそれ以外にここで注目したいのは、子供を拒否しようとする親のための選択肢として、養育院への捨て子と、雇われ乳母による養育（里子）とが、多分に制度化された形で浮上してくる点である。これらのシステムを間接的子殺しと見なすことの当否も含めて、以下少し詳しく検討してみよう。

前述のように養育院の起源は中世にまでさかのぼる。七八七年のミラノのダテウス以前にも、六〇〇年頃のトリアーでは、貧しい女が生後三日目の子供を特定の大理石の盆に捨てると修道院がこれを育てたという、養育院の先駆を思わせる記録がある。ミラノに続いてシェナでは八三二年、パドヴァでは一〇〇〇年頃に養育院が設けられ、ヨーロッパのほとんどの都市には何らかの形でこうした場所があったのではないかといわれる（阿部 1984：199）。だが大規模、かつ公的な基盤に立つ養育院の出現は近代以降の現象といえる。トレクスラーが調査している次のフィレンツェの場合は、その最も初期の例である（Trexler 1973b）。

フィレンツェでは一三世紀から一四世紀にかけて二つの私的な福祉施設が造られ、貧しい病人や幼児を収容していた。だがこれらだけでは不十分であったため、一四四五年に市議会と絹物ギルドが共同でサンタ・マリア・デグリノチェンティという専門の養育院を開設した。開設以来のこの養育院への捨て子の流入ぶりは、旧来の施設が収容していたのは望まれない子供たちのごく一部分にすぎなかったことを暗示している。最初の三年間に院が乳母のもとへ里子に出した乳児は二六〇名以上で、さらに毎日新しい子供が収容された。一六世紀初頭には、毎年の収容人数は九〇〇名を超えた。おりからの戦争や飢饉による生活困窮が重なったためもあるが、それ以外に、施設の収容能力の拡大が、それまでなら捨てられなかったかもしれない子供の遺棄を誘発したと見ることもできる。なぜなら、捨て子のうち女児が男児を上回っているのはここでも変わらなかったが、旧来の施設では女児の比率がつねに六一パーセントを超えていたのに、イノチェンティでは開設以来八年半に収容された七〇八名のうち、女児は五八・九パーセント、男児四一・一パーセントと、男の捨て子の相対的増加が認められたからである。

なお、飢饉などの非常時を除けば捨て子の圧倒的大多数は私生児で、たとえば最初に収容された一〇〇名中、はっきり嫡出子と判っているのは、母親が亡くなったばかりの子供一名のみであった。また、これらの子の母親中三四名は奴隷で、自由市民である男との間に生まれた子供たちであった。

近代初期のドイツは、すでに養育院へ子供を運ぶ運び屋が独自の職業集団を形成し、一定の料金をとっていたといわれるが、この時期のフィレンツェにはそれは見られず、子供は店先や祭壇などに置き去りにされるか、さまざまな人物が連れてきたようである。

こうした施設に子供を託すことは、親が子供の生存に期待をかけていればこその処置で、子殺しと同列には扱えないと考えた方がよいのだろうか。たしかにイノチェンティの場合、子供と一緒に院に届けられた手紙の中で、父親が子供を捨てざるをえない事情を述べ、将来必ず子供を引き取りに来て、かかった費用も弁済すると約束している例がいくつか見られる（母親からの手紙は見つかっていない。また、結局こうした父親が子供を引き取りに現れたという例もないようだ）。そして初期の三年間ほどは施設に余裕があったためか、一歳未満の子供の死亡率は三〇パーセント以下にとどまっていた。だが四年目に入ると、この比率は五〇パーセントを突破する。一四五四年、開設九年後の計算によれば、収容された七三八名のうち三九五名、すなわち五三・五パーセントがすでに死亡していた。院内の子供も乳母のもとに預けられた子供も死亡率に大差はなく、とくに夏から初秋にかけて消化器系の病気によると思われる死亡が多かった。このように、親の側にどのような期待があったにしても、遺棄が子供の生存につながる可能性は大きいとはいえず、そのことはおそらく親の目にも明らかであったと思われる。

養育院が捨て子を預けた乳母たちは、自分の子供の離乳直後か、子供を亡くすか、捨てるか、別な女のもとへ里子に出した母親であったようだ。一五世紀のフランスでモンペリエ市当局に雇われた捨て子用乳母についてのオーティスの研究によれば、一定の報酬を受ける乳母が増加しはじめるのは一五世紀半ば以降で、一四五〇年の五名が九六年には四〇名になっている。しかしこの世紀中に記録されている三〇五人の乳母のうち九一パーセントはただ一度だけ、比較的短期間乳母をつとめたにすぎず、この時期のモンペリエではまだ後に見るような里子産業がさかんでなかったことがわかる（Otis 1986）。一方イタリアでは、一四世紀頃から乳母の賃金や仕事ぶりを共同体が監督しようという動きが見られる。一四一五年には、里子が三〇ヵ月になるまでに世話を放棄した乳母は、罰金または公開むち打ちの刑に処すと定められた。だが実際には乳母は売り手市場で、規制は難しかったと考えられる（Trexler 1973a）。一六世紀に入ってもイタリアでは乳母不足が続き、乳母がみつからなくて死亡する子供もあった（Fildes 1986 : 273-274）。

フランスとイタリアのこの相違は、一五、六世紀のフランスではまだ養育院に収容される子供に条件があり、貧者の子供はよいが、罪の子すなわち私生児は認められていなかったことと関係があるのかもしれない。一四四五年、シャルル七世はパリ聖霊救済院に与えた勅許状でこう述べている。

もし不義の子を区別なく受け入れるならば、あまりに多くの希望者が殺到し、その結果本救済院のごときは収容不可能の事態となろう。私生児が養育され、自分たちにはなんの費用もかからず心配もいらないとわかれば、多くの者が姦淫に身をまかせ、罪に走るのにさしてためらいを感じなくなるだろうから（Flandrin 1981＝1987：214）。

そこでフランスでは、教会の前や人通りの多い場所、産婆の家の戸口などに捨てられた子供は、生きて発見されれば施療院につれていかれ、乞食や放浪者や狂人と一緒に収容されていた。一七世紀後半、聖ヴァンサン・ド・ポールは、毎日ノートルダム寺院の石段に放置される赤ん坊の数に驚き、宮廷の貴婦人たちに訴えて大規模な捨て子収容所を開設した。ノートルダム寺院前広場にあった乳児用養育院がその中心で、ルソーが一七四六年から五五年にかけて下宿屋の手伝いの娘テレーズに産ませた五人の子供を次々と送りこんだとされているのも、ここであった（二宮 1986）。

こうして一六七〇年以降、パリをはじめカトリックの支配するヨーロッパ各地の大都市では、養育院建設が金持の人々の好む慈善事業として流行し、ぜいたくな建物や設備に大金が投じられた。中でも、ロシア宮廷がパトロンとなってセントペテルブルグに設けられた養育院は驚くべきものだった。かつての宮殿を転用した建物は市街の中心に広大な一画を占め、一八三〇年代半ばの収容人数は二万五千人で、さらに毎年五千人が新たに迎え入れられていた。建物の豪華さといかなる詮索もなされないことが魅力となって、同市の新生児の約半数が親の手でここに捨てられたといわれる。子供たちは、一二名の医師と六〇〇名の乳母によって最初の六週間世話された後、田舎の農婦のもとへ里子に送り出され、六歳になるとセントペテルブルグにつれ戻されて教育を受けることになっていた。だが、この見事な計画ももくろみ通りには進まなかった。入所して最初の六週間のうちに三〇〜四〇パーセントの子供が死亡し、六歳まで生きのびた子供は三分の一にも満たなかったのである（Langer 1974）。

教会関係者の中では、こうした施設への安易な受け入れが性道徳の乱れを助長し、不義の関係を増加させていると非難する声も強かった。事実、一七、八世紀におけるパリの養育院へのパリおよび地方からの新生児の大量流入、あるいはレンヌのような地方都市への周辺部からの未婚の母の流入（藤田 1983）を見ると、かつてのイノチェンティの場合と同様に、「捨て子の増加が施設の増進を促したというより、施設が捨て子をひき寄せた」一面があったことは否定できないようである（Flandrin 1981＝1987：214）。聖ヴァンサン創設のパリの養育院への受け入れ数は、一六七〇年の三一二人から最高となった一七七二年の七六七六人まで、ほぼ百年間に二五倍と激増した。一八世紀末パリの人口は五〇万から六〇万人、毎年の出生数が約二万人であったから、捨て子の数がいかに厖大であったかがわかる。ただし一八世紀半ばからは捨て子の中に地方生まれの子供の占める割合が増加し、一七七〇年から九〇年の段階では収容児の三〇パーセントから四〇パーセントを占めるようになった。子供たちは近郊ばかりでなく、遠隔地や外国からも「運び屋」に背負われてはるばるパリに送りこまれてきた。当時の著作家メルシェは、次のように「運び屋」稼業を描いている。

その男は、子供を三人つめこむことができる、底に敷物をした箱を背負って、それに請け負った捨児を入れてくるのだ。子供たちは、産衣の布でぐるぐる巻きにされて箱の中に立ち、箱の上口からやっとこせで空気を吸っている。男が休むのは、自分の飯のためと、子供たちに少しばかりの〔布にしませた〕乳を吸わせる時だけである。箱を開いてみると、三人に一人は息絶えていることがしばしばだ。男は残る二人をかつぎ上げ、一刻も早く厄介払いしたいと道を急ぐ。捨児院に荷を下ろすや否や、男は再び同じ仕事に旅立つだろう。それで、飯を喰っているのだから（二宮 1986：249）。

さらに子供を捨てる方法の簡便化も、養育院に収容される子供の急増の一因であった。一八世紀初頭から各地で採用されるようになった回転箱（tour）がそれである。養育院の壁にとりつけられたターンテーブル式の箱のこちら側から赤ん坊を入れてぐるりと回し、箱の脇に下っている合図の呼び紐を引くと、内側から子供を受け取ってもらえるしくみになっていて、顔も見られず、いっさい質問を受けることもなく子供を捨てることができた。ナポレオンは一八一一年に、フランスのすべての県に回転箱を備えた養育院を設けることを命じた。ドイツのマインツでは、まだ養育院のなかった時代には、一七九九年から一八一一年までの捨て子数がわずか三〇人であったのに、ナポレオン治下で回転箱つきの養育院を設けたところ、三年間に五一六人の捨て子があり、急いで回転箱を廃止したという（小南 1924）。

養育院に殺到した子供たちの多くが施設の中で、里子に出された先で、あるいはその途上で死亡

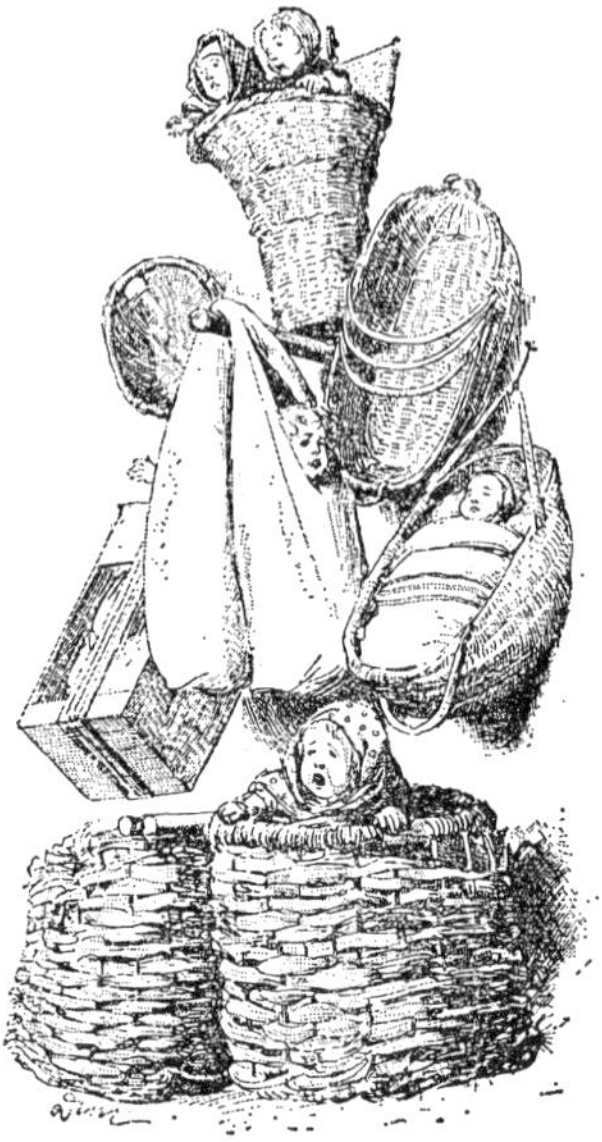

図1　捨児の背負い籠（19世紀の版画）

した。一七七一年から七三年頃、リヨンで生まれ貧民救済院によって山村に送られた乳児の六二・五パーセントは、そこで死亡した。その他の地方でも、里子の死亡率は六三パーセントから七五パーセントにのぼっている（Flandrin 1981＝1987：225）。一八一八年のパリでは、施設に収容された四七七九人のうち二三七〇人が三ヵ月以内に死んだ（Langer 1974）。その原因は、天然痘の流行で一〇八九人の子供のうち九八パーセントが死亡した一七六七年のモスクワの養育院のように、伝染病や衛生の問題もあったが、乳母不足や人工栄養も大きな要因であった。乳母がみつからなかったり、乳汁分泌中でない名ばかりの乳母に預けられた赤ん坊は、パンがゆなどを与えられるか、山羊など動物の乳房から直接乳を飲んだのである（後者の方が生存率はよかった）（Fildes 1986：274-277）。

　このように、幼児の生命を救済すべく設立されたはずの養育院は、実際にはむしろ逆の方向に機能することが多かった。しかしだからといって、これらの施設がなければ子供たちの多くが親の手元で育てられ、生きのびたであろうとは必ずしも期待できない。捨て子という道が開かれていなかったとしても、貧困、未婚の母の排斥、その他の子殺しへのさまざまな誘因が存在するかぎり、伝統的子殺し法によるにしろ、あるいは次に述べる里子システムを利用するにしろ、なんらかの手段で子供を処分しようとする試みもまた、なくなるはずはなかったからである。

さて、近代では捨て子だけでなく、一般家庭の子供たちもまた里子に出された。母親自らが授乳せず、乳母を雇って授乳と養育を任せる習慣そのものは古代から存在していた。かつてローマで子供の捨て場所であった野菜市場内の「乳の塔《コロンナ・ラクタリア》」とは、乳母志願者が雇い主を待ったたまり場であったといわれる（DeMause 1974）。乳母の紹介所が初めてパリに開かれたのは一三世紀で（Badinter 1980＝1981：61）、一五世紀頃にはヨーロッパの多くの地域で子供に母乳を与えない習慣が見られた。当時、バヴァリア南部では赤ん坊をパンがゆで育てるのが普通で、北部出身のある女性が故郷の習慣にのっとって子供に授乳しようとしたところ、まわりの女たちから面と向かって「汚ならしい」と言われ、夫にも、そのいやらしい習慣をやめなければおまえの作った食事は食べないと脅されたという例が伝えられている（D. McLaren 1978）。一般に上流階級では授乳は野蛮と考えられただけでなく、社交や夫婦の性生活の妨げとなる点でも嫌われたらしい（Lithell 1981）。

だが一七、八世紀になると、上流階級だけでなく都市のブルジョワジー、商人や職人、労働者の家庭にまでこの習慣が広まった。乳母には住み込みと里子式とがあったが、フランスではとくに後者が多かった。一七八〇年のパリ警察の推計では、一年間に生まれる二万一千人の子供のうち一万七千人が田舎へ里子に出され、二千人から三千人が養育院に入れられ、母乳で育てられるものと住み込みの乳母に授乳されるものがそれぞれ約七〇〇人となっている（DeMause 1974；二宮 1986）。そのためパリにはヨーロッパ最大といわれる市営の乳母紹介所があり、一種の行商システムによって里子を地方へ送りこんでいた（Lindemann 1981）。

里子を引き受けた農婦たちの目的が家計のために現金収入を得ることであったのと同じように[3]、里子に出す側でも、少なくとも中流の下層や労働者階級においては経済的な動機が大きかったようである。この階層では妻もまた、夫に負けず劣らず生産活動の担い手であり、妻の労働力確保が重要だったからである。だが同じ都市労働者でも、最も貧しい階層では里子に出すのに必要な養育料も捻出できなかったから、子供はかえって親の手元に残されるか、養育院に送られたと思われる。さらに人口の大部分を占める農民の間では里子の習慣は一般的でなかった。しかし農婦の中には、都市からの里子によって収入を得るために、自分の子供をさらに安い料金で引き受けてくれる乳母のもとへ里子に出すものもいた。一九世紀後半、工業都市サンテティエンヌ近郊の村では、死亡記録にのっている三二七人の里子のうち約三分の二が商人と職人、十分の一が重工業労働者、残りが農家の子供であった（Lehning 1982）。

養育院からの里子と同様に、一般の里子も死亡率は高かった。もとより当時は乳幼児の死亡率全体が高く、たとえば一七八〇年から八九年までのブルターニュとアンジュー地方では、平均して四人に一人の赤ん坊が一歳になるまでに死亡した（藤田 1984）。だが里子の死亡率はさらに高く、前述のサンテティエンヌ近郊の村では、乳母の家に到着してから一ヵ月以内に二一・四パーセント、六ヵ月で六五・八パーセント、一年が経過するまでに八五パーセントの子供が死亡した。また、里子といういわば競争相手の出現によって、乳母自身の子供の生存も脅かされる結果となった(Lehning 1982)。

里子と乳母の関係はどうだったのだろう。バダンテールが、一八世紀の里子がいかに惨憺たる取り扱いを受けたかを強調しているのに対し(Badinter 1980＝1981：126-129)、ルークスはより牧歌的で慈愛に満ちた農村の母たちの姿を描き、里子の死は乳母よりも、当時の全般的な衛生状態の悪さや運搬の方法に原因があったと示唆している(Loux 1978＝1983：162)。たしかに、里子を引き受けたすべての乳母が子供を虐待したり、生きのびさせるための努力を怠ったと考えることは、根拠のない決めつけにすぎない。しかしまた、次のような報告にも耳を傾ける必要があろう。

ひき受け手である農村女性の臆面のなさを無視してはいけないのだ。彼女らは、自分たちの貧しい生活を改善するために、養えもしない数の子どもをひき受けたのである。ガーデンは、二〇年間に一二人の乳児を預り、ひとりも生きて返さなかった里親の例をわれわれに教えてくれる。彼はまた、一七五九年に一六件の洗礼しかなかった村が、同じ年、二一の家族で二六人の乳児をひき受けたともいう(Flandrin 1981＝1987：225)。

子供に対する親の感情についても、相反する二つの見方が存在する。藤田苑子は、親が子供を里子に出したのはやむをえぬ経済的、職業的事情からで、愛情の有無とは直接関係がなく、手がかからない程度に成長した我が子の帰還を「大きな歓びをもって迎え」たとする（藤田 1984）。一方フランドランは、「親たちのなかには、すぐ近くの村に子どもを里子として出しておきながら、一度も子どもの消息を尋ねさえしない者もいた」ことを指摘し、里子送りが幼児遺棄の一種であったことを肯定するのである（Flandrin 1981＝1987：226）。たしかに、親の側の事情がどれほど余儀ないものであったにしろ、あるいは親の子供への感情が主観的、個別的にはどのようなものであったにせよ、里子制度が実質的には藤田のいう「自然淘汰」よりはもっと人為的色彩の濃い、かなり確率の高い子殺しシステムとして機能し、それが多くの親にもある程度容認されていたことは認めてよいように思われる。

フランスでは全国の養育院に遺棄された子供の数が一八三三年には一六万四三一九人にものぼり、回転箱を通じての「合法的子殺し」に対する非難の声が高まった。その結果、回転箱はしだいに廃止の方向に向かい、一八六二年には五ヵ所を残すのみとなった（Langer 1974）(4)。だが里子制度の方は一九世紀を通じて存続し、一八九〇年代に入って殺菌牛乳による安全な人工栄養法が宣伝されるようになっても衰えを見せなかった。里子が大幅な減少を示すのは第一次世界大戦後、女性の雇用が後退し、多くの母親が家庭にとどまるようになってからのことである（Sussman 1977, 1982）。このことは、里子制度と女性労働との関係の深さを裏づけるものであるが、同時に後述するような母性イデオロギーの浸透との関わりも無視できない。

近代の養育院や里子についての研究が最も豊富なのはフランスであるため、ここでの記述もフランスが中心となったが、国や地域により多様性が見られたことは言うまでもない。たとえば一八世紀のハンブルクでは、上流階級だけでなく商人や職人の家庭もまた、里子よりも乳母を自宅に同居させる方法を好み、地方へ里子に出されたのは養育院の子供や孤児だけであったという(Lindemann 1981)。

イギリスもまた、フランスとは異なる展開を示した。ここでは退役提督トマス・コラムが、ロンドンのごみだめに毎日投げ捨てられる嬰児の死体に心を痛め、一七年間にわたる奔走の末、ようやく一七四一年にロンドン捨て子収容所が開かれた。大陸の養育院が教会や国家によって運営されていたのに対し、これは上流階級の後援を受けた法人組織であった。また、どんな子供も無差別に受け入れたのではなく、性病やるいれき、レプラなどの病気をもたない生後二ヵ月未満の子供(後に一二ヵ月まで延長)という条件があった。当初はロンドンの子供だけが対象であったが、子供の収容を認められる幸運な少数者の一人にならんものと殺到した女たちが入口でもみあい、激しい争いを展開するという事態に、一七五六年、理事会が収容所の開放を決めたところ、各教区の救貧院や地方から厄介払いされた子供たちがどっと流れこむ結果となった。開設後五年間の入所人数は七八三人にすぎなかったのに、開放後は四年間に一万四九三四人が入所した。当然死亡率ははね上り、最初の二年間の四三パーセントに対し、開放に続く二年間には八一パーセントに達した。「施設は生きている者を保護する場所というよりは、いわば死者のための死体安置所となった」のである。

驚いた理事会は無差別受け入れを撤回し、入所には以前にまして厳しい条件が課されるようになった。子供の収容を認められたのは未婚の母が多く、大半が安定した職をもつ家事使用人であったが、彼女たちは公式申請書の提出から始まって、三、四ヵ月（最も長い例ではなんと九ヵ月）にも及ぶ微に入り細に入った審査をパスすることのできた、一握りの人々であった。一八五〇年頃には、施設は収容人数四六〇人、毎年七七人を迎え入れるだけの「狭き門」と化していた（Langer 1974; Weisbrod 1985）。

当然ながら、収容所側の抱く「期待される捨て子像」に合致しない子供たちの処分には、他の手段が必要であった。この当時、イギリスでは一八〇三年に法律が改正されて、それまで私生児を産み、その子が死んだ場合に未婚の母に課せられていた子殺しをしていないという立証責任が撤回された。また、子殺しで有罪を宣告するためには、殺される前に子供の全身が母体の外に出ており、完全に生きていたことを立証する必要があった。いいかえれば、分娩が完了しないうちに新生児を殺してしまえばそれは法的に殺人ではなかったし、生後に殺されたとしても、どの時点で殺されたかを判定することは困難であった。さらに一般に陪審員団は誘惑した男の責任を問わずに未婚の母だけを罰することには消極的で、子殺しが実際に処罰の対象となることはまれであった。そのためこの種の子殺しは母親や周囲の人間の手でかなりさかんに行われていたようで、圧死やわざと放置して死亡させることも行われていた。ディズレーリが、ガンジス河のほとりに負けず劣らずイギリスでも子殺しが蔓延していると嘆いたのは、こうした状況を指していたのである（Langer 1974）。

フランスの里子に相当するものはイギリスでは「ベビー・ファーミング」と呼ばれ、地方へ送り出すよりは都市の中で私的に子供を預かる方式をとっていた。救貧院に収容された赤ん坊を、同じく貧民救済の対象となっている貧しい女（多くは未亡人）が、生活手段として一どきに何人も預かった（Fildes 1986 : 281）。外で働く母親のために老婆などが日中だけ子供をみるといった託児業もあった。ベビー・ファーム内の環境や保育状況は悪く、全国の幼児死亡率が一五パーセントから一六パーセントであった一八七〇年代に、一部のファームでは死亡率九〇パーセントといわれた。これには前述のような人工栄養の問題もあったし、放任や病気、事故による死亡もあったが、意図的操作も行われていたらしいことは、ファーム内での嫡出子の死亡率が二四パーセントから三〇パーセントであったのに対し、非嫡出子では七〇パーセントから七五パーセントにのぼっていることからもうかがえる（Sauer 1978）。未婚の母や働く母親から悩みの種をとり除いてやるこうした商売は、「キラー・ナース（人殺し乳母）」とか「エンジェル・メーカー」と呼ばれた(5)。

さらにイギリス独特の方法として埋葬保険の利用があった。これは子供を埋葬クラブに登録して毎週わずかな掛金を払いこみ、一定期間がすぎたところで自然死を装った方法で子供を殺し、保険金として三ポンドから五ポンドを受け取るというものである。子供の埋葬にかかる費用は一ポンドまでであったから、差額が親のポケットに入ることになり、これは貧しい親にとってはかなりの誘惑であった。もうけを大きくするために同時にいくつものクラブに登録するのがふつうで、一九もの保険に入っていた子供もいたという。そこで隣人たちは、子供がクラブに入ったと聞くと、「ああ、あの子も長くはない」とうなずきあったのである（Langer 1974 ; Sauer 1978）。いま一つ、大英帝国の植民地貿易がもたらした特異な子殺し法として、阿片中毒死をあげておこう。阿片は東インド会社を通して中国だけでなくイギリス本国にも流入し、市民階級や労働者階級に浸透した。一九世紀前半のイギリスでは、阿片はインフルエンザから心臓病まであらゆる病気に効くとして愛用され、誰もが自由に買える商品であった。子供用にも阿片を主成分とするシロップがあり、乳幼児をおとなしくさせておくために、母親や産婆、乳母らによって使われた。その結果、一八六三年から六七年の間に五歳以下の子供二九二人が麻薬中毒で死亡したと報告されている（同時期の三五歳以上の成人の死亡は二五四人）。この中には事故もあれば、不用の嬰児の始末に阿片を用いたケースも含まれていたと思われる（Berridge 1978 ; Schivelbusch 1980）。

イギリスでは一八六〇年代から医師やメディアによる子殺し告発キャンペーンがさかんになり、ベビー・ファームや幼児保険に対する規制が設けられるようになっていった。それは一つには、植民地との関係の中で「西洋と非西洋」すなわち「文明と野蛮」という対抗図式が強く意識され、アジアの植民地での子殺しと同種の蛮行が本国でも行われていることが「ありうべからざること」と見なされるようになったためであった（Behlmer 1979）。またほぼ同時期に、避妊や堕胎に生殖コントロールの重点が移ったためか、婚内でも婚外でも出生率の低下が始まった。とくに子殺しに直結しやすい未婚の母による私生児の出産は、ある試算によれば一八七〇年から一九〇〇年にかけて五〇パーセントも減少している（Shorter et al. 1971）。同様の傾向は地域差はあるもののヨーロッパの他の国々にも認められ、回転箱の廃止とあいまって、一九世紀末から二〇世紀にかけて子殺しをめぐる報道や記述はしだいに目立たなくなっていった。

一方、乳幼児死亡率の方は出生率の低下には即応せず、たとえば一八九九年のイングランドとウェールズの乳幼児死亡率が一〇〇〇人当り一六三人であったように、むしろ上昇する傾向さえ見られた（一九世紀の平均値は一〇〇〇当り一四九）。ここから帰結する人口減少は、国民の数を重要な力もしくは資源と見なすようになった帝国主義諸国にとっては、ゆゆしき国家的大問題であった。多数の優秀な国民を産み育て、補充しつづけることは、欧米列強間の軍事的・経済的競争に勝ち残るためばかりでなく、極東の新興国日本に代表される「黄禍」の拡大から白人文明を護るためにも必要であった。こうして世紀転換前後から、子供と母親は国家や社会から熱いまなざしを浴びる存在となり、母子福祉や衛生への関心の増大と同時に、女子教育や社会教育を通じての女の教化が図られるようになった。母性は、女にとって至高の徳、国家への神聖な義務となったのである。医師や教育者などの「専門家」たちは、母親の就労や「正しい」育児法についての無知を高い乳幼児死亡率の原因として非難した（Davin 1978；Dyhouse 1978）。そして女の側でも、中産階級だけでなく労働者階級の女たちも、結婚した女の居場所は家庭、子供は母親の宝という考え方を理想像として受け入れていった（Stearns 1973）。こうして母性イデオロギーをその不可欠な一部として組み入れた近代国家は、女が自由に避妊や堕胎を行うことを厳しく禁じた。ましてやそこでは、生殖コントロールの一手段としての捨て子や子殺しは、異常な「逸脱行為」として完全に排除されねばならなかったのである。

4　結びにかえて
——子殺しをどう読むか——

以上述べてきたことは、子殺しの史的研究自体がまだ時間的にも空間的にも不十分にしか行われていないため、断片的にならざるをえなかった。さらにこれを避妊や堕胎と関連づけながら「産むことの否定の歴史」、ひいては性と生殖の歴史全体につないでいくためには、まだまだ多くのパズルの断片が必要である。ここではその限界を認めたうえで、二、三の点を指摘して結びにかえたい。

第一は、子殺しの倫理、すなわち子殺しに対する社会の許容度や人々の感性には、明らかに変化、もしくは断絶が見られることである。子供の死をとりわけいたましい悲劇と見る現代とは逆に、過去においては子供の死はながらく大人の死よりも軽いものであり、その死を誘導することも成人に対する犯罪とは質を異にするととらえられていた。ヨーロッパ社会へのキリスト教の導入もこの感性の全面的否定をもたらしたわけではなく、古代社会では積極的善とされていたものがしだいにやむをえぬ必要悪と見なされるようになるまでには、長い時間を要した。さらに子殺しがおぞましい絶対悪とされるようになったのはごく最近の現象であり、フィリップ・アリエスによって近代的子供観への転換期とされた一八世紀よりもさらに後のことと思われる。

この過程を説明するためには、避妊や堕胎を含めた生殖コントロールの具体的あり方と、人的資源に対する国家や社会の側からの要求にどのような質的、量的変化があったかが、より詳細にあとづけられねばならない。と同時に、子供観だけでなく、死生観や人間観といった人々の心性のレヴェルでの変化も重要なカギとなる。現代においては、生と死は完全に分断されて死は悪と見なされる。また、人間と自然は対立的にとらえられて人間は自然の優越者となり、個人の生命の価値は万物に優先させられる。だが過去においては生と死はたえず融合し、交錯していたし、人間も自然の一部としてのより非個別的な存在であった。子殺しの倫理をめぐっての過去と現在の断絶は、この心性の異質性に一部は淵源している。

第二に、これとは逆に子殺しの論理、すなわち動機に関しては、断絶よりもむしろ連続性ないしは共通性が目につく。今回見たかぎりでは、子殺しの動機はほぼ次のように整理できる。

(1) 宗教的理由（神への犠牲、多胎児の忌避など）
(2) 優生学的理由（奇形児、虚弱児の排除）
(3) 性の選別（圧倒的に女児を忌避）
(4) 経済的理由（貧困、生活水準の維持）
(5) 私生児の抹消（未婚の母の「名誉」を守るため、あるいは婚姻制度保全のため）
(6) 拘束性の拒否（社交や性生活の邪魔になる、授乳は美しさや品位を損う、など）

このうち(1)はほぼ古代に属するし、逆に現代によく見られる、核家族の子育ての中で母親が「代役のない主役」をつとめることからくる育児ノイローゼによる子殺しは、歴史の中ではあまり見当らない。母親の一時的錯乱による子殺しが報告されている場合にも、貧困とか私生児とかの付帯条件をともなっているようである。これは、かつては育児が母親一人だけの負担ではなく共同体の中で代役や補助者を見つけやすかったのと、要求される育児の内容や質そのものが現代のように過大で画一的でなかったためであろう。

だがその他の動機について見れば、(4)(5)(6)が現在も避妊や妊娠中絶を含めた生殖コントロールの論理として公然と機能しているのは明らかであるし、(2)と(3)も表面的には目立たないが、決して消滅したわけではない。

まず性による選別については、一八、九世紀のドイツの農村ではもはや女児殺しは認められないとする研究（Knodel & De Vos 1980）がある一方、中国やインドでは現在も女の胎児・嬰児殺しが行われている（Arnold & Zhaoxiang 1986; Das Gupta 1987）。日本や欧米では、男女産み分けなどの先端的生殖テクノロジーが女児の淘汰に利用される危険性が指摘されている。最近の日本では、男の子よりも女の子を望む人の割合が増えているとの報道もあるが（朝日新聞、一九八八年五月一日）、世界的に見れば娘よりも息子を選択する社会は依然として多い。

優生思想からくる選別にしても、現代の医療テクノロジーは、羊水穿刺や超音波による胎児チェックと障害児（またはその可能性のある胎児）の中絶によって、かつては出産後に行われていた選別をより早期に行えるようにし、これは大むね福音と評価されている。社会一般に障害者に対する差別や忌避の念が根強いのは周知の事実であるし、「できる生徒」と「落ちこぼれ」を組織的に選別し、後者を排除していく現代の教育制度もまた、優生思想の健在ぶりを示している。とすれば、子殺しに対する倫理的評価の変化にもかかわらず、子殺しに至る論理のほとんどは、表現形態を変えながら現代人の思考と行動にも受けつがれているといえよう。

最後に子殺しの担い手は誰かという問題がある。子殺しはしばしば母親による犯罪と考えられやすいが、歴史的に見ればギリシアの例のように、それはむしろ長老や父親などの家父長の権限に属することがらとされ、母親が表面に出ることはなかった。やがて教会による禁止とともに子殺しは夫と妻、父親、あるいは母親による密かな犯罪へと姿を変える。その中からとりわけ未婚の母がクローズアップされ、処罰の対象となっていくわけだが、実際には彼女たちだけが子殺しの担い手でなかったことは先に見たとおりである。このことは、子殺しが決して女だけの問題ではなく、女も男も含めた人間の生殖行動の重要な一側面をなしてきたことを暗示している。

とはいえ、女がしばしば子殺しの実行者や加担者であったのは疑いえない事実であり、「産む性」と子殺しの関係をどう考えるかという問いはなお残るだろう。動物行動学的に見ると、人間はチンパンジーやハヌマンラングールなどのサル類に比べて子殺しの発生頻度が非常に低いといわれる（竹内 1988：182）。だが人間においては、避妊や堕胎から捨て子まで、多様な間接的子殺しの手段を獲得したことと同時に、サル類ではまず見られない母親自身による子殺しがひんぱんに見られるという特徴がある。このことは、女の子殺しが「自然」や「本性」に反した人為的な強制の結果であって、女はむしろ殺される子供と同様に、社会的な「子殺しの論理」の犠牲者であったことを意味するのだろうか。

たしかに女児殺しや未婚の母への迫害など、被害者としての女の立場を強調するための材料にはことかかない。だがもし子殺しが女の「本性」に反するとすれば、にもかかわらずなぜ女は被害者たることに甘んじてきたのかという当然の疑問が生じる。ちょうど動物学者のフルディが、子殺しをするオスザルになぜメスザル同士は互いに協力して対抗せず、一方の性として自らの服従に手を貸すような行動をするのか、と問うているように（Hrdy 1981＝1982：121）。

その一方、たとえば女児殺しにしても、元来は外から押しつけられた論理であったろうものを女がほぼ完全に内面化して、母親自身が、しかも教育程度の高い母親ほど、女の新生児を死に至らしめるような措置をとるという報告が、インドのパンジャブ地方について見られる（Das Gupta 1987）。また子供が障害児の場合の母親による子殺しという現象について、ある脳性マヒ者は、これをすべて障害者に対する社会的差別のせいとして片づけることはできず、母親自身の中にそれを肯定する部分があると指摘している（横塚 1975）。これらの事実は、女をたんに犠牲者や被抑圧者と見るだけでは十分ではなく、「産む女」は「殺す女」でもありうると認めたうえで女の歴史を読み解いていく勇気と努力が必要であると、教えているのではないだろうか。

注

(1) ただしこれについては千葉(1983)のように、間引きは常習ではなく、異常事態下での特殊現象であったとする説もある。

(2) もっともハフターは、ドイツの場合親が子供を同じ寝床で寝かせたのは、夜半に悪魔にさらわれるのを恐れたためであるとしている(Haffter 1968)。

(3) レーニングが引用しているサスマンの報告によれば、一九世紀初頭のノルマンディにおける里子料は一ヵ月一〇フラン程度で、レーニングによればこれは貧しい農家にとって重要な副収入と見なしうる額であった(Lehning 1982)。

(4) 一九三〇年頃、中国の奉天や上海には、ヨーロッパの回転箱とそっくりな設備をもつ公認の捨て子救済所があったといわれる。報告者の一人は、昔から仏教徒の手でこの種の組織が設けられていたと伝えているが、正確な起源や、回転箱というアイデアが西洋の影響を示すものか(あるいはその逆か)否かは不明である(松本 1930;山崎 1930)。またフィルデスによれば、ボリヴィアではいまも回転箱が使用されているという(Fildes 1986:278)。

(5) 現在でも米国などでは集団保育が好まれず、日本のような保育所の普及が見られないとされるのは、あるいはこうしたかつての託児にまつわる暗いイメージにも一因があるのかもしれない。

第八章　「堕ちた女たち」

——虚構と実像——

1　トリスタンの見たロンドン

一八三九年、イギリスを訪れたフランスのフェミニストにして社会主義者のフロラ・トリスタンは、唯物主義と拝金主義の支配する大都市ロンドンでは、売春が「どんなものでも飲み込んでしまう怪物と思われているほど巨大な事実になっている」として、次のようにロンドン街頭における娼婦たちの姿を描きだしている。

ロンドンの売春婦と言えば、いつでも、どんな場所に行ってもその姿が見られるくらい大勢いる。彼女らは町の通りという通りすべてに流れ込んできている。一日のある決った時間には、遠くの地区まで出向き、群衆の行き交う大通りや散歩道、あるいはまた劇場とかにじっと佇んでいる。家に男を引き入れることは滅多にない。家主が大抵これを禁じているからで、また彼女らの住む部屋にはろくな家具も備わっていないからでもある。女たちは捕えたカモを商売用の特別の家——どの街にも一定の間隔を置いて例外なく存在し、ライアン医師の報告によれば、飲屋の数と同じくらい沢山あるという——に連れて行く（Tristan 1978＝1987：118　傍点原文）。

トリスタンはさらに、「居酒屋《エスタミネ》がドイツ人の、粋なカフェがフランス人の日常生活と密接に結びついているように、売春宿はイギリスの風俗習慣と切っても切れぬほど深く結びついている」とも述べている。売春宿ということばはこの場合、住み込みの娼婦をかかえた狭義の娼家ばかりでなく、連れ込み宿や居酒屋、高級なレストランなどまで含む幅広い場所を指して使われていたから、その数はたしかに膨大なものであっただろう。また同じく定義ははっきりしないものの、一八四一年の警察の集計によれば、ロンドンには中心部だけで三三二五軒の淫売屋があったとも言われている。そのためここに見られるような、客を求めて街頭や公共の場所に出没する娼婦の多さとそこから来る風紀の乱れは、外国人であるトリスタンのみならず、この時代のイギリスの人々によっても、単なる道徳的問題以上の「大いなる社会悪」として、議会の報告や警察統計、医学研究、新聞雑誌の記事や論説などでしばしばとり上げられていた。フランスではアレクサンドル・パラン＝デュシャトレによって一八三六年に、統計的手法を用いた「科学的な」売春研究の書として名高い『パリ市の売春』(Parent-Duchatelet 1836＝1992) が発表されていたが、イギリスでもこれにならって、トリスタンが言及しているマイケル・ライアンの『ロンドンの売春』(一八三九年) をはじめ、世紀半ばまでに相次いで多くの著作が出版された。ウィリアム・グラッドストーンが一八五七年の議会で、「買売春のはなはだしい害悪という点で、わが国ほどそれが大規模にはびこっている国は世界中にほとんど見られないのではないか」との懸念を表明したのも、こうした問題意識の反映であった。

もっともこの時期のイギリスが、本当にヨーロッパの他の国々に比べてとくに買売春が盛んな国であったかどうかは必ずしも判然としない。娼家や娼婦はおよそ人々の集まる都市であればどこにでも存在しており、とりわけパリやベルリンのような大都市では、警察に登録された公娼ともぐりの私娼とを問わず、娼婦と買売春にはつきものの性病とをいかに有効に管理するかが、つねに当局者にとっての難題となっていた。前述のパラン＝デュシャトレの著書も、もともとそうした関心から生まれた本である。数の点から言っても、たとえば一八五一年のフランスでは娼家に住み込んでいる公娼だけで一万六二三九人を数え、その大きな部分がパリに集中していたと言われる。しかし、ヨーロッパの多くの都市では一八世紀末から一九世紀前半にかけて、すでに警察による娼家の認可登録制、娼婦への鑑札の交付、娼婦の特定地域への居住や検診の義務づけ、性病にかかっている娼婦の病院送り、さらには登録していないもぐりの娼婦の検挙と矯正院送りなどの監視システムが導入されていたのに比べ、イギリスでは法によって、あるいは公的権力によって買売春を管理統制しようとする指向は希薄であった。一八六四年に後述する伝染病法（Contagious Diseases Acts，略してCD法）が成立するまで、イギリス流のレッセ・フェール（自由放任）主義は、こと買売春に関しても貫かれていたのである。そうした違いが、あるいはトリスタンのような、イギリスではいたるところで娼婦がおおっぴらに客を求めて徘徊しているという印象につながったのかもしれない。

2　娼婦の数と定義

それではこのころのイギリスには、実際にどのぐらいの数の娼婦がいたのだろう。この問いに答えることは、実はほとんど不可能に近い。それは売春という仕事の性質上、正確な統計が得にくいという問題以前に、そもそも「娼婦」（prostitute）とは誰を指すのかということばの定義そのものが、きわめて曖昧だったからである。たとえば一八六一―二年に出版された有名なヘンリー・メイヒューの『ロンドンの労働とロンドンの貧民』（Mayhew 1861-62＝1967）では、第四章で娼婦が扱われているのだが（執筆者はブレイスブリッジ・ヘミング）、そこには上は貴族や金持ちに愛人や妾として囲われている女、あるいは一人ではなく多数のパトロンを持って華やかな生活を送るプリマドンナと呼ばれる女たちから、下は「公園の女」と呼ばれるハイド・パークなどで体を売る老いた最下層の女に至るまで、多種多様な女たちが実例として登場する。その中には、夫以外の男と逢い引きをする「不倫のレディたち」や、未婚で男と性交渉のある娘、さらには正式な結婚をせずに男と暮らしている内縁の妻のような、今日の感覚からすればふつう「娼婦」の範疇に入るとは思われないような女性たちも含まれている。すなわちそこでは、相手となる男が単数か複数かという違いや金銭の授受という問題以前に、「自らの情欲に負けて徳を失った女はすべて娼婦と見なすことができる」という、きわめて広く漠然とした前提が存在していたらしいことがわかるのである。

同じような定義の曖昧さや恣意性の例は、他にも多数見出せる。たとえばグラスゴーのある警察部長によれば、ある女性が娼婦であるかどうかの判断基準とは、「街をうろついているのを警官に知られていて、他に職がないこと」で十分であったし、「娼婦たちの溜まり場である場所に一人で、しかもふつう不道徳な人間しか出かけないような時間に出かけていると信ずべき正当な理由のある女なら、誰でも」娼婦と定義できると考える医師もいた。ある性病治療病院の定義では、娼婦とは「二人以上の男とつきあっている女」であった。また、売春とは「不法な性交」のことであり、娼婦とはこうした不法で逸脱した行為を「自発的にくり返して行う性格を指す」という意見もあった。これらの漠然とした、そのときどきの都合次第でどのようにでも適用できる解釈が共通して示しているのは、その個人または社会（特にここでは中流階級の男性）が有している「品位ある女らしい女性」のイメージにあてはまらない行動をとったり、そうした性質を持つ女性は、すべて「娼婦」、すなわち性的に堕落した女として分類される可能性があったということである。さらにそれぞれの定義の曖昧さにもかかわらず、ある女性が娼婦であるかないかは一目瞭然、迷うまでもなく判断できると考えられてもいた。

「娼婦」の概念がこのように恣意的であった以上、その数の算定もまたあやふやなものにならざるを得なかった。一八世紀末の司法官であるパトリック・カフーンはロンドンの娼婦数を五万人程度と推定したが、その後一九世紀前半に登場した多くの著者たちはこの数字にその後のロンドンの人口増加率を掛けたものをそのまま娼婦の人数として記述し、くり返し引用されることによって、これらの数字はあたかも客観的な事実であるかのようにひとり歩きをすることになった。だが、たとえば前述のライアンが八万人の娼婦がいると述べた一八三九年当時のロンドンでは、総人口約七七万人中、年齢一五歳から五〇歳までの女性は四〇万人弱であり、もしもライアンの主張通りとすれば当時の成人女性のほぼ五人に一人は娼婦であったという、容易には信じがたい結果になってしまう。またフリードリッヒ・エンゲルスは『イギリスにおける労働者階級の状態』（一八四五年）の中で、「夜ごとロンドンの街頭を埋め尽くしている四万人もの売春婦」と、ライアンよりは少ないものの、やはり相当に大きな数をあげている。私たちとしては、これらの数値は実測に基づくものというよりは、「大いなる社会悪」がいかにゆゆしき事態に立ち至っているかを読者にアピールするための修辞的なものであったと考えたほうが正しいであろう。

その一方、当時の市警察はライアンに対し、娼婦の数はせいぜい七千人から八千人と述べたと言われるが、この対照的に少ない数字もまた、たまたま警察の網にかかった女たちの数からはじきだされたものにすぎず、必ずしも額面通りに受け取ることはできない。要するに、ヴィクトリア時代のロンドンないしはイギリスにどのぐらいの数の娼婦たちがいたかという問いに対する答えは、はてしなくその境界が不分明な「娼婦」の定義とあいまって、不確かなものにならざるを得なかった。だが後に見るように、実はこのような「実態」のとらえ難さのなかにこそ、この時代の買売春、ないしは「堕ちた女たち」をめぐる問題を理解するためのカギがひそんでいたのである。

3　買売春とダブル・スタンダード

売春はしばしば「世界でもっとも古い職業」などと言われるが、いつの時代、どこの社会にも同じように存在していたわけではない。買売春という現象の成立には、たとえば大勢の人間が集まる都市の存在をはじめ、さまざまな要素が関係していると考えられるが、なかでも重要なのは性のダブル・スタンダード、すなわち男と女にそれぞれあてはめられる性規範の落差の大きさである。ヴァーン・ブーローとボニー・ブーローは『売春の社会史』の中で、この点について次のように述べている。

どんな売春研究でも社会における女性の地位、役割というものを考えに入れなければならない。そういう女性役割のうちには、売春に関するどんな比較文化的調査にも際立って表われてくる側面がいくつかあるようだ。その一つが、女性は財産だという信念である。多くの社会で女性は男性の所有物であり、父親、夫、息子、兄弟のものとみなされていた。財産に損害をあたえることは、女性の貞操の喪失や姦通もふくめ、すべて罰すべき罪であった。往々にして、そういう「辱めをうけた」女は売春以外にとるべき道がなかった。いっぽう男性のほうは、そのような無力状態に苦しむことなく、はるかに自由な性的行動をとることができた。この結果、二重規範《ダブル・スタンダード》がうまれ、それは必然的に売春婦という女性の一階級を成立させることとなった。つまり、かたぎの女性に課せられる拘束から自由で、いろんな男がセックスの相手にできる女たちである（Bullough & Bullough 1987＝1991：13-14）。

このことは、言い換えればダブル・スタンダードの程度がはなはだしい社会ほど、一方で強調される女性の貞淑さと男性への従属性とのバランスをとるために、もう一方で売春行為とそれを行う女たちを必要とする社会だということになる。そしてヴィクトリア朝のイギリスは、まさしくそうした社会の一つであった。たとえばこの時代、夫婦のうち妻に一度でも不貞行為があった場合、夫はまちがいなく離婚が認められたが、夫が同じような行為をしたという理由で妻からの離婚請求が認められることはめったになかった。妻は夫から不貞だけでなく、重婚や虐待、遺棄、近親姦、強姦、その他の「離婚理由として十分な」被害をこうむったことを立証しなければならなかったのである。こうした態度の背景には、妻は夫の所有物であるという観念とともに、男の性欲は強くて制御が難しいのに対し、女の場合には「まともな女性」であればそのような欲求は感じるはずがないという考え方が存在していた。女は、結婚するまでは性的な欲望など感じないはずだから性的なことがらについての知識も持つ必要がないとされたばかりでなく、次の医師ウィリアム・アクトンのことばに代表されるような、たとえ結婚してからでも多くの女性は非性的な存在であるべきだとする考えが強くあった。

いかなる性的興奮もまったく感じない女性が多くいる。……最高の母、妻、家庭の管理者たちは、性に耽溺することなどほとんど、あるいはまったく知らない。……一般に、つつましやかな女性が自分から性の満足を求めたりすることなどめったにない。彼女が夫に身をゆだねるのは彼を喜ばせんがためだけであり、母性への欲求さえなければ、むしろ夫の関心を引かないことを望むのである（Acton 1865 : 112）。

このような社会では男の「自然な」性的欲望を満たし、それが良家の子女や他人の妻たちに向かうことがないようにするための「防波堤」として、娼婦の存在は必要悪であると考えられていた。『ヨーロッパ道徳史』（一八六九年）の著者ウィリアム・E・H・レッキーの表現を借りれば、娼婦は「彼女自身は最高度の悪徳でありながら、究極的には最も強力な美徳の守護者」であり、「人々の罪のために非難を浴びせられる、人類の永遠の女祭司」なのであった。

だが当時のイギリスにはその一方で、男女ともに厳しい性的モラルを要求し、婚姻外でのすべての性関係を許すべからざることと見なす考え方も存在していた。これはピューリタンの伝統とともにに、中流階級の勃興とも関係があった。新興ブルジョワジーは、富裕だが淫蕩な上流階級の生活とも、貧しい下層階級の性的無秩序（と彼らが考えたもの）とも異なる高い道徳性や品位を、自分たちの階級的アイデンティティのよりどころとしていたのである。もちろんこれにはつねに、悪名高いヴィクトリア朝風お上品ぶりや、表面だけをとり繕った欺瞞という側面が伴っていたのでもあるが。そのようなブルジョワ・モラルにとっては、多数の娼婦の存在は一面では必要悪であると同時に、あるべき「女らしさ」の規範からの逸脱、統御することのできないセクシュアリティの氾濫を象徴するものとして、たえざる不安の源でもあった。そしてそのことが、次に述べるような娼婦をめぐるステレオタイプなイメージや言説の量産につながっていくのである。

4 ステレオタイプ　その一
――犠牲者としての娼婦――

この時代に流通していた娼婦像は、大きく二つのタイプに分けることができる。第一は娼婦を、男に誘惑されて捨てられたり、あるいは貧しさゆえに転落への第一歩を踏みだすことになった、男の身勝手な情欲や社会の無慈悲さの哀れな犠牲者と見る見方である。一八四〇年に出版された福音派の医師ウィリアム・テイトの著書の題名『マグダレニズム――売春の範囲、原因、および結果についての考察』が示すように、この立場から見た娼婦はしばしばマグダレン、すなわち聖書に登場するマグダラのマリアになぞらえられた。一八五〇年の『ウェストミンスター・レヴュー』誌に掲載された「売春」と題する記事は、自らの罪の境涯におののきながらももはや引き返すことはかなわず、いっそうの悲惨への道を転がり落ちていく娼婦の姿を、次のように描き出している。

> 世間は――何も知らない世間は、彼女は淫らな快楽の喜びに耽っていると想像しがちである。良心の咎めや恥といった感覚はすべて失って何も感じず、好きで泥の中を転げまわっているのだ、と。ああ! このような見方には一片の真実もないか、あるとしてもきわめて稀な場合のみである。彼女が現在の堕落に行き着くまでに耐え忍んだに違いないあらゆる悲嘆と恐怖の苦しみ、最初の過まった、致命的な一歩をもとに戻すことができればという空しいあがき、あらゆる絶望的な運命の重さとともに避けることのできない未来が迫ってくるという気持、眠れない夜に浮かんできて消えず、ほとんど気が狂いそうなほど彼女の身を震わせる幸せな過去の夢の数々、これらをまったく無視しているのだ。……人間の生命を襲うすべての災厄が彼女のまわりに集まっているように見える――寒さ、空腹、病気、しばしば完全な飢餓。……こうした女たちの生涯は短い。その転落の道ははっきりして不可避なものであり、彼女たちもそれをよく知っている。彼女らが救われることはほとんど絶対になく、自分自身から逃れることはできないのである(Anonymous 1850 : 451-452, 454. 強調原文)。

図1　私生児を産んだ娘に、もう一人の娘の哀願にもかかわらず勘当を言い渡す父親　R. レッドグレイヴ《追放される者》(1851年)

図2　「道を踏み外した」娘とその家族の不幸な運命を暗示した、H. N. オニールの《さすらいの果ての帰郷》(1855年)

図3　「溜息の橋」の挿絵として作られたギュスターヴ・ドレの版画

　こうした娼婦像、あるいは誘惑されたり私生児を産むという間違いを犯したことで幸せな家庭から追放される女というテーマは、中流階級の顧客に好まれた当時の現代絵画でも頻繁にとり上げられた（図1・2）。そこに描かれた女たちは美しいが弱々しく、見る者の憐れみを誘うことはあっても決して脅威を与えることはない無力な存在である。

　また彼女たちの末路については、ライアンは「自殺するか、気が狂うか、廃人になる」と述べ、また別な医師も娼婦の寿命は四年程度で、毎年全体の四分の一が死んでいくと書いているように、必然的に悲惨な最期を迎えるものと考えられていた。なかでも人々を惹きつけたのは、困窮と絶望の果てに川に身を投げて死ぬ娼婦というイメージである。その典型として名高いのは一八四四年に発表されたトマス・フッドの詩「溜息の橋」で、ウェストミンスター橋の下で発見された「若く美しい」娼婦の溺死体について感傷的にうたっている。この詩のために多くの画家たちが挿絵を描き、さらにそれに触発されたと思われる多くの作品が生まれることにより、娼婦と川、そして溺死は一つのまとまったイメージとしてステレオタ

図4　C. W. コウプ《よい人生》(1862年)　中流家庭の居間で、子どもたちに取り囲まれながら編物をしている「理想的」母親

イプ化していった（図3）。

女性の倫落の過程には多くの場合貧困がからんでいると考えられはしたものの、娼婦になる危険性があるのは貧しい階級の女たちに限られてはいなかった。この時代の絵画には、一方では幸福な家庭とそこで娘として、妻や母として「家庭の天使」の役割を演じる女性たちが描かれたが（図4）、こうした清らかな女たちも、もしたった一度でも夫以外の男の誘惑

図5　A. エッグの三部作《過去と現在》の第一図　床の上の虫食いリンゴや鏡の中の開いた扉などが、妻の不貞と家庭からの追放を暗示している。

に身をまかせたり、未婚の娘であれば自分を誘惑した男と首尾よく結婚までこぎつけることができなければ、ただちに汚辱の女マグダレンへと転落し、下層の女たちと同じ道をたどると考えられていた。一八五八年に発表されたオーガスタス・エッグの絵画三部作《過去と現在》では、裕福なブルジョワ家庭の妻が不貞を犯したために、家庭は崩壊して当の女性は最下層の娼婦に転落し（橋の下でおそらくは死んだ赤ん坊を抱えた彼女を描くことで、入水自殺も暗示されている)、さらに父親に死なれた二人の娘たちも貧しく不幸な境遇に陥ったという物語が描かれている(図5)。

こうしたあくまでも受け身で悲劇的な娼婦像は、道徳的な人々からの憐れみや慈善を受けるにふさわしく美化されてはいたが、と同時に美徳からの逸脱は女性にとって必ず悲惨な死に終わると示唆することで、見る人々に一種の安心感を与える効果も持っていた。いうなれば人々は彼女たちから何の脅威も受けることなく、安んじて同情の涙を注ぐことができたのである。

5 ステレオタイプ その二
——汚染源としての娼婦——

これに対し第二の娼婦像は、娼婦を文字通り社会に害毒を流すペスト、汚染と病気と社会的無秩序の体現者と見る見方である。たとえば前述の医師アクトンは、娼婦は「社会のペストであり、近寄るすべての場所に汚染と悪臭をもたらし」、「警告もなしに人込みの中を忍び寄って……悪魔がとびかかるように若者の半分に毒を盛る」と述べているし、売春とは「たえず拡大を続ける巨大にふくらみすぎた異常生成物で、あらゆる社会の慰めや幸福にその芯の部分から食い込んでいく」と形容した者もいた。

このような考え方の背景には、一九世紀初頭以来ヨーロッパに猛威をふるっていた性病、とりわけ梅毒の流行に対する恐怖があった。この当時、梅毒に対してまだ有効な治療法は発見されておらず、病気が進行した場合に全身に現れるさまざまな症状のおぞましさに加えて、梅毒にかかった女性から生まれる先天性梅毒児の問題も深刻な不安の源泉となっていた。世紀の半ばごろから、男が娼婦を買うことにより、梅毒は当の男ばかりでなく彼を介してその妻にも伝染し、さらには未来の子孫にまで影響を及ぼす恐れのあることが広く認識されるようになった。先天性梅毒児の死亡率は高く、流産や死産になるか、たとえ生まれても生後一年以内に六〇パーセントから九〇パーセントが死亡すると言われ、ブルジョワジーの理想とする「家庭の幸福」に対して暗い影を投げかけていたのである。

とはいえダブル・スタンダードのもとでは娼婦の存在は、「下水や掃き溜め、汚水溜め」のように不快ではあっても社会にとって不可欠なものと考えられていた。そこから、性病の危険を未然に防止するためには「汚染源」である娼婦を医学的な管理下に置き、できるだけ衛生的に買売春が行われるようにすべきだという考え方がでてくる。パリの下水道問題の専門家で衛生学者のパラン＝デュシャトレが娼婦の研究に乗り出したのも、そもそもこうした「清潔な娼婦」を実現するという目的のためであった。イギリスでもアクトンをはじめとする医学界は、早くから大陸式の娼婦の管理・検診制度のイギリスへの導入を主張していた。そうした中で一八六四年に成立したCD法は、陸軍の駐屯する都市と軍港を対象に、警官が娼婦と見なした女性、または誰かに娼婦であると通報された女性に定期的な性病検診を受けることを義務づけ、これを拒否した女性の拘束や投獄を認めるものであった。アクトンらはさらに、性病対策としてロンドンや他の大都市の一般市民にまでこの法律の適用を拡大するよう求めて、精力的なキャンペーンを展開した。

CD法は娼婦だけに性病流行の原因を求め、しかも恣意的な判断によって女に検診を強制する一方、買う側の男に関してはまったく野放しという、典型的なダブル・スタンダードに基づく法律であった。これに対しては一八六九年以降、全国的に強力なCD法撤廃運動が起こり、推進派との攻防の末に八六年にこの法は廃止されることになる。その過程ではジョゼフィン・バトラーをはじめとするフェミニストたちが、管理対象とされた当の娼婦たちとも連携しながら、ダブル・スタンダード批判を軸に活発なCD法反対キャンペーンをくり広げたのである（第九章を参照）。

社会の汚染源としての娼婦というイメージには、性病以外の別な懸念も関係していた。大陸での一八四八年革命とフランス共和制の成立、さらにイギリス内部でのチャーティズム運動以来、イギリスの中流階級の間には社会主義や共産主義、革命に対する恐れや警戒が強まっていた。彼らにとって娼婦は、その多くが労働者階級の出身というばかりでなく、公共の場に現れてブルジョワ的価値観をあざ笑うかのように過剰なセクシュアリティを喚起し、「良家の子息たち」を誘惑するという意味でも、社会的秩序の破壊者、社会主義や革命に通じる混乱と頽廃の体現者と受けとめられていたのである。

しかも娼婦は必ずしも病気や自殺によって早死にするわけではなく、それどころかさまざまな形でふつうの家庭に入りこんでくると主張する者もいた。たとえばパラン＝デュシャトレは、売春は労働者階級の若い娘にとってごく一時的な職業にすぎないと考えたが、アクトンもこれと同様、世に言われているような惨めな娼婦は「大海の一滴」にすぎず、ほとんどの娼婦は遅かれ早かれ相手をみつけて結婚したり（その相手も上は貴族から下は厩番まで）、自分で商売をはじめたりして、娼婦の境遇から上昇していくと主張している。さらに彼は女が売春に走る原因として、失業や低賃金、貧困などの経済的理由よりも、男のために身を犠牲にしたいという「女性の奇妙で崇高な無私の情」や、派手に着飾りたいという「虚栄心」をあげ、転落の原因は社会よりもむしろ女自身の中にあると示唆した。こうした理由から堕落の道を選んだ娼婦たちは、「完全な猥褻さの道具」となり、自らの腐敗によって社会のほかの部分にまでその腐敗を浸透させるというのである。

だが、これら二つの相反する娼婦像が流通していたとはいえ、娼婦や買売春について論じた人々が対立する二陣営にはっきりと分裂していたというわけではない。むしろこれらは、個々の論者がそのときどきの文脈の中で娼婦にどのような意味を与えたいと思うかに応じて使い分けていたイメージのストックなのであり、したがって同一の著作の中に相矛盾する娼婦像や言説が同居していることも珍しくなかった。たとえばテイトは前述のように犠牲者としての娼婦像の主唱者の一人であったが、売春の原因は貧困や失業にあると言いながら、続けて「身持ちの悪い性質、かっとなりやすさ、虚栄心と衣装への執着、不正直や所有欲の強さ、怠情」など、女性個人の欠点に原因を帰そうともしている。また彼には、娼婦がもとガヴァネスのような中流階級の出身である場合には誘惑を転落の原因と見るが、お針子のような労働者階級の女性の場合には「彼女たちの性格のだらしなさ」でそれを説明しようとするという、階級的なバイアスも見出すことができる。

要するにこれらの娼婦像は実態の正確な反映というよりも、むしろ「娼婦」という曖昧なカテゴリーの助けを借りて投影された中流階級（の特に男性）のさまざまな不安や恐れ、あるいはあるべき女性像への期待という性格が濃厚だったのである。

6　ある女工の話

それでは私たちには、こうしたステレオタイプではない娼婦の「実像」に近づくことが可能なのだろうか。そのための一つの手がかりとして、ここで前述の『ロンドンの労働とロンドンの貧民』中のある「娼婦」の声を聞いてみることにしよう。当時の宣伝文句によれば、この本にはヘミングが行ったという多くの女性たちに対するインタヴューの結果が、文法的な間違いやスラングも交えて「彼女たち自身の唇から出たまま忠実に書き写されて」いる。そこには、騙されて娼家に売られ、半監禁状態で暮らしているという女性や、もとはガヴァネスであったのにその家の息子に誘惑されて転落し、今では梅毒のために顔も崩れて夜の公園で客を拾う女性のように、いわば典型的な「堕ちた女たち」も多数登場するが、その一方、画一的なイメージにはおさまりきらないケースも少なくない。なかでも興味深いのは、他に仕事を持ちながらときどきアルバイトとして体を売る「アマチュア」とか「ドリーモップ」（Dollymops）と呼ばれる労働者階級の女たちの存在である。少し長くなるがそのうちの一人の話を訳出してみよう。

一二歳のときから、有名なロンドンの朝刊紙の製版と印刷をする印刷会社で働いています。暮らすのに不自由のないだけのお金はもらってます。でも私は贅沢で、ちょっと想像できないぐらい食べたり飲んだりにお金を使うんです。……本当のところ、ずっと室内に閉じこもっていることや、夜の空気のせいで体調が狂って、食欲がおかしくなるんです。ときどき、買えるときは、とても高価なものを食べて、かなりお金のかかる生活をします。私は同じ職場のある男性が好きで、いつか結婚すると思います。彼は私を疑ってなくて、それどころか彼ひとすじだと思っているし、私のほうからわざわざ本当のことをいうわけもないでしょう。私はいま一九歳で、もう三年近く製版の仕事をしています。ときどき夕方か朝方早く、印刷の仕事から抜けられるときにヘイマーケットに行きます。昼間にちょっとやるときもあります。私の場合、しょっちゅうではないんです。何かに払うのにお金がいるときだけ。……私はいつもきちんとしていて、上品で清潔です。……私の恋人は、もし彼とやっているのと同じように私が他の人とつきあっているのを知ったとしても、私と結婚すると思います。私たちはいま関係があって、彼はとても私のことが好きですから。……私は小さいころ、貧民救済施設に入れられて、そこから奉公に出されたんです。父親や母親については全然知りません。……良い育ちだったり、ちゃんとした教育を受けさせてもらったりして、失うべき地位や台無しになるような将来、名誉を傷つけるような親戚などのある人なら、身持ちが悪いと責められるかもしれませんが、牧師や道徳家が私に弾劾の鉄槌を加えにくるなんて、とても考えられません。私の話し方がうまいので驚いてらっしゃるようね。……この七年間、どれだけのものが私の手を通ったか、私がどんなに多くの原稿を仕上げてきたかを思い出してください。……例のロバート・オーウェンのいう教育の広がりですわ（Mayhew 1861-62＝1967：255-256）（図6）。

もちろんこれはあくまでも一例にすぎないし、こうした語りにしても、専門家による「事実」報告の形をとった一つの言説であることは忘れるわけにはいかないだろう。だが、そこには中流階級出身の観察者がかぶせようとする「娼婦」ないしは「堕ちた女」というカテゴリーの網にはうまくおさまりきらない、労働者階級女性のセクシュアリティのありようが示されていることも確かである。この女性の場合、売春は「品位ある女性労働者」である彼女にとって（また、彼女の言にしたがえば恋人にとっても）決定的な汚点やあと戻りのきかない堕落などではなく、日々の生活の中で状況に応じて彼女が「主体的に」選びとる行動の選択肢の一つとして認識されているのである。

ヴィクトリア時代の「街の女」についてすぐれた研究を行ったジュディス・R・ワーコウィッツは、こうした「もぐり娼婦」の場合、彼女たちの性的行動を売春と定義することには問題が多いと指摘する。労働者階級の文化の中では、「性的な贈り物と品物とを引き換えにする物々交換の伝統と、伝統的な性道徳の明らかな侵犯とを区別することは、多くの場合困難」だからである。彼女は

図６　娼婦たちが客を誘う真夜中のヘイマーケットの情景

また、もっぱら性を売ることによってのみ生計を立てている女たちの場合にはこの境界はもっとはっきりしていたにしても、少なくともCD法導入以前には彼女たちも必ずしも一般の労働者階級の世界から完全に排除されてはいなかったと述べている。それは、この階級においては未婚既婚を問わず女性も働いて自活したり家計に貢献するのが当然のことであり、売春は彼女たちに開かれたごく限られた機会の一つ、ときには家庭からの脱出や独立の道と見なされていたからである。

だが中流階級の観察者たちの目には、こうした労働者階級の価値観はブルジョワ文化とは異なる「もう一つの文化」などではなく、たんなる文化の不在、もしくは否定としか映らなかった。労働者階級の女性たちは、女の正しい居場所である家庭の外の世界で働いているというだけですでに性別領域の侵犯者であり、不審の目を向けるに値した。まして彼女たちが性行動の面で自由に「まともな女性」と「娼婦」の境界を行き来しようとすることは、ダブル・スタンダードの成立基盤を掘り崩し、社会に許しがたい混乱と無秩序をもたらす恐れがあった。ヘミングが先ほどの女工の語りを紹介するのに先立って、お針子や麦わら帽子作り、毛皮屋、刺繍工、その他多くの女性の職業を数えあげながら、一説では「ロンドンの女性労働者の三人に一人は不身持ち」で、「金のため、またはより頻繁に自分の欲望のために」身を売るらしいと不安そうな口調で述べているのは、まさにこうした層の女性たちの、ともすれば既成の分類枠組みをはみ出していく行動に対する戸惑いを示すものであっただろう。

このように見てくるとヴィクトリア時代の「堕ちた女たち」をめぐる議論は、女とは何か、あるいは女はいかに生きるべきかの定義をめぐって当時さまざまな局面でくり広げられていた男と女の間における、さらには階級間における言説の争いの、あるきわめて顕著な例であったと言えるのである。

第九章　性の衛生学
――ヴィクトリア朝の買売春と性病――

はじめに

一八六四年七月二九日、一般に伝染病法（Contagious Diseases Acts、以下、ＣＤ法と略記）と呼ばれる、娼婦の管理と性病予防を目的とした法律がイギリス議会を通過、成立した。この法律が誕生するまでのイギリスは、ヨーロッパ大陸とは異なり、買売春に対する法的規制への指向が弱い国として知られていた。一八二四年に制定された浮浪者取り締まり法、あるいは一八三九年の首都警察法の下で、娼婦であれ、売春宿の主人であれ、路上で客引きをしたり騒動を起こして公共の迷惑となったものは逮捕、処罰の対象となると定められていたが、これは買売春そのものを禁止した法律ではなく、また必ずしも厳密に施行されていたわけでもなかった。イギリスは買売春に関してもレッセ・フェール（自由放任）政策をとる国だったのである。

これに対して大陸では、早くから都市単位でフレンチ・システムと呼ばれる売春宿や娼婦の登録・検診・監視制度を採用している地域が多かった。こうしたシステムのモデル都市とされるパリでは、すでに大革命以前から警察による娼婦への規制が強化されていたが、一七九六年にあらためて新しい娼婦登録制が導入され、風紀取り締まり警察の下で登録娼婦の性病検診、専門の診察所開設、性病にかかっている娼婦のサン・ラザール病院送りなどが実施されていた。一九世紀半ばのパリでは、診療所には所長、副所長の下に一四人の医師と一〇人の助手が所属し、当局の認可を受けた売春宿に住みこんでいる娼婦は週一回、個人営業の娼婦は一〇日ないし二週間に一回の検診が義務づけられていたと伝えられる。また自営娼婦は「健康」、すなわち性病にかかっていないことの証明として医師のサインと日付入りのカードを携帯し、客の求めに応じてそれを提示することになっていた。

ベルリンでも一八世紀末からパリ方式の規制システムが導入され、警察による娼家の認可登録制、娼婦の特定地域への居住や検診の義務づけ、登録をしていないもぐり娼婦の逮捕投獄と矯正院送りなどが行われていたといわれる。こうした監視システムが買売春の管理や性病の予防に関してどの程度実効をあげたかという問題はひとまず措くとして、一八世紀末から一九世紀前半においては大陸の他の諸都市でも、おおむねパリやベルリンにならった娼家や娼婦の規制システムを採用しているところが多かった。だがイギリスでは一八六〇年代に入ってＣＤ法の誕生をみるまで、娼婦に公的規制を加えることによって管理しようとするこうした試みは見られなかったのである。

では、なぜこの時期のイギリスにCD法が登場したのか、またそれが約二〇年後に廃止されたのはどのような経緯によるのであろうか。以下では、同時代に流布していた娼婦と性病に関する言説、あるいは法的規制を行うことをめぐって展開された擁護派と反対派の言説を手がかりにこの問題を追っていくことにしたい。そのなかでCD法は、たんなる娼婦を管理するための法律の枠を超えて、より広くヴィクトリア朝社会の性の様態、とりわけ性のダブル・スタンダードの問題を照射する光源としての意味を帯びてくることになるであろう。

1 娼婦の数と生活

買売春への公的規制が行われていなかったとはいえ、一八六〇年代までのイギリス社会においてこの問題への関心が希薄だったというわけではない。一八三六年、フランスのA・J・B・パラン=デュシャトレは、八年間にわたりパリの娼婦延べ一万二千人を調査した結果を『パリ市の売春』として発表し、その統計を駆使した「科学的」アプローチのゆえに「売春のニュートン」との異名をとることになった（Parent-Duchatelet 1836＝1992）。これ以後イギリスでも、買売春問題への社会的関心の高まりを反映するかのように、医師や宗教家、社会運動家らによって、彼の研究をモデルとしたりその説に依拠した本や論説が多数発表された。とりわけライアンの『ロンドンの売春』

（一八三九年）からＣＤ法直前の一八六一〜二年に出された名高いメイヒューの『ロンドンの労働とロンドンの貧民』（第四巻中の娼婦に関する章の執筆者はブレイスブリッジ・ヘミング、以下『貧民』と略記）までの二〇余年間には、医師ウィリアム・アクトンによる『道徳的、社会的、衛生的見地から考察したロンドンおよび他の大都市の売春』（一八五七年）をはじめとして、イギリスの買売春について論じた著作や論説、記事などがめじろ押しとなっている。

だが、その数の多さにもかかわらず、これらの文献から当時の娼婦の実態をすくいあげることは、実はそれほど容易ではない。たとえば娼婦の数ひとつをとってみても、これを正確に把握しようとすることは「神学者が天使の数を測定しようとするのにも似た無益な試み」とさえいわれる(Sigworth 1972 : 78)。パラン＝デュシャトレは一八三六年頃のパリの娼婦数を三五五八名と見つもったが、これは警察の網にかかることで記録された娼婦数にすぎない。パリだけでなくどこの都市でも、売春宿を通じて把握できない個人営業の娼婦やもぐりの外娼、他に職業を持ちながら経済状態の逼迫によって副業的に売春する女性は多く、彼女たちはたまたま逮捕されないかぎり警察統計上の数値としては現れないのである。またその人数自体も、雇用状況や景気、季節などに応じて変動した。さらにこれらの下層の娼婦たちの対極には、プリマドンナとも呼ばれる金持ち相手の高級娼婦や、家や馬車をあてがわれて暮らす「囲われ者」の女たちがいたが、彼女たちの数もまた測定するすべがない。こうした実数把握の困難さのうえに、そもそも「娼婦」とはどんな女性を指すのかという定義自体のあいまいさも加わって、前述の諸文献にあげられている数値も、はなはだ正確さを欠いたものになっているのである。

たとえば、一八世紀末の司法官であるカフーンは『首都治安のための試論』においてロンドンの娼婦数を五万人と推定したが、これがその後一九世紀前半に登場した多くの著作中の数値のもとになっている。すなわちカフーンのあげた数にその後のロンドンの人口増加率を掛けたものが、娼婦の人数としてあげられているのである。だが、たとえばライアンが娼婦数八万人と記述した一八三九年当時のロンドンでは、総人口約七七万人中、年齢一五歳から五〇歳までの女性は四〇万人弱で、ライアンの主張どおりとすれば当時の成人女性の五人に一人が娼婦という、容易には信じがたい結果になってしまう（Bullough 1965; Bullough & Bullough 1987）。にもかかわらずライアンのあげた数値はその後の著者たちにも引きつがれ、くり返し無批判に引用される間に、もともとはたんなる当て推量にすぎなかった数値がしだいに信憑性を獲得していくことになる。

したがってこれらの数値をもとに、あるいはおそらく実数をはるかに下回るはずの警察統計を根拠にして、一九世紀イギリスにおける買売春の増減を論じることには慎重でなければならない。だが少なくとも同時代の人々の目に、イギリスでは買売春がおおいに繁盛し、社会や家庭の秩序を脅かしていると映っていたことは確かなようである。一八三九年、イギリスを探訪したフロラ・トリスタンは、拝金主義の都市ロンドンでは買売春が「どんなものでも飲みこんでしまう怪物と思われているほど巨大な事実になっている」として、次のようにイギリスにおける売春業の隆盛ぶりを描いている。

売春婦は多数の人間が行き交う散歩道や往来であればどこであろうと——出勤時のロンドン証券所に通じる通りとか、劇場付近とか、その他さまざまな公共の場所——、客を求めて徘徊している。……居酒屋《エスタミネ》がドイツ人の、粋なカフェがフランス人の日常習慣と密接に結びついているように、売春宿はイギリスの風俗習慣と切っても切れぬほど深く結びついている（Tristan 1978＝1987：119　傍点原文）。

ロンドン街頭での娼婦の目につきやすさや秩序の乱れは、『タイムズ』や『ウェストミンスター・レヴュー』などのメディアによってもたびたび指摘されている。グラッドストーンが一八五七年に議会で、「買売春のはなはだしい害悪という点で、わが国ほどそれが大規模にはびこっている国は世界中にほとんど見られないのではないか」と述べたのも、同様の懸念に基づいてのことであった（Thomas 1959：198）。さらにこうした「大いなる社会悪」の蔓延は、ロンドンより規模の点でははるかに劣るものの、エディンバラをはじめ地方の諸都市についても報告されていた。

次に娼婦の生活についてだが、これもまた実態を知るのはたやすくない。一般に流通していた娼婦のイメージとは、男に誘惑されて身をもち崩した女の娼婦としての寿命は短く、「その転落の道ははっきりとしていて不可避であり」、救済の望みとてなく、「ジンだけが生きる支え」という悲惨なものであった（Anonymous 1850：451-453）。ふたたびトリスタンの表現を借りれば、娼婦の半数の生存年数は「売春を始めてから三、四年で」、七、八年ももちこたえられるのは例外であり、「ほとんどの売春婦は悪性の病気を移されたり、肺炎にかかったりして、施療院で死ぬか、そうでなければ、身の毛もよだつあばら屋で、苦痛に喘ぎながら――食料、薬、治療など、要するにありとあらゆるものの剝奪に耐えながら――死んでいく」のであった（Tristan 1978＝1987 : 123）。こうして窮死する娼婦の数は、ロンドンで年間八千人とも一万五千から二万人ともいわれたが、ただしここでもまた数字の誇張がある。これらの数値は、実際にはロンドンの一五歳から五〇歳の女性の年間全死亡者数をはるかに上回るものだったからである。

こうした通説に真向から対立し、娼婦の生涯はけっしてそのように悲惨なものではないとする楽観的な見方もあった。パラン＝デュシャトレやアクトンなどの「冷静な観察者」を自認する人々の立場がそれである。パラン＝デュシャトレは、売春は労働者階級の若い娘にとってごく一時的な職業にすぎないと考えたが、アクトンもこれにならって、世にいわれるような惨めな娼婦は「大海の一滴」にすぎないと主張した。むしろそもそも男の誘惑の対象となるような女は、若くて美しく健康であるのが普通だから、性病にもかかりにくく、多くは遅かれ早かれ結婚したり（その相手も上は貴族から下は厩番まで）、自分で商売を始めたりして娼婦の境涯から「上昇」していくのであり、しかも彼女たちはしばしば不妊で、貞淑な女性たちのように子沢山で苦しむこともないから、結局は同じ階級出身の他の女たちよりも豊かで幸せな生活を送ることになるというのが、彼の娼婦像であった。また女が娼婦へと「転落」する原因としてアクトンは、失業や低賃金、飢餓などの経済的理由よりも、男のために身を犠牲にしたいという「女性の奇妙で崇高な無私の情」や、派手に着飾りたいという「虚栄心」を重視している（Acton 1857 : 52–64, 20–21）。

このような娼婦像に対し、ロンドンの娼婦たちに数多くインタヴューを試みたヘミングは、少なくとも下層に属する大半の娼婦にとっては結婚は問題外であり、「娼婦に未来はない」、「感じやすく、感傷的、頭が弱くて衝動的で情にもろい少女たちは、悪から悪へとしだいに深みにはまっていき、堆肥の山か貧民収容所で死ぬのである」と、アクトンとは相反する印象を述べている（Mayhew 1861–2＝1967 : 236）。また現代の研究者では、地方文書史料を用いて一九世紀ヨークの売春について詳しい調査を行ったフィネガンが、アクトン説に厳しい批判を加え、「貧困、アルコール中毒、病気」こそが娼婦の生活の実態であり、アクトンの見解はむしろ「ヴィクトリア朝ミドルクラスの男性の無知、恐怖、偏見、および罪悪感の興味深い一例」と見なすべきであると主張している（Finnegan 1979 : 15）。いま一人の研究者ワーコウィッツも、アクトンの一見新しく見える娼婦像は、売春する女の側の自発性や幸福な行く末を強調することで、結局男による性的搾取を合理化する効果をあげていると批判する。ただし彼女は、娼婦がすべて受け身の犠牲者であったという見方に対しても批判的で、売春は貧しい労働者階級の娘たちにとっては、ときには家庭からの脱出と独立の手段であり、少なくとも一八六〇年代から七〇年代までの売春はかなり自律的な商売で、娼婦たちは強力な女のサブカルチャーを形成していたとも主張している（Walkowitz 1980 : Ch. 1 & 2）。

だが悲惨派にせよ楽観派にせよ、娼婦の生活についての言説には、いずれも誇張とステレオタイプ化が含まれており、数に関してと同様、これらの記述を額面どおりに受けとることには問題があるだろう。むしろここから読みとれるのは、ヴィクトリア朝の人々が娼婦の存在に対して非常にナーヴァスになり、彼女たちの存在を喉にささった小骨のように神経を逆なでするものとして強く意識せずにはいられなかったらしいことである。そしてこうした居心地の悪さを、悲惨派は彼女たちの徹底した惨めさに哀憐の涙をそそぐことによって、また楽観派は彼女たちの倫落の原因を社会よりも娼婦自身の中に求め、さらに彼女たちのために明るい未来を思い描くことによって、解決しようしたのである。

2 CD法の成立と性病

買売春という「人類がかかるあらゆる病気の中でも最悪の病気」について議論される時、その中でつねに言及されるのが、買売春を通じて社会に広まり、家庭にまで入りこんでくる「憎むべき毒」、すなわち性病の問題であった（Anonymous 1869 : 179-181）。CD法の制定は、直接的には軍隊内での性病の蔓延防止を目的としていたが、制定後まもなく、適用範囲を民間にも拡大して家庭内への性病侵入を防ごうとする動きが表面化してくる。

CD法は一八六四年に制定後、六六年、六九年と二度にわたって拡大・修正が加えられた。その詳しい経緯や内容については他書に譲り（Anonymous 1870b : McHugh 1980 ; Walkowitz 1980）、ここではごく簡単に概略のみを述べておこう。CD法の対象となったのは陸軍駐屯地と軍港（最初の計一一都市が最後は一八都市とその周辺部まで拡大）で、これらの都市では首都警察から送りこまれた私服警官が娼婦とみなした女性、または誰かが娼婦であると通報した女性は、強制的に診療所での性病検診を命じられ、これを拒否すれば身柄を拘束され、投獄された。その際、「娼婦」とは何を指すかという定義はいっさいなく、ある女性が娼婦であるか否かの判定は警官の見立てのみにゆだねられていた（そのため法の施行後、あやまって娼婦として拘束された女性が自殺するといった事件も起きている）。また一度「娼婦」として警察の記録に記載された女性は、事実の如何にかかわらず、あるいは廃業の意思の有無にかかわらず、登録から氏名を抹消されることはきわめて困難であり、対象地域から移住しないかぎり、ずっと警察の監視下に置かれることになった。検診の結果性病に罹患していると診断された女性は、指定の病院に入院を命じられた。その期間は最初が三ヵ月であったが、最後は九ヵ月まで延長され、六六年以降は治療だけでなく、道徳・宗教教育もあわせて行われた。登録制の確立した六六年からは、氏名を登録された女性たちには二週間ごとの検診が義務づけられ、パリにならって証明書が発行された（兵士や水夫相手の娼婦たちの中には、これを「女王陛下公認の女」としての営業許可証と見なすものもいたという）（Bullough & Bullough 1987 : 195）。

この法律は適用地域が軍用都市に限定されていたこともあって、施行当初はあまり一般の関心をひかなかった。だが一八六七年、医師や国会議員などを中心に、性病対策としてロンドンや他の大都市一般市民へのCD法の適用拡大を求める「CD法拡大協会」が結成され、翌年精力的なキャンペーンを開始したころから、CD法の問題点を指摘し、その撤廃を求める反対派の動きもまた活発化してくる。六九年にあいついで結成された「CD法撤廃のための全国協会」（NA）とジョゼフィン・バトラーらの「同婦人全国協会」（LNA）という二つの全国組織を中心に、反対キャンペーンが展開された。結局CD法は一八八三年に施行停止となり、八六年に正式に廃止されるのであるが、その間に撤廃派は五二〇以上の本やパンフレットを発行し、九〇〇回以上の集会を開き、一万七三六七通の請願書（署名二六〇万名以上）を下院に送った。維持派も負けずに同様の手段でこれに対抗し、娼婦や性病をこのように国家の法を用いて管理することの是非や効果をめぐって激しい攻防戦がくり広げられたのである（Sigworth & Wyke 1972 : 77）。

ところでこの時期になぜCD法が制定されたかを考えるためには、買売春や娼婦をめぐる言説の増殖や直接的動機である性病への恐怖（これについては後で詳述する）以外に、これを補強した背景的要因を考慮に入れる必要がある。その一つが、戦場でよりも病院での死傷者の方が多かったといわれたクリミア戦争（一八五三年～五六年）以後、軍隊の全般的質の改善への関心が高まり、その一環として兵の健康や士気向上をめざして兵舎、懲罰、教育、レクリエーション、俸給などの面での改革が試みられるようになったことである。だがこの当時、兵士たちはまだごく一部を除いて妻帯を許されず独身を強制されており、その代償として camp followers と呼ばれる兵士相手の内縁の妻たちの存在が半ば公認されていた。海軍においても同様で、軍艦が入港するとただちに娼婦たちを港からランチで運んでいき、乗船させるのがならわしになっていたといわれる（Bullough &

Bullough 1987 : 194)。その結果軍隊内での性病罹患率がきわめて高く、一八五九年の陸軍医療部報告によれば、年間一〇〇〇人につき四二二人の兵士が性病が原因で入院していた（Trustram 1983 : 159)。これほど高率ではないものの、ヘミングが一八三七年から一〇年間の平均として『貧民』にあげている数値でも、イギリスの騎兵、近衛歩兵連隊、歩兵の性病による入院率は一〇〇〇人当たり二〇〇から三〇〇人弱となっている（Mayhew 1861-2＝1967 : 234)。一八六四年段階のある調査によれば、兵の性病罹患による損失は全軍が年に七日間完全に勤務不能となったのに相当するという報告もあった。軍改革への気運の中にあって、性病の蔓延によって軍がこうむる大きな人的、経済的被害は、国防にかかわる問題として看過しえない重要性を帯びることになったのである。

いま一つの大きな要因は、都市衛生改革との関連である。イギリスでは一八四〇年以降、汚水溜めの全廃と水洗便所の設置、下水道整備など都市衛生環境の改善が強力に押し進められ、六〇年代末には少なくともロンドンでは汚水溜めから水洗便所への転換がほぼ完了したとされている。CD法による娼婦と性病の管理という動きは、都市衛生問題への関心の高まりと符合し、いわばそれに接続する形で登場するが、これはたんなる偶然の一致ではないし、イギリスのみに限られた現象でもない。パリについていえばパラン＝デュシャトレは医者で衛生学者であり、下水や汚水溜め問題の専門家としてパリ市衛生局長をつとめた人物であった。彼は、下水溜めの浄化、排泄物や動物の死骸の管理をとおして「健康で平和なユートピアの町」を構想したのと同じように、公認娼婦の衛生状態や健康を娼家や医師に監視させることによって、「教化された健全な性の秩序の砦となる」

清潔な娼婦を実現させようとした。彼にとっては娼婦もまた「もう一つの下水」だったのである（Harsin 1985 : 108）。これと同種の医学的、衛生学的関心と買売春問題との結びつきが、イギリスの場合にも認められる。たとえば前述のアクトンは、パリで著名な性病学者リコールに学んだことのある泌尿器病と婦人病専門の医師であり、帰国後早くから大陸式娼婦管理システムの導入の必要性を主張していた。同様に一八四六年の医学誌『ランセット』も、次のように性病の科学的管理をよびかけている。

われわれはもはや排水路や下水管のみに関心を向けている時ではない。われわれの願いは梅毒の撲滅であり、それが暗い片隅に身を潜めているのを許しておくべきではない。……それは他の悪と同様に対処されるべきであり、科学者によって調査されるべきなのである（Sigworth & Wyke 1972 : 92）。

同誌はまた、娼婦の検診制度に関して、「少なくともこの場合にかぎっては目的が手段を正当化する」とも断言している。ここに示されているのは、買売春による性病の蔓延もまた都市の病理現象の一つであり、コレラなどの他の病気と同様に医学的、衛生学的な処置による「強制的予防」が必要であり、可能でもあるはずだという発想であった。すなわちこの時代の買売春に注がれたまなざしには、従来からあった道徳的怒り以上に、より衛生学的な関心が色濃く影を落としていたのである。

また国際的な医学界の動向も、こうした考え方を裏づけるものであった。一八三五年、ベルギーで開かれた医学会議で娼婦管理制度の全欧への拡大について討議がなされたが、以後各地での医学、衛生学の国際会議ではこの問題がしばしば取りあげられ、一八四一年のマルセイユ保健会議のように、全欧規模の統一行動を求める決議が行われたりもした（Butler 1911 : 57）。買売春という「否定しようのない悪に直面した現実主義的改革者」（McHugh 1980 : 25）としてCD法の制定や拡大を積極的に働きかけたイギリス医学界の人々は、おそらくこのような大陸の空気をも強く意識しながら、介入主義的な公衆衛生立法の必要性を自信をもって主張したのである。

ところでこの当時、性病の中でもとくに人々の恐怖の対象となっていたのは梅毒であった。この病気はヨーロッパでの流行が始まった当初、一六世紀のパラケルススの時代から、淋病と同一の病気で、ただ症状の現れ方が異なったものと考えられることが多かった。だが一八三八年にリコールが最終的に両者をはっきりと区別し、梅毒を三期に分けたころには、梅毒が性病とほとんど同義語となるほど梅毒の恐ろしさが強調されたのに対し、淋病の方はやや軽視される傾向にあった。それは梅毒の方が、第二期に現れる全身性のバラ疹や丘疹や膿胞、あるいは第三期における鼻などの組織欠損のように、症状の現れ方が激烈で見るからにおぞましい外観をともなっていたのに対し、淋病の方はそれほど目立った症状が出ないことも一因であった。とくに女性はたとえ罹患していても症状が出ないことが多いため、ながらく女性の淋病にはほとんど問題がないと考えられていた。淋菌が発見されて、この病気が女性の不妊や新生児の失明の原因であることが判明し、それまでの反動としてときとして過剰なまでに、とくに女性にとっての淋病の重大性が強調されるようになるのは一八七〇年代末以降のことである（Ellis 1920 : 329-331）。

しかし見た目の恐ろしさ以上にヴィクトリア朝の人々を悩ませたのは、一八五〇年代から認識されはじめた先天性梅毒という悪夢であった。成人が梅毒が直接の原因で死亡することはまれであったが（アクトンは人口一万八千人につき一人とさえ言っている（Acton 1846））、彼らが「無垢の者たちの梅毒」と呼んだ先天性梅毒児の死亡率は高く、流産や死産に至らないまでも生後一年以内に六〇パーセントから九〇パーセントの子供が死亡したといわれる。外観の点でも先天性梅毒児は「小さくひからびて萎縮し、弱々しく、病気がちな生きもの」であり、「サルか小さな老人」のように見えた（Showalter 1986 : 95）（図1）。これは梅毒にかかった女性が妊娠するとスピロヘータが胎盤を通して胎児に感染する結果であったが、一九世紀の医師たちの多くは梅毒は遺伝性の病気であって、父親の精子を通じて二世代、三世代後の子孫にまで梅毒そのもの、または性病体質が遺伝すると主張した。したがって身におぼえのある父親や祖父たちは、自分の過去の悪行の報いがいつ子孫に現れるかとたえず気に病んでいなければならないことになる。この体質を受けついだ子孫は、るいれきや結核、くる病、発育不全、白痴などさまざまな病気に冒されやすくなるといわれ、それがひいては国民全体の病弱化や質の劣化につながると恐れられたのである（Lomax 1979 : 32）。

買売春と性病を社会問題として論じる時に、「梅毒を広めることは明白な公益の侵害、社会に対する犯罪」（Anonymous 1850 : 493）であるとか、「イギリス諸島の多くの住人の血をぬぐい去りがたい毒で染め、その健康と活力を破壊しつつある」（Anonymous 1869 : 179）といった表現が多用されたのはたんなる比喩ではなく、いわば当時の人々の肉体的実感の表れなのであった。梅毒に対するこうした恐怖感は淋病の重大性が認識されるようになった後も鎮静化せず、「想像梅毒」と呼ばれる心気症を生んだり、「親の因果が子に報い」式の梅毒恐怖症をもたらしたのである(1)。

図1　先天性梅毒の子供

さらに性病をいっそう苛酷な耐えがたいものにしていたのは、それにまつわる罪悪視と治療法の不備であった。性病は罪を犯した人間に神が下した天罰であり、それに介入したり治療に手を貸したりすべきではないという治療のモラリズムは医師の間でも根強く、一九世紀半ばになっても多くの病院は性病患者に入院を拒否するか制限し（とくに女性患者は拒否された）、外来診療のみを行っていた。性病患者は「慈善にふさわしい対象」ではないから、寄付金によって運営されている病院で彼らを治療することは正当と認められないという意見さえあった（Wyke 1973 : 78）。アクトンの一八五六年の調査によれば、人口二五〇万人をかかえるロンドン市内の病院で性病患者を収容するためのベッド数はわずか二九七にすぎなかった（Acton 1857 : 142）。性病専門病院としては唯一ロック・ホスピタルと呼ばれる病院があり、一八六五年の入院患者数は男女あわせて三四二名、外来四六八二名であったが、運営を一般からの寄付に頼っていたため慢性的に財政難の状態であったという（Anonymous n. d : 45）。

このような状況の下では、実際にどの程度の数の性病患者が存在していたのかを知ることは難しい。病院の記録が不正確で不十分であったばかりでなく、そもそも多くの人が病院以外のところに治療手段を求めようとしたからである。金持はかかりつけの個人開業医や専門医を訪れ、貧しい人や性病に感染したことを隠したい人はもぐりの医者にかかったり、薬屋や印刷屋、新聞店、郵便局などさまざまな場所で売られていた売薬を買ってこっそり治療しようとした（Fessler 1949 : 87）。また品位を重んじる階級の女性であれば、性病の症状そのものについての無知や恥の意識から、まったく治療を受けずにいたことも考えられる。対象を娼婦のみに限った場合、ＣＤ法の施行後の法の規制下にある一一の都市で行われた娼婦検診の結果、七三三九名の娼婦のうち九二九名（一二・六五パーセント）に病気が発見された（McHugh 1980 : 18）。一方、一九世紀半ばのパリで警察に登録されていないもぐりの街娼の罹患率はほぼ五、六人に一人であったという数字もある（Anonymous 1870a : 166）。このようなパリの例を参考にロンドンの娼婦数を一万人として試算したある冊子は、毎年二三万人以上の性病患者が新しく生みだされ、そのうちなんらかの形で病院で治療を受けているのは二〇パーセントに満たないと推定している（Anonymous n. d. 48, 50）。

治療法に関しては、一九〇九年にサルバルサンが発見されるまで、梅毒であれ淋病であれ、性病の治療薬の主流は一五世紀末以来広く用いられてきた水銀であった。水銀は主に錠剤として服用され、さまざまな銘柄が市販されていた他に、軟膏や蒸気浴の形で外用薬としても使われた。また一八六〇年代からは皮下注射も試みられた。用量や使用期間についての基準はなく、とりあえず症状が消えるか、あるいは息が臭くなったり歯がガタガタになるといった水銀中毒の症状が現れるまで続けるというのが目安であった。水銀療法はそれ自体が危険なだけでなく非常な苦痛をともなったが、これには性病患者に対する一種のいましめとしての意味もこめられていた。それ以外にも、さまざまな植物薬、硫酸、アンモニア、硝酸、ヨードカリのような薬物、あるいはヒル療法や洗浄などの代替法が試みられていたが決定的な治療法はなく、性病は基本的に治癒の保証のない病気であった。また大陸では、性病患者の膿を他の患者に接種して免疫をつけようとする実験も試みられていたが、イギリスでは、性病に対する免疫をつけることは不道徳を奨励することになるという倫理的理由から、接種法に対しては反対する意見の方が強かったといわれる（Wyke 1973; Fessler 1949; Walkowitz 1980）。

3　CD法とダブル・スタンダード

では、衛生改革の延長線上に性病の蔓延を防ぐための「合理的」方策として登場したCD法は、はたして所期の効果をおさめえたのだろうか。直接の目的である軍隊内の性病予防に限っても、その効果には疑問があり、むしろ無効を運命づけられていたように思われる。その理由としては、大陸の諸都市でも見られたように、規制はむしろ公認娼婦の数を減らし、監視の目をくぐって営業するもぐり娼婦の増加を招いて、事実上骨ぬきになる傾向があったこと、性病の診断や治療、病院設備などの当時の医学水準そのものの持つ未熟さ、不十分さが効果的な治療を困難にしていたこと、あるいは登録娼婦に対して行われた検診自体もずさんで、しかも検診によってかえって医師の手や器具から感染する場合もあったことなど、さまざまな要因があげられる。だがおそらく最大の要因でCD法そのものの運命にも大きな影響を与えたのは、この法の下では娼婦、すなわち女の側だけが検診と管理の対象とされ、娼婦を買う当事者であり、娼婦間の、あるいは家庭への性病の媒介者である男は不問に付されたという、性によるダブル・スタンダードの存在であった。

もっとも男の側への検診が一度も試みられなかったわけではない。じつは陸軍では一八五九年まで、既婚者を除く兵士の性器の定期検診が行われていたのだが、陸軍衛生委員会勧告を機に廃止されたという経緯があった。廃止の理由は、検診は性病予防に対して効果がなく、兵士に不人気で、軍医からも「ジェントルマンとしての体面と尊厳を傷つける」と苦情が出ているというものであった。たしかに兵士を一列に並べて行進させ、医師の前でほんの一瞬シャツを持ちあげさせて調べるとか、三〇分間で五〇〇人から六〇〇人を検査するといったおざなりな検診では大した効果は期待できなかっただろうし、性病の徴候の出ている兵士が医師の目をごまかすのも容易であったと思われる（Trustram 1983 : 158-160）。

こうして兵士の検診をやめた代わりに、兵士の相手となる娼婦を管理しようとしたのがCD法であった。この方針転換に関しては、撤廃運動開始後の一八七〇年、『ウェストミンスター・レヴュー』がその矛盾を鋭く指摘している。

女性よりも男性の方が病気を発見するのははるかに容易であると認められており、検査の直接の目的は兵士の健康の保持であり、……兵士は合法的に政府によって身柄を管理されている。これに対し、女性は個人としての自由をすすんで放棄したことなどまったくないにもかかわらず、奇妙な判断の誤りから女性の自尊心は情容赦なく無視されて無理やり厭うべき検査を受けさせられ、一方兵士は〔検診を〕免れることを認められているのだ！　要するに、女性の自尊心は男の自尊心を救うために犠牲にされているのである（Anonymous 1870b : 507-508）。

だが性のダブル・スタンダードはたんにこの検診に際してだけ見られたわけではなく、もともと買売春そのものに貫徹している論理であった。買売春の不可避性を説明する根拠としてつねに引き合いに出されてきたのは、一つは男の性欲は強くて制御が困難であり、しかもそれを満足させる正しい手段は女であって、マスターベーションは罪（もしくは有害）であるという男の性欲の神話であり、いま一つは女を結婚制度の内外で貞女（結婚前は処女）と娼婦という二種類に分け、両者をまったく相反するものと見るという、男女間、および女と女の間に設けられた二重のダブル・スタンダードであった。一人の男の占有物たるべき貞（処）女を他の男の危険な性欲から守るためには専用の防波堤が必要であり、したがって買売春は不可抗力、娼婦は宮殿の汚水溜めのような必要悪であるとされてきたのである。一八六九年、『ヨーロッパ道徳史』の著者レッキーは、娼婦は「彼女自身は最高度の悪徳でありながら、究極的には最も強力な美徳の守護者」であり、「彼女なしには無数の幸福な家庭の、いまは当然と思われている純潔が汚されてしまうだろう」と述べたが、ここにはダブル・スタンダードのはらむ矛盾の体現者としての娼婦が的確に表現されている（Thomas 1959 : 197）。そしてこのダブル・スタンダードが、同じ性交の売買という行為にかかわっても次のように売る側と買う側には違う規準を適用し、買う側に対しては処罰や検診を免除するという結果につながっているのである。

姦淫の罪を犯した両方の当事者を同じ基盤に置くという原理にもとづいた勧告は、すべてただちに却下してよいであろう。……娼婦と彼女らと交わった男たちの間でどのような比較もなされるべきではない。一方の性にとっては金もうけのためにこの犯罪が行われたのに対し、もう一方にとっては、これはふとしたはずみで自然な衝動に身をまかせたにすぎないからである（Thomas 1959 : 198）。

女と男にまったく違う性規範を用いることによって社会秩序を維持しようとするダブル・スタンダードの論理は、娼婦に対してばかりでなく、本来「清潔に」守られるはずであった家庭の女性に対しても性病にまつわる被害をもたらした可能性がある。一九世紀後半フランスのミドルクラス以上の女性と性病の関係について研究したハーシンは、性病が家庭にもちこまれるのは圧倒的に夫を通じてであったにもかかわらず（著名な性病学者フルニエが診察した五〇〇組の梅毒カップル中、妻側に原因があったのは一三組のみであった）、医師たちは真実を告げると「家庭の平和」を乱すことになると女性患者に真実を教えなかったり、夫も医師と謀って妻の治療を打ち切らせたり、医者に行くのを禁じたりしたと述べている。フルニエは、夫は妻に真実を告げるべきだが、大抵の男は妻に知らせないことを望むので、「こうした場合に女性患者を欺くのは諸君の道徳的義務」であると医学生たちに教えた（Harsin 1989 : 85）。同様のことは、性病医療の先進国フランスにならうイギリスの医師の間でも行われていたようで、不貞な夫や結婚を控えた男に、病気の徴候をごまかして急場をのりきるための治療を施してやったといわれる（Walkowitz 1980 : 55–56）。

ハーシンは、直接的な史料がないので憶測にすぎないとことわったうえで、男性側のこうした欺瞞と裏切りに対して妻たちは、怒りや恨み以外に、わざと知らぬふりを装って自尊心を保ったり、病気がちになって夫の接近を拒否したり、異常な潔癖症やヒステリーになることによって反応したのではないかと述べている。イギリスの妻たちについても同様に明確に知ることは難しいが、社会の性病恐怖症が最高潮に達していた一九世紀末から二〇世紀初頭のフェミニストたちが、女性を望まない妊娠から守るための避妊法としてしばしば性交拒否を勧めたのは、あるいは性病に対する自衛策の面もあったのかもしれない。

以上のような性病に対する恐怖と性のダブル・スタンダードが結びついた結果生じたのが、そもそも買売春は不可避という暗黙の大前提のもとで、病気の一方の媒介者としての男の存在は消し去られ、「必要悪」である娼婦のみに病因と汚濁のディスクールが集中するという現象であった。コルバンは、フランスでの娼婦をめぐるイメージ形成にあたって「娼婦は悪臭を放つ」、「生きながらの腐敗」、「精液の下水」といった表現が多用されたことを指摘しているが（Corbin 1987）、これとまったく同質の言説はイギリスにおいても氾濫していた。アクトンは、「ごみ山が醗酵するのと同じように、多数の不道徳な女たちも確実に堕落していく」（Acton 1857 : 97）、あるいは娼婦は「社会のペストであり、近寄るすべての場所に汚染と悪臭をもたらし」、「警告もなしに人込みの中を忍び寄って、……悪魔がとびかかるように若者の半分〔男〕に毒を盛る」（Acton 1868＝1987 : 42）と述べているし、それ以外にも「娼婦は下水や掃き溜め、汚水溜めのように、人間が大勢集まる場所には避けられない」とか、「巨大にふくらみすぎた異常生成物」、「道徳上のペスト」といった具合に、汚染源と病原が娼婦の一身に還元されているのが見られるのである(Nead 1988 : 121-122)。

もちろんこの現象に関しては、娼婦のほとんどが貧民層の出身であったから、上品な階級から見ての「不潔な他者」としての下層階級に対する恐怖や嫌悪、排斥といった感情が娼婦にも投影されていたと見ることもできる。だが、汚濁の言説においてはたんなる階級差だけでなくやはり性差が重要な要素であったことは、たとえば一九世紀半ば頃からの絵画に登場する女性の描かれ方からも感じられる。ヴィクトリア朝の絵画は、一方で幸福な家庭と清らかな女たち(マドンナ)を、他方ではその対極にある「倫落の女」(マグダレン)を好んで描いたが、聖なる女マドンナは、もしただの一度でも夫以外の男の誘惑に身をまかせたり、あるいは未婚の娘であれば自分を誘惑した男と首尾よく結婚にまでこぎつけることができなければ、ただちに汚辱の女マグダレンへと転落し、最後は典型的には水中への投身自殺で終わるみじめな末路をたどることになっていた(エッグの有名な連作「過去と現在」はその好例である)。奇妙なことにこの種の

図2　ヘンリ・ネルソン・オニールによる「貧窮」(制作年不明)男に捨てられ、私生児を産んだ女性が、捨て子養育院の回転かごに子供を託そうとしている。

図3　ジョージ・フレデリック・ワッツの「溺死体で発見」(1848〜50頃)　娼婦となった女性が自らの境遇に絶望し、川へ身を投げて死ぬというのは、当時の文学や絵画における気に入りのテーマであった

絵画でもまた、誘惑者である男の姿はほとんど登場せず、女だけに一方的で不可逆的な転落と汚濁のイメージが集中させられているのである（第八章の図5、および本章図2〜図3参照）。

4　マドンナとマグダレン

一八六九年から八六年にかけて展開されたCD法の撤廃運動には、LNAに結集した女たち以外にも、非国教会派（とくにクエーカー）の宗教家やリベラル派の政治家、医師、同時期のさまざまな社会運動に参加していたミドルクラスの市民、「労働貴族」と呼ばれる層の労働運動の指導者など、多数の男たちが参加しており、NAの傘下に多様な組織が作られた。彼らがCD法の撤廃を求める際の力点の置き方にはそれぞれ微妙な差があり、宗教家はこうした法によって娼婦の存在を認めることは買売春そのものの公認に等しいと非難し、リベラル派や社会改良運動家たちはこれは国家権力の介入による個人の自由の侵害であると主張した。また、ジョゼフィン・バトラーが「酒も飲まず、堅実で、多くが教会の会員で、奴隷制反対運動や穀物法廃止運動にもかかわってきて」、「労働協議会の書記や労働者クラブの会長であるような人々」(Harrison 1966/67 : 259) と評した労働者層の男たちにとっては、CD法は上の階級の男たちによる労働者階級の妻や娘たちの性的搾取の象徴と受けとめられていた。(実際は娼婦の客がミドルクラス以上の男に限定されていなかったのはもちろんである。) したがってこの運動にはさまざまな社会的、政治的問題が流れこんでおり、それに応じて撤廃派内部でも意見の相違が存在していた。だがこの運動とそれまでの他の社会運動との重要な相違点は、ヴィクトリア朝の性をめぐる問題がはじめて公に討議されたことにあるという観点からすれば、性のダブル・スタンダードという問題の本質を最も鋭くとらえ、これを撤廃キャンペーンの中心に据えることに成功したのは女たちであった。

ただし性のダブル・スタンダードに対する非難自体は、CD法撤廃運動の開始以前にも見られなかったわけではない。トリスタンは前述のロンドンの娼婦についての描写に先立って、買売春の本質を次のように考察している。

もし女性が貞節を美徳として強制されていなければ——男性側では、そのようなものに少しも拘束されていないというのに——、恋の炎に屈したからといって、社会から排斥されたりしないだろうし、誘惑され、騙され、その挙句に棄てられた女性が、身を売る羽目に陥ることもないだろう。……こうした醜悪な行為を産む原因は現下の社会状態にあり、女性自身にその責任など少しもない！　女性が男性や偏見の隷属下にある限り、そして職業教育も受けられず、市民権も剝奪されたままである限り、女性にとって道徳律など存在し得ないだろう！（Tristan 1978＝1987：116）

また『ウェストミンスター・レヴュー』誌の一八五〇年の論説も、女のみに一方的に貞潔を要求する社会の態度こそが売春を助長する大きな要因であると、次のように述べている。

最も責めを負わねばならないのはわれわれ――世間の側である。彼女たちが誤った道から引き返すのを不可能にしているものは何か？――破滅への途上で立ち止まることさえほとんど不可能にしているのは？　それは明らかに、一方の性については放蕩の生活すべてを取るに足りない自然なことと見なし、もう一方の性についてはほんのかりそめの過ちでも取り返しのつかない許しがたいものと見なすと決めている、あの過酷で野蛮で不正で、非キリスト教的な世論である（Anonymous 1850：471）。

この論説の著者とされるW・R・グレッグはさらに続けて、誘惑の犠牲となった哀れな女性が名誉を回復する唯一の道が、すでに彼女を傷つけ、捨て去ろうとしている男に対し、「賄賂や説得、あるいは脅しによって」結婚を承知させることであるのは、欺瞞であると同時にさらなる悲劇であると指摘し、「教会での一五分の儀式」の有無以外に、「結婚している女性と未婚の女性との間に、愛の祭壇に初めてその身を捧げたことに関してどんな実際的な差異があるのか」と問いかけている(Anonymous 1850 : 472-473)。

それから二〇年後、LNAが一八七〇年元旦に発表した、CD法が「悪徳の犠牲者である側の性を罰し、悪徳および恐るべき結果の主たる原因である側の性は処罰せずに放置しているのは不当である」という抗議声明(これには著名なフェミニスト一二四名とフレンズ協会の女性会員たちが署名していた)、あるいはバトラーの、「この法律によって一つの犯罪が創り出された。だが見よ、女性にあっては犯罪と規定されているものが男性においては犯罪とは考えられていないのである」というイギリス国民に向けたアピールは、基本的にはこうしたそれ以前の言説と異なるものではなかった(Jeffreys 1987 : 194, 113)。

だが、それがどこまで普遍的であったかはともかく、トリスタンの頃には「貞淑なる女性たちは、こうした不幸な女性に対して、冷酷無情で残忍な軽蔑心」(Tristan 1978=1987 : 125)を持っていたといわれ、グレッグもまた、一般の女性にとっては娼婦の「存在を知っていると思われただけでも名誉が傷つけられる」と書いていた(Anonymous 1850 : 450)。これに対し、一八七〇年代に撤廃派の女性たちによって改めてダブル・スタンダードが問題として提起された時には、一部のフェミニストだけでなく、多数のミドルクラスの女たちがこれをたんなる娼婦の救済活動以上のもの、女性一般にかかわる問題と受けとめて運動に参加していったという相違がある。LNAは発足早々の一八七〇年一〇月にすでに会員一四〇〇名を数え、会員たちは都市ばかりでなく村のレベルにまで浸透して署名運動を行った。同年の議会にはリーズから七千、ヨークから四千、ブラッドフォードから六千といった数の女たちの署名が殺到したといわれる（McHugh 1980 : 163, 166）。CD法が廃止される直前の一八八四年には全国に一〇四の地方支部が存在しており、一〇年以上活動を続けている支部がそのうち七八であった（Walkowitz 1980 : 133-134）。またLNAのリーダーたちはミドルクラスの女性たちに働きかけたばかりでなく、プリマスやサザンプトンなどのCD法対象地域に入りこみ、娼婦として登録された女たちに対しても、CD法に抵抗するように煽動や説得工作を行った。

四〇年代、五〇年代と異なってCD法撤廃運動にこのような多数の女たちが馳せ参じたのには、いくつかの理由が考えられる。第一にあげるべきはやはり、LNAのみならず撤廃運動全体の象徴ともいうべきジョゼフィン・バトラーの魅力であろう。美しい容姿と知性と弁舌の才に恵まれた彼女の魅力は、女にも男にも味方にも敵にも抗いがたいものであったといわれる（図4）。「私たちを絶望から救うための女性のキリスト」（Walkowitz 1980 : 114）とか、「ひとたびジョゼフィン・バトラーを見たり知ったりした人間は二度ともとには戻れない」（McHugh 1980 : 21）といった同時代の証言は、私たちが彼女の引力の強さを推しはかる際の手がかりとなってくれる。彼女は敬虔なクリスチャンではあったが、八〇年代のCD法廃止後に撤廃派陣営の大勢が向かったような性に対する抑圧的、介入的な態度には賛成ではなかったといわれる。女が売春という「最も割りの良い職業」を選ぶ時、「その中心にあるのは経済問題である」（Walkowitz 1980 : 132）と見ていたバトラーは、娼婦たちが街頭でからだを売らねばならない以上、彼女たちが警官に邪魔されずにそうする権利は尊重されなければならないと主張した（Walkowitz 1982 : 81）。このように娼婦をいわば自分と対等な権利を持つ一人の女性とみる視点は、マドンナとマグダレンの本質的同一性という次のような指摘につながっていく。（聖書に登場するマドンナとマグダレンがどちらも同じマリアという名を持っているのは、その意味できわめて象徴的である。）

図4　ジョゼフィン・バトラーの肖像

私たちは反逆します！
これらの気の毒で不幸な

女性たちへの侮辱は、彼女たちのみの侮辱ではありません。それはすべての貞節な女性の尊厳に対する攻撃であり、私に対して加えられた不名誉であり、世界中のあらゆる国のあらゆる女性を辱めることなのです。

なんと虚しい詭弁でしょう！　男性の方々、あなた方が私たちの姉妹を泥の中を引きずり回していながら、その一方で私たちを敬って下さるなどということはありえないのです。……私たちは、彼女への侮辱のおかげでその純潔さが保たれているような家庭生活など、考えただけでもゾッとして顔をそむけてしまいます（Bristow 1977：82-83　強調原文）。

次にあげたいのは、ＣＤ法撤廃運動と奴隷制反対や反穀物法、禁酒、悪徳監視協会など、それ以前の社会運動とのかかわりである。バトラーも含めてＬＮＡの中心メンバーのほとんどが、これらの運動にかかわった政治的に活発な家系の出身であったり、自身でも運動に加わったり、社会科学協会に参加したり、あるいは女子高等教育や参政権要求運動、既婚女性財産法改正運動などのフェミニズム運動に関係した経験の持ち主であった。すなわちＬＮＡは、当時としては例外的な政治活動の経験のある、家の外での活動に慣れた女たちをリーダーとして擁しており、彼女たちは、これらの活動から学んだキャンペーンや政治運動の進め方についてのノウハウを、ＬＮＡの組織づくりや運営にあたっても活用していくことができたのである。

とはいえ撤廃運動に参加した女たちの大半を占めていたのは、こうした人々ではない。独身や未亡人という身軽な立場の女性が多かった執行部と異なり、地方支部レヴェルの会員の多くは既婚者で、それまでまったく政治活動など経験したこともなければ、人前で話すことも初めてという「家庭的」な女たちであった。こうした女たちを動員するうえで非常な効果を発揮したのが、次にあげるスペキュラムをめぐる言説である。

スペキュラムとは、仰向けに寝て脚を開かせた女性の膣に挿入して膣壁を押し広げ、医師が膣内や子宮口の状態を観察するための金属製の器具である。一八三〇年代に娼婦の検診用としてパリで使用されはじめて大陸では広く使用されていたが、イギリスでは医師の中にも、スペキュラムによる内診は医師にとっても「きわめて不快」であり、「デリカシーをもつ女性なら誰もが嫌悪をもよおす」という理由で反対するものが多かった。これに対してアクトンのようなCD法推進派は、スペキュラムを用いずに性病を治療しようとするのは、娼婦にとっても医師にとっても時間の無駄であると主張していた(Wyke 1973 : 84)。

CD法の対象となった都市では、娼婦と見なされた女たちは定期的に白昼衆人環視の中で診療所への出頭を命じられ、そこで熱湯から取り出したばかりの熱いスペキュラムでつぎつぎと内診を受けさせられた。一人にかけられる時間は三分以内で、多くの場合医師の扱いは強引で乱暴であったため、彼女たちは「痛くて屈辱的」、「あれを受けるくらいなら一四年間監獄に入っている方が良い」と反発し、実際に検査を拒否して入獄を選んだ女性もいた。彼女はバトラーに、「私たちにだって自尊心があるってことを、みんなで役人どもに見せてやらなくては」と語ったといわれる

(Walkowitz 1980 : 202)。CD法反対派は各地でのキャンペーンで、実際にスペキュラムを見せながら「鋼鉄のペニス」による診察について詳しく説明し、聴衆に大きなショックを与えた。さらにLNAは、内診の結果性病が検出されなかったケースがどのくらいあるかを丹念に調査したが、その数は一八八六年には五〇万件近くに達したといわれる (Bristow 1977 : 82)。

現代の女性解放運動の中ではスペキュラムは医師だけの占有物ではなくなり、女が自分のからだの内部を自分で観察し、管理するための有効な手段というプラスの意味を獲得しつつある。だが、ほとんど男性医師によって独占された産婦人科学という医学の領域が成立して日も浅く、女性患者を男性医師が診察することに対する反発や疑問が根強く残っていた当時の社会にあっては、スペキュラムによる内診は「器具によるレイプ」にほかならないという告発の言説は、女たちの怒りと共感を呼びおこすのに非常に有効であったと思われる。検診がたとえ性病予防という衛生学的な理由から行われたものであっても、娼婦、すなわち女だけにそれが適用され、しかも男性医師がそれを実行するという構図は、その裏側に存在する、女は男のための排泄器でありその部分さえ衛生的であれば問題はないという、完全に女を「もの」として見る発想を露呈させずにはいなかった。その結果ミドルクラスの女たちは、娼婦を自分たちの夫や息子の誘惑者というよりは、むしろ男の好色さと専横の犠牲者と見るようになり、たとえ一時的、もしくは心情的なものにすぎないにせよ、マドンナとマグダレンは地続きであり、同一の根から生まれた姉妹であるという認識を持つことが可能になったのである。

だが、こうした上品であるはずの女たちが娼婦や性病や内診などについて知識を得たり、ましてや男もまじえた公の場でそれらについて発言することは、当時にあってもやはりショッキングなタブー破りとして受けとめられた。『サタデー・レヴュー』紙は、撤廃派の女たちを「金切り声の姉妹たち」とか「慎みを忘れて狂いまわる女ども」と揶揄したし、プリマスの地方紙は地元の女性に撤廃派集会に参加しないように呼びかけ、「公共の新聞紙上でこうした問題を論じなければならないだけでもひどいことなのに、レディの方々がそれについて微に入り細に入り解説したり、その後朝食のテーブルで話題にしたりするとは、恐るべきことである」と主張した。撤廃派の男たちの中にも、男女混合の集会はスキャンダルの原因になると反対したり、女が登壇することや運動のリーダーシップをとることに嫌悪を示す人々がいた。また、女子高等教育や女性参政権獲得のためには運動しても、買売春や娼婦の問題とかかわることは避けたフェミニストたちもいた。バトラーをはじめ女性運動家たちは、キャンペーン先で暴力による脅しにも遭遇している。しかしLNAはNAと合併して男のヘゲモニー下に入ることを拒否し、女たちだけで資金集めや組織運営をやってのけ、その果敢な運動ぶりによってCD法擁護派の議員からも「最高の賞賛に値する」という評価を引き出したほどであった（Walkowitz 1980 : 93, 178–179 ; McHugh 1980 : 164–165）。

撤廃派の女たちはこの運動を、たんにCD法の存廃だけでなく広く男女の関係性そのものを問い直す機会ととらえており、その姿勢において撤廃運動の他陣営よりもはるかにラディカルであった。アニー・ベザントの次の言葉が示すように、問われているのはCD法の個々の条項や運用などではなく、そもそも買売春は不可避な必要悪なのか、性病の蔓延を防ごうとするなら、男の女なみ道徳化や清潔化がなぜ考えられないのかという問題だったのである。

〈男〉の肉体的欲求は満たされねばならない、だから買売春が必要だという。なぜ、だ、か、ら、なのか? それは男の空腹はいやされねばならない、だから食物を盗むことが必要だというに等しい。両者の間にはまったく必然の関係など存在しない(Besant 1876＝1987 : 93 強調原文)。

もう一方の性が女たちに手を出しさえしなければ、女の登録など必要でなくなるだろう。男の協力ぬきに病気が広まるわけはない。……不健全な男が健全な女の間に病気をばらまくのを許しておくことは、どんな有用な目的にもかなうものではない。もしも男に法の保護を求める権利があるのなら、なぜ女はそれと同じ保護を奪われねばならないのか? (Besant 1876＝1987 : 96)

LNAが内部に男を入れず(地方での運動要員として男を雇ったことはあるが)終始女だけの性別組織として活動しつづけたことは、CD法撤廃運動の性格から見て賢明な選択であったといえよう。すなわちダブル・スタンダードという性のモラルが俎上にのせられたこの運動の過程で、LNAは他の組織とは異なってCD法の一部修正・存続を認めるような妥協案を拒否し、あくまでも「女の大義」という原則に忠実にCD法の完全即時無条件撤廃を求めつづけ、結局それを実現させることに成功したからである。バトラーがいみじくも断言したように、これは何世代にもわたって男によって女に加えられてきた不正に対する復讐であり、「復讐の天使は踏みにじられてきた者と同じ性でなければならない」のであった（McHugh 1980 : 184）。

おわりに

約一五年にわたって展開されたCD法反対運動は、とりわけ女たちの参加によって、当初は純粋な衛生立法と見られていたCD法の背景に存在する性のダブル・スタンダードの問題を明るみに出す結果となった。性病の予防のためには娼婦のみの一方的な検診ではなく、男の性モラル自体の見直しが必要であるという撤廃派の女たちの主張は、いわば新しい「性の衛生改革」の提案であり、スペキュラムの言説を有効に用いたキャンペーン戦術の効果もあって、多くの人々の関心を引きつけることに成功した。

とはいえCD法の廃止をLNAやバトラーの「女の論理」の功績だけに帰するのは正しくないであろう。ヘミングは『貧民』のなかで、イギリス人は買売春問題についてけっして国家による法制化を許さないだろうと予言したが、CD法を中央集権化や個人の自由の侵害の典型例と見る撤廃派の主張は、国家統制を嫌う国民感情に強く訴えかけた。皮肉なことに、CD法のモデルとなった大陸では娼婦の規制は法として明文化されることなく行政権の一部として行われており、それゆえにこそ警察は恣意的に大きな権力をふるうことができたのであるが、イギリスではそれがCD法という国家法として制定されたがために、反対派はその攻撃目標をきわめて明瞭な形で設定することができたのである。

またバトラーは同法の中に「新しく生まれた医学の専制」を見、「女王から国会議員まで、上流階級は医者の意見に盲目的に依存しきっている」(Butler 1911 : 57 ; McHugh 1980 : 25) と批判したが、同時代のイギリスではワクチンの強制的接種反対運動や動物の生体解剖反対運動が展開されたことからもわかるように、専門職としての医師の権威の増大や介入主義的医療に対する反発もまた、かなり根強く、広がりを持つ感情であったと思われる。

軍隊そのもののイメージの変化も、CD法廃止に有利に作用した要因であろう。軍改革の進行とともに、軍隊は「金で雇われた無頼漢の集まり」から「制服を着た市民の集団」へとしだいに変貌しつつあり、「なかば無法で軽蔑されていた頃の軍隊にこそふさわしかったCD法のような酷薄な手段は、もはや受け入れがたい」ものと考えられるようになったのである (McHugh 1980 : 27)。

そしてCD法擁護派にとっての最後の打撃は、同法が本来の目的である性病予防にさえ効果をあげていないという非難であった。擁護派は統計資料を用いて、法の対象地域では病気の娼婦の隔離に見合った兵士の性病罹患率の低下が達成されたと主張した。だがこれに対して、たとえば撤廃派のある医師は一八七〇年の『ウェストミンスター・レヴュー』誌上で、個々の都市別に見るとCD法施行の前と後では兵士の性病率に大きな変化は現れていないこと、また擁護派の主張する全体としての低下傾向はじつはCD法以後に始まったのではなく、すでに一八六〇年の段階から漸進的に見られた自然な傾向であることを指摘して、擁護派に反駁している（Anonymous 1870b：491-493)。おそらくこの医師の指摘が正しかったことは、八三年にCD法が停止された後も心配されたような軍隊内の性病率の上昇が見られず、むしろ年々急速に低下して、一九〇〇年には一時期一〇〇〇人あたり一〇〇人を切るに至ったことでも裏づけられる（Flexner 1914：370)。その後、第一次世界大戦中にはふたたび軍隊内の性病が問題となるが、一九〇五年のスピロヘータの発見、翌年のワッセルマン反応テストと一九〇九年以降のサルバルサンの登場によって、少なくとも梅毒に関するかぎり、この頃にはかつての恐怖はかなり薄められていたのである。

しかし運動の結果CD法が廃止され、撤廃派はいちおう勝利をおさめたものの、元来社会構造の中に深く組みこまれて存在していた買売春やダブル・スタンダードが、それによって消滅したり弱体化したわけではなかった。それどころかプリマスとサザンプトンについて検証したワーコウィッツによれば、CD法とそれに対する反対運動は、それまでかなり不分明であった娼婦と下層労働者階級との境界を明確化し、娼婦自身にとっても周囲の人々の目にも「娼婦」というアウトカーストのアイデンティティをいっそうはっきりと、不可逆的なものとして意識させる役割をはたしたという（Walkowits 1980)。

撤廃運動に参加した人々の多くは、一八八〇年代にも社会浄化運動という形で少女の人身売買などの買売春問題に取りくみつづけるが、その姿勢は「純潔」な性規範からの逸脱に対してより管理指向的で硬直したものになっていく。また女たちの運動は世紀末から二〇世紀初頭にかけて参政権獲得へと焦点が移行していき、その中で、こうした次代の運動のための一つのトレーニングの場ともなったCD法撤廃運動やそこでのLNAやバトラーの働きは、急速に人々の記憶から薄らいでいった。したがって、撤廃派の女たちは運動の中で性のダブル・スタンダードの存在を告発し、新しい「性の衛生改革」の必要性を主張したものの、結局はダブル・スタンダードに代わる新たな両性関係のヴィジョンを明確には提示しえないままに終わったと見ることも可能である。だがここではそれを彼女たちの能力の限界として指摘するよりも、むしろダブル・スタンダードに象徴される性の秩序がいかに根深く当時の社会機構の一部として、いわば所与のものとして存在していたか、それを対象化し、相対化していくことがいかに困難であったかをかいまみせてくれる一つの事例として位置づけたいと思う。そしてこの困難さは、現代において私たちがたとえば買売春やポルノグラフィ、あるいは女と男の関係性そのものについて考察していこうとする際にしばしば遭遇する思考の窮屈さやもどかしさと、奇妙なほどの相似形をなしている。それはおそらく、ダブル・スタンダードに象徴される性の秩序が、結婚制度や家族のあり方、女性労働の経済的評価などの問題と密接不可分にからみあいながら、現在もなお、私たちがその中で生きている社会の暗黙の前提として活力を保ちつづけ、女も男も含めて私たちの思考に何重にもタガをはめているためであろう。そうであればこそ、CD法を軸にヴィクトリア朝の買売春と性病をめぐって戦わされた議論は、イギリス国内での展開をこえて、近代社会はいかに形成され機能してきたかを歴史的に読み解いていくための基本的パスワードの一つとして、〈性〉を組み入れていくことの現在における必要性と有効性を、私たちに語りかけているのではないだろうか。

注

（1） Harsin 1989：91. ショウォルターは梅毒恐怖症の例としてフロイトとその患者のドラをあげ、さらにイプセンやワイルド、スティヴンソンなど多くの世紀末作家の作品にも、この恐怖が影を落としていると指摘している（Showalter 1986：95-96）。

第十章　美と健康という病

――ジェンダーと身体管理のオブセッション――

1　〈女性美〉の一世紀

何をもって人間の〈美〉、とりわけ〈女性美〉の規準とするかには、時代、地域、文化によってさまざまなヴァリエーションが存在した。たとえば日本では鳩胸、出っ尻が嫌われ、ずんどうで柳腰であることが美女の条件とされていた一九世紀後半、西洋では胴回りをコルセットでギリギリと極限まで締めつけ（ときにはそれをさらに容易にするために下の方の肋骨を手術で切りとり）、それと対照的に胸とヒップの豊かなふくらみを強調した、いわゆる砂時計型の体型が、最も女らしく美しい姿であると考えられていた。クリノリンやバッスル・スタイルのような衣装の流行も、このバスト、ウェスト、ヒップの著しい対比をいやがうえにも強調するものだった。こうした体型は、胴の細さによって女のかよわさや依存性を象徴すると同時に、たっぷりと脂肪のついた肩や胸や腰の豊満さによって、成熟した女らしさや、母性という当時の女性の最も重要な役割を表していたのである。

だが二〇世紀初頭、パリのオート・クチュールのデザイナーたちはスリムで直線的なラインのモードを発表しはじめ、勃興しつつあったアメリカの既製服産業が、このパリ・モードの大衆化に手を貸した。第一次世界大戦後、いっせいにコルセットを脱ぎ捨てた女たちの間では、ほっそりと凹凸の少ないからだと、短くなったスカートの下にのびるすらりとした脚が理想の体型となった。けれども生身のからだが一夜にして変わるわけではないから、女たちは服の下に胸やお尻のふくらみを押さえるタイプの下着を着けて、スリムなからだを演出した。一九一八年には、アメリカではじめて女性のためのダイエット本がベストセラーとなった。既製服産業が生産効率をあげるために標準サイズ方式を採用した結果、既製服が無理なく着られるようなほっそりした体型がいっそう規範化され、さらにファッション写真や映画、女性雑誌によって、こうした美意識は西洋ばかりでなく日本を含む世界各地に輸出されていった。

一方、砂時計型の女性美のほうは、第二次世界大戦中に兵士向けピンナップ・ガールとして復活し、戦後の一時期、世界はマリリン・モンローやソフィア・ローレン、エリザベス・テイラー、アニタ・エクバーグ、ジェーン・マンスフィールド、ブリジット・バルドーらに代表されるような

「グラマー美人」の全盛期を経験した。ウェストをきつく締めつけるための下着や幅広ベルトが売れ、パニエで大きくふくらませたスカートが流行した。もっともこの時代にも、細身の美しさという観念が消え失せたわけではなく、オードリー・ヘプバーンというスターの存在はそのことを雄弁に物語っていた。

そして一九六〇年代末以降、女性美の規範は再び、しかも以前よりも徹底して細さへと向かいはじめる。細さはまた少女のような体型という意味で、現代の女性美の重要な要素である〈若さ〉にも通じる。もともと一般の女性よりも細かったファッション・モデルたちは、いっそう棒のようにやせていることを要求されるようになり（たとえば、いまや伝説と化したトウィッギー）、女たちはそれらの「モデル」体型になんとかして近づこうと、美容体操やダイエットに血道をあげるようになった。この現代の美の規準にてらしてみれば、アメリカのサイレント映画時代のスターで、水泳でシェイプアップした肢体を売り物にし、「肥満は醜い」と豪語したアネット・ケラーマンでさえ、「デブのおばさん」と呼ばれかねないだろう。彼女が誇りにしていた、身長一六二センチ、体重六二キロ、スリー・サイズが八八・九センチ、六六センチ、九四センチという当時としてはスリムな体型は、いまでは明らかに太めの部類に入ってしまうのである（Brumberg 1988 : 246）。

こうした現代のスリム志向の極北に位置するのが、近年とみに関心を集めている拒食症や、食べては吐くことをくり返す過食症などの摂食障害である。ブランバーグの研究が示すように、食べることを拒否し、その結果やせおとろえて死に至る若い女性たちの存在そのものは、すでにヴィクトリア時代から報告されていた。だが一九世紀にはそれは欧米ブルジョワ階級の中での少数の現象であったのに対し、現代では日本を含む先進工業国全体に広まり、しかも低年齢化しつつあるのが特徴である。

一説では、アメリカでは女性の五パーセントから一〇パーセントが摂食障害だといわれ、その大部分が若く、摂食障害と診断された患者の一九パーセントが死亡しているという（Brumberg 1988 : 12-13)。一九八四年の『グラマー』誌の調査では、主観的に自分は太りすぎだと思っている女性は七五パーセントで、実際にはやせすぎている女性の四五パーセントが、なお太りすぎだと考えていた（Wolf 1991 = 1994 : 213)。同じくアメリカのある調査では、九歳の少女たちの八〇パーセントがダイエットを日課にしていると答えた（Bordo 1990 : 86)。日本でも、高校生以上の女性の六〇パーセントが「やせたい」願望を持ち、ダイエットの必要を感じているとか（『朝日新聞』一九九四年八月三日)、女子高校生の少なくとも〇・一パーセントが治療が必要な摂食障害だと考えられる（同、一九九二年一〇月三一日）といった報告が行われている。

女性雑誌のダイエットの記事に興味をもっていっしんに読んだり、このごろちょっと太ってきたかしら、とウェストを気にしたり、最新のファッションをぴったりと似合うようになるためには、自分はちょっと太目なのではないか、とひそかに苦にして大好きなパイを半分残さなくてはと思ったり、まったくその程度の関心を自分のスタイルによせていない女がいるものだろうか

（中島 1995：147）。

この中島梓の指摘のように、たとえ生命を危うくするところまではいかなくとも、現代の女性の大部分はダイエット症候群患者であるといっても過言ではなく、拒食症はそれが最も誇張された形で現れたものなのである。

2 〈スリムな女〉の意味するもの

現代女性に顕著な強迫神経症的「やせたい（＝美しくなりたい）」願望が、高度産業化・大衆消費社会の産物であること、すなわち巨大化した国際ファッション産業、および化粧品やエステティック、美容整形などの美容産業によって煽り立てられ、たえず再生産されつづける「操作された欲望」であることは、すでに指摘されているとおりである（宮 1991；諸橋 1989）。これらの産業とタイアップした女性雑誌などのメディアは、毎年薄着の季節が近づくと「太り続ける毎日にさよなら！ やせるが勝ち！」（『マフィン』一九九五年五月三一日号）とか、「スリムにならなきゃ、〝新しい自分〟はつくれない！」（『マイン』同年六月七日号）といったダイエット特集の総攻撃で、やせることこそ女の正しい生き方と主張しつづけている。また、そもそも先進国に過度に多様な食物があふれ、特権階級だけでなく民衆も食を享楽することが可能になった「グルメ社会」であればこそ、その裏返しとしてダイエットのようなあえて食を拒否する禁欲的行為が一般的に意味を持ちうるようになったという側面も、見逃すことはできないだろう。

だがここで気になるのは、二〇世紀初頭にせよ現代にせよ、このような女性の細さへの志向が著しいのは、一方でフェミニズム運動が盛り上がり、女性の権利拡張や社会進出がさかんに主張された時代だという事実である。すなわち、第一次世界大戦前、欧米のフェミニストたちは女性参政権を要求して戦闘的な運動をくり広げ、大戦中には男たちが戦場に出はらったあとの職場に多くの女性が進出した。戦争終結後には多くの国で女性参政権が実現した。日本でも、『青鞜』に代表される「新しい女」たちの出現が騒がれたのはこの時代である。また第二のスリム化のはじまった一九六〇年代末から七〇年代は、周知のように現在まで続く女性解放運動《ウイメンズ・リベレーション》（日本ではウーマン・リブ）が燎原の火のように世界各地に燃え広がっていった時期でもあった。

性的な面に関しても、第一の時期にはマーガレット・サンガーやマリー・ストープスらに代表されるバース・コントロール運動の効果もあって、欧米ではペッサリーなどによる避妊が女たちの間に浸透し、セックスと生殖との分離がかなりの程度可能になった。そして避妊用ピルが世界に向けて発売され、多くの国で人工妊娠中絶の合法化が行われて、女たちが性行動の「自由」や生殖の自己管理権を手にしたのが、第二の一九六〇、七〇年代のことである。つまり女たちが強く自由になったとされる度合が強まれば強まるほど、一方では女性の美しさ＝細さというオブセッションも強力で広範なものになっていく関係が見られるのだが、このことは何を意味すると考えればいいのだろうか。

現代のスリムな美学が目の仇にするのは、何よりも脂肪であり、ぽってり、プヨプヨといったイメージである。そのため最近の美容整形では、腹部などの「余分な」脂肪を真空掃除機のような装置で吸いとってしまう脂肪吸引術さえ行われている。だが、女のからだは筋肉量の多い男のからだに比べてもともと脂肪分が多く、それがやわらかく丸みを帯びた、いわゆる「女らしい」体型を作っているし、正常な月経周期の維持や妊娠・出産のためにもある程度の体脂肪の存在が必要だとされている。したがって脂肪をそぎ落としたほっそりした肢体を目指すことは、母性のような伝統的な女役割の否定、もしくはそこからの自由への渇望という象徴的意味を持つ。その点では、世間から「家庭の天使」と讃えられる反面、強固な性別役割観念のもとで、結婚し、主婦・母となること以外の生き方の選択肢をほとんど認められていなかったヴィクトリア時代の中流階級の娘たちの間にまず神経性拒食症が発生したのは、けっして偶然ではなかったといえよう。細さへの渇望は、意識的にせよ無意識的にせよ、ジェンダー規範の押しつけに対する抵抗のサインという側面を持つ。

しかし一方で細いからだには、脆さや無力さ、かよわさといったイメージもつきまとう。中国の悪名高い纏足や、ヴィクトリア時代の鯨骨入りコルセットが作りだす折れそうに細いウェストが、その部分に女の弱さや（男への）依存性を集約的に表現したものであったとすれば、全身から「たよりなさ」を発信する現代の女たちのからだは、フェミニズムがどんなに男女同権や女の自立といった「恐ろしい」メッセージを送り出そうとも、女は本心ではけっして男の優位を脅かそうなどとは望んでいないのだという、慰撫と安心のサインとして機能する。そしてそうした細いからだの獲得と維持のために女たちが血眼になっているようすは、やはり女とは他愛のない生きものだという男たちの確信を深めてもくれる。

つまり、女が強くなる時代におけるスリムなからだとは、見る人や文脈によってほとんど正反対の意味をくみとることのできる多義的な存在なのであり、浅野千恵が指摘するように、そうした「さまざまな二律背反的で相互に入り組んだ意味合いが併存し」、状況に応じた意味づけを可能にしているところにこそ、「痩せた身体」の存在意義があるといえよう〔浅野 1995：81〕。

もちろん七〇年代以降の女性美のイメージの中には、フィットネス・ブームが示すように、たんに細いばかりでなく運動によって筋力や体力を向上させた〈健康な〉からだ〔典型はジェーン・フォンダ〕、あるいはリサ・ライオンのようにボディ・ビルをとおして鍛え上げたたくましいからだも存在している。こうしたからだはたとえスリムであっても、弱々しさよりも意志的な力強さを発信しようとしているともいえる。だが、その場合にも重要なのはいかにいつまでも〈若々しい〉からだを保つかであって、細さ＝若さ＝美しさという等式自体は動かないし、理想のからだを手に入れ維持するために、女たちに運動や食事管理などの厳しい努力と禁欲が要求されることにも変わりはないのである。

3　フェミニズムの役割

女はなぜ、自分のからだ、自分の外見をある理想の規準に合致させることにこれほど熱心で、そのためにはどんな犠牲もいとわないように見えるのだろうか。その理由は、女の子は一般に生まれ落ちた瞬間から、色が白いか黒いか、鼻が高いか低いか、脚が細いか大根足かといった具合に、たえず身体的な外見によって値踏みをされ続けながら成長するために、女の自己意識と外見とは引きはがすことのできない表裏一体のものと化しているからである。鷲田清一は、自分のからだの中で一番恥ずかしいと感じるのはどこかと問われた女子学生の圧倒的多数が、「左右大きさの違うバスト」とか「ぽっこり目立ってきたおなか」など、身体のサイズと形に関する「逸脱」をあげたと述べているが（鷲田 1989 : 7-19）、女たちにとってこうした「欠点」はたんなる身体上の問題として重要なのではなく、それがそのまま自分という存在全体の評価に直結すると感じられるからこそ、深刻な悩みとなる。ナオミ・ウルフの表現を借りれば、「私たち女は、いわば自尊心という重要で敏感な臓器を外気にさらした姿で、無防備に外部からの認可を受ける存在でいなければならない」のである（Wolf 1991＝1994 : 19）。そしてこのようなアイデンティティと外見との強い一体性を裏返せば、もしも自分の望みどおりの外見を手に入れることができれば、望みどおりの自己、完全な人生をも手に入れられるはずだという幻想が生まれる。女が自分の外見を作り変えることに執着するのは、まさにそれが理想的な内的自己の確立や幸福の探究と結びつくと信じられているからなのである。

これに対しフェミニズムは、外見の美や若さによる女の序列化は家父長制社会の論理であり、女がこうした美の神話を内面化しているかぎり、それは自分で自分を縛り、永久に達成しえない目標のために時間と能力を浪費させ、女同士を競合させる「美の呪縛」として働くと主張した。そしてフェミニストたちは、女がからだや顔立ちや老化までも含めた「ありのままの自分」を愛することの重要性を説き、ミス・コンテスト批判に見られるように、女の価値を特定の外見的規準だけで画一的に判断することに抗議してきた（井上章一はこうした考え方を、「すべての女を美人だといいくるめうる言語環境」と揶揄している。井上 1991：196）。

だが、「ありのままの美しさ」というフェミニズムの言説は「自然さ」や「快適さ」としてファッション産業に部分的に取り入れられはしたものの、全体として見れば、化粧やダイエット、ファッションなど、美しくなるための身体加工に対する女たちの情熱はフェミニズム以降、むしろいっそう強化された観がある。しかも皮肉なことにフェミニスト自身でさえ、こうした美への執着から必ずしも自由になっているわけではない。もちろん、リブの伝統を守ってまったく化粧をせず、スカートをはかず、ブラジャーやガードルをつけたり腋の下の毛を剃ったりもしない、いわば politically correct な（政治的に正しい）道を行く女たちも存在してはいるが、その一方で多くのフェミニスト（と自認する女たち）が、まがりなりにも社会や職場への進出が可能になるにつれ、そこにとどまり続けるためにはいつまでも若々しく、スマートで、「魅力的な女」であらねばならないというプレッシャーを、よりひしひしと感じるようになっているのも事実なのである。

ウルフはこの現象を、フェミニズムに対するバックラッシュとして説明する。「ダイエットは女性史上最も有効な政治的鎮静剤だ」という言葉が示すように、彼女は現代の女たちをとらえている美という集団幻想は、フェミニズムの台頭に恐怖を抱いた男性支配社会が女のエネルギーを吸収しておくために生み出した「必要嘘」であり、自由を求める女たちに、もしかしたら行き過ぎた自由を求めているのではないかという「うしろめたさと不安感」を植えつけているという（Wolf 1991＝1994 : 22, 216)。スージー・オーバックも同様の立場から、「身体の手入れ、全身美容、エクササイズややせの追求が人びとの関心をよぶ価値ある領域として提唱されたのは、ちょうど女性がそのような規範から自由になろうと努力しはじめたとき」であり、これらはフェミニズムの影響下での女たちの「変化を阻止しようとする破壊的な試み」だと述べている（Orback 1986＝1992 : 99-100)。

このような「男社会の巻き返し」説の立場から見れば、自らを飢餓や、ときにはその反動である過食に追いこむ摂食障害の女たちは、スリムな美という虚偽意識に目をふさがれた哀れな存在ということになる。中にはオーバックのように、彼女たちは男社会が押しつける美の規準と女の身体の支配にハンガー・ストライキで勇敢に抵抗しているのだと解釈する研究者もいるが、一方こうした抵抗は、結局は自分の中の女性性を抹殺することにより男性支配社会の存続に手を貸しているにすぎないとか（Wolf 1991＝1994)、拒食症患者を女性差別的な美の論理の犠牲者や殉教者として美化すべきではなく、むしろ社会が期待する女らしさ役割をとことん遂行しようとしたあげくに、かえって正常な女らしさの範囲を逸脱してしまった過剰適応の例として見るべきだとかいう批判的意見も少なくない（Gimlin 1994）。

だがこのような要素はたしかに認められるとしても、一方でほかならぬフェミニズム自体が、女の身体管理へのオブセッションを強化したという可能性はないのだろうか。フェミニズムは女たちに、女もこの世界で自分の欲望に忠実に自己表現を目指してよいのだと教えた。だが女の社会進出が進んだとはいえ、現実の社会で女に開かれている自己実現のための選択肢はきわめて限られている。そのとき、これまでの女の自己意識と身体との強い一体性を考えれば、多くの女たちが自分の自由になる唯一の所有物である自己の身体を思いどおりに加工することをとおして、「かけがえのない私」探しというアイデンティティ・ゲームに参加しようとしたのは、むしろ自然なことだったのではないだろうか。

この点について多くの示唆を与えてくれるのは、キャシー・デイヴィスが行った美容整形術経験者に対するインタビュー研究である（Davis 1995）。彼女は、ダイエットよりもある意味でもっと過激な美容整形という方法によって自分のからだを作り変えようとする女たち（その中にはフェミニストも含まれる）の行動を、虚偽意識に目を曇らされた「文化の盲従者」として、「政治的に正しい」立場の高みから批判するのではなく、彼女たち自身の意識や経験にそくして理解することの必要性を強調している。たとえば手術の副作用や危険性を知った上で胸にシリコンを入れる豊胸術を受け、しかも手術の結果が必ずしも成功でなかった場合でさえそのことを後悔していない女性にとって、自分のからだはたんに夫や恋人を喜ばせるための性的客体なのではなく、それを操作することをとおして「肉体をもつ主体」としての自己を追求する手段でもありうるのだと、デイヴィスは次のように主張する。

美容整形は美ではなく、アイデンティティに関係している。自分とは何者かという感覚にぴったり合致しないからだに閉じこめられたと感じている女性にとって、美容整形は、自分のからだをとおしてアイデンティティの再交渉を行う方法となる。美容整形とは、自分が選んだわけではない条件の下で、力を行使しようとすることなのである（Davis 1995 : 163）。

もちろんこのような形での自己実現のための身体の手段化は、たとえば不妊治療や臓器移植の場合と同様、「かけがえのない私」の幸福追求という大義名分のためにはどこまで自己および他者の身体を客体化することが許されるのか、という重大な問いに行き着くことになる。だがそれはともかく、少なくとも近代思想としてのフェミニズムが女にも男と同様に「私」探しゲームへの参加権を要求したこと、そして女の場合に顕著なアイデンティティと身体との一体性そのものは否定しなかったこと（それどころか、前述の「政治的に正しい」フェミニストたちの例が示すように、身体はフェミニズムにおいても依然として重要な自己表現の場と見なされ続けている）が、女たちの「主体的選択」

にもとづく身体加工への情熱に拍車をかける役割をはたしたという可能性も、考慮に入れなければならないだろう。

4　美と健康と男の身体

さらに身体管理ということでいえば、近年とみに顕著になったもうひとつの大衆的オブセッションとして、〈健康〉という問題がある。いまや世をあげて健康法、健康食ブームであり、ジョギングがウォーキングに、ぶら下がり健康器がエクササイズ・マシーンに、あるいは紅茶キノコがモロヘイヤにと流行のアイテムはめまぐるしく変化しても、健康という価値の絶対的正しさそのものはほとんど不動に近い。健康に注意することは善良なる市民としての義務であり、病気になった人は、正しい食生活をしてこなかったのではないか、喫煙や飲酒のようなからだに悪い習慣を持っていたのではないかと、自分でも周囲からも問われることになる。定期的に検診を受け、人間ドックに入ることで、なんとか萌芽のうちに病気をみつけてやっつけてしまおうと、先手攻撃をこころがける人も多い。また、ここでも正しいからだとはスリムなからだであり、肥満はもろもろの病気の根源と考えられているため、太ったからだをそのままに放置している人は、だらしがない、意志が弱い、はては無能であるというきわめてメガティヴな評価の目にさらされる。

日本でもアメリカでも、人々がひときわ健康なからだづくりに熱中しはじめたのは七〇年代以降のことであり、その背景には日本では高齢化社会に対する不安、アメリカではケネディ暗殺やベトナム戦争、人種対立、離婚の増大と家族の解体などによって、社会という〈大きな身体〉そのものが「病んでいる」との意識が広まったことがあるといわれる。グラスナーはこの状況を、「ある社会のすべての層がからだのことに心を奪われたときには、明らかに健康以外の何かが危機にさらされているのだ。……熱狂的なフィットネス・ブームの背後のより深いところにあって人々をつき動かしているのは、公衆道徳への渇望にほかならない」と分析し、田中聡もまた、「社会の堕落や衰弱が意識されるとき、健康を求める声は高くなる」と述べている（Glassner 1988＝1992 : 276 ; 田中 1993 : 242）。

こうした健康熱は、女、男を問わずすべての現代人を強迫的に巻き込んでいるという点では、〈美〉よりもジェンダーを超越した現象のように見える。けれども、それではなぜ、男のからだはそれほど〈美〉に関する議論の俎上にのぼらないのだろうか。あるいはまた、〈健康〉とは本当にそれほどジェンダーとは無関係な問題なのだろうか。

もちろん男のからだにしても、近頃では女性雑誌ばかりか男性雑誌にさえ男性ヌードが登場し、美しさという規準で男のからだが評価され、鑑賞される機会が増えてきた。また、三島由紀夫の例を出すまでもなく、からだのイメージが自分のアイデンティティに及ぼす影響力に敏感で、からだをなんとか自分の望みどおりに作り変えようと（おそらくは女たちに劣らないくらいの）非常な努力を惜しまなかった男たちも、たしかに存在している。だがその場合にも、最近のある男性誌のカラダ改造特集「男はカラダで勝負する！　三か月で、完璧なカラダになる！」の次のコピーがやや滑稽な形で語っているように、男のからだに必要とされる要素はあくまでも強さとたくましさであり、〈美〉の意味が女と男とでは違うことに注意しなければならない。

西暦二〇〇〇年をまぢかに迎え、地球は高速回転で世紀末に突入。われらの時代はいよいよ色濃い翳りを帯びはじめているようだ。されど愛する女《ひと》よ、懼《おそ》れるな、あなたにはわたしがいる。ここにいて、大切なあなたを守ってあげよう！　何が起こっても、あなたのためなら、命を賭して、戦ってみせよう。そう、いかなる時代、いかなる土地においても、男に望まれるのは、愛と知恵と勇気、そしてそれらを宿す強靱な肉体なのだ（『ターザン』一九九五年五月一〇日号）。

もっとも、男というまだまだ未開拓のマーケットに美容産業や健康産業が食指を動かし、その結果このようにメディアでの男のからだの露出度が高まりつつあるとはいえ、それを目にするたびに自分自身の外見とひき比べて、モデルたちは自分よりもずっとたくましいとか美しいと一喜一憂する男が、いったいどれくらいいるだろうか。その割合は女の場合とは比べものにならないほど小さいにちがいない。それは男の場合には、身体や顔の美醜といった外見に、その人間の価値評価の基準としてきわめて低い順位しか与えないという文化的合意（「男は顔じゃない！」）が存在しており、一般に自我意識と身体との結びつきが女よりもはるかに希薄なためである。

西欧の伝統的思考である霊肉二元論にあっては、もともとより優位の項である精神を男性に、劣位の項である肉体を女性に割り当てるというジェンダー観が存在していた。つまり女は男よりも、つねに身体度の高い存在と考えられてきたのである。けれどもその一方でたとえば服装の歴史を見ると、一八世紀までは貴族階級では男も女にまさるとも劣らないくらいにお洒落に熱心で、レースや刺繍や宝石で飾りたてた美しい色彩の衣装に身をやつし、化粧をし、いかにして自分の肉体的魅力をアピールするかに腐心していたことがわかる。タイツや半ズボンといったスタイルが好まれたのも、男の脚線の美しさを強調する効果があったからだ。前近代の少なくとも一部の階級においては、男の身体美と価値評価とは無関係ではなかったのである。

だがフランス革命と工業化の開始以降、男の世界の権力が王侯貴族からビジネスマンや専門家集団に移行するとともに、その服装も仕事の遂行の邪魔にならないような地味で合理的で、個性や変化にとぼしいスーツ型に急速に統一されていった。男たちは、身体的魅力以外のものに勝負をかけることを選んだのだ。いわゆる男のドブネズミ化のはじまりであり、それはすなわち男の身体の隠蔽、ひいては身体意識の消去をも意味していた。逆に、美しさとその維持にエネルギーを注ぐことはもっぱら女の仕事と見なされるようになり、女はそれまでのように働き者だとか手に技術があるとかいうことよりも、階級にかかわりなく画一的に外見でその価値が決められるようになった。美のジェンダー化と同時に、女たちの間での「民主化」が実現したのである。

そうはいっても現実には、背が低いとか髪が薄いとか醜男だとか、自分の外見に関して悩みや劣等感をかかえている男たちはたくさんいるだろう。だが近代以降、彼らの社会的評価を決めてきたのは、そうしたこととは別の、組織内での地位や政治力、経済力といった要素である。つまり男は、たとえ外見に関してコンプレックスを抱いていても、それだけで自分の全存在が否定されてしまうのではないかという不安を感じなくてもすむし、他の回路に避難することで自尊心を守る道が用意されている。であればこそ彼らは、自分の外見を棚に上げて、あるいはあたかも身体的価値からは自由な存在であるかのごとくに、安んじて美について論じたり、美人コンテストの審査員をつとめたりすることができるのである。

では現在、健康ブームが男性をも巻きこむ形で広まっていることは、美の規準による判定を免れ隠蔽されてきた男の身体を再び可視化する効果を上げているだろうか。たしかに個人がフィットネスで体力を高めることが社会の政治的・倫理的秩序の回復と結びついて希求されているアメリカにおいては、健康なからだとはすなわち鍛えぬかれたたくましく力強いからだであり、健康と男性的な身体美のイメージとは多分に重なりあっている。筋肉を男性的要素、追放されるべき脂肪を女性的要素とすれば、健康熱とジェンダーとの間には深い関係があることになる。(もっとも昨今の男の身体についてはこうしたポジティヴなイメージだけでなく、レイプや暴力と結びついたダーティなイメージも同時に強まりつつあるのだが。)

しかし日本の場合には、たとえば「食べ方で、成人病の発生率は大違い！　四〇代の病気を防ぐ栄養素別料理」(『クロワッサン』別冊、一九九四年五月一日号）とか、「いまからでも一〇歳若返るウォーキングの秘密」(『ウェルネス』一九九四年一一月・創刊号)といった記事が示すように、健康法にはむしろ高齢化社会の中での成人病予防や老化防止対策という色彩が濃厚である。「精力もムクムク若返ると大評判の〈トントン〉足踏み」(『安心』一九九五年九月号)のような直接セックスにかかわる例を除けば、男の身体はそれほど視覚的に目立つ存在とはいえない。だが健康とジェンダーとはまるで無関係なわけでもない。健康法の中できわめて大きな比重を占める食事について見れば、「健康のために食事に気をくばっている」という男性の場合でも、実際に栄養バランスの研究や健康食品の購入、調理などにあたっているのは女性であるケースが少なくない(夫のための手作り愛妻弁当!)。食事ばかりでなく、布団を日に干し、カーペットのダニを掃除機で吸い取り、赤ん坊のそばで煙草を吸おうとする人間をベランダに追い出し、病人や寝たきり老人の介護をして、家族全員の健康と身体管理の責任をになっているのは、やはり大半が女性である。健康管理は家事労働の一部として、圧倒的に女性の仕事と見なされている。したがって日本の場合、健康法ブームと言いつつも、健康とは多くの場合むしろ女性的な領分として存在しているのであり、男の身体は、美においてはもちろん、健康においてもまだ十分な主体/題化をなしとげてはいないと考える方がよいのかもしれない。

あとがき

この本は私にとっては初めての、書き下ろしではないかたちでの論文集である。一九八〇年代の終わりごろから機会を与えられてはあちこちに書いてきたものを、一冊の本としてまとまった形で残しておきたいという思いは、数年前から強くなっていた。ここに収めた仕事の中には、最初に発表した後でフェミニズムや女性史関係のアンソロジーに収録されたものもあるが、一部がカットされていて完全ではなかったり、また、なかには種々の事情で現在では絶版となり、入手が難しくなっているものもある。そうした事情に加えて、自分が長年にわたっていったい何にどのようにこだわり続けてきたのかを、人生の後半期に入ったことを痛感させられる機会の多くなったこのあたりで一度見直し、整理しておきたいという気持ちがあったのである。

こうして並べてみるとあらためて、私は身体を、それも性差を持ちそれに由来する経験に満ちた身体を、その生々しい物質性を漂白したり蒸発させてしまうことなく、けれども他の人々との議論が可能な程度には抽象化されたかたちで、なんとか歴史学という「学問研究」の俎上に乗せたいと悪戦苦闘してきたのだとわかる。「女という身体として生きるとはどういうことか」を考えることは、敬愛する友である西川祐子さんの表現を拝借するならば「私の人生、生活そのもの」であって、どこまでうまくやれたかはともかく、この自分にとっての関心事を歴史研究のテーマへと結びつけながらここまで仕事をすすめてこられたのは、とても幸せなことだったと思っている。

その過程では、本書にも多数引用している欧米のフェミニズム的女性史や社会史、男性学、ジェンダー理論、そして女と健康運動から、考え方についても方法論についても多くのものを学び、大きな影響を受けてきた。この点に関しては「輸入学問だ」的な批判を受けたこともあるが、研究を始めたころ、性差や身体についてどのように考えていけばよいのか、混沌と孤独の中で悩んでいたときに、導きの糸となってくれたのがこれらの研究や運動だったのは事実である。私としては、日本語で書かれていようがいまいが、取り上げられている問題、それを論じる視角や方法が自分にとって近しく感じられ、腑に落ちるものであったり、触発されるところがあるならば、あまり区別することなくそれらと対話しながら学んでいけばよいと思っていたし、いまでもその考えに変わりはない。

また、この本でもそうだが、私は避妊や堕胎／中絶、子殺しといった「産むことの否定」に一貫してこだわってきた。なぜそうなのか、自分でも本当のところよくわからないのだが、一つには女の人生にとっては産むことに負けず劣らず重要な側面であるにもかかわらず、母性や出産に比べてこうした問題がテーマとなるのが少なかったことへの不満があったからだろう。さらに、産むことや母性がポジティヴな方向で語られることが多いのに対し、産むことの否定については何がなしうしろ暗い、ネガティヴな雰囲気がつきまといがちなことにも疑問があった。産むことと産まないこととは単純に陽と陰の関係にあるのではなく、個人の中でも社会的にも、文脈に応じてその意味は多様に変化しうるはずであり、であればこそその意味づけをめぐっての言説の争いが展開されるのではないだろうか。私は沢山美果子氏から、堕胎を女が身体的自己決定権を行使する主体的行為としてのみ予断的にとらえすぎているという批判を受けたことがあり、たしかに本書に収めた論文の中にはそのように読まれかねない部分もあるとは思うが、基本的には出産であれ堕胎であれ、さらには子捨てや子殺しでさえ、それが生起する場の政治的状況や権力関係を考えることなくその意味を解釈することはできないというのが、私の主張しようとしてきたことなのである。

十年余の仕事をまとめるにあたって、その間にお世話になった多くの方々のお名前や顔が浮かんでくる。だが、今回はやはり、この長い年月つねに変わらず議論の相手でもあり、落ち込んだときの励まし役も引き受けてくれた、日本女性学研究会近代女性史分科会のメンバーと、同研究会の古い仲間たちにこの本を捧げたいと思う。もしも彼女たちと出逢うことがなかったら、私はいま、ここにこのような者としては生きていなかっただろうからである。

勁草書房の町田民世子さんは、フェミニズム業界ではよく知られた編集者であり、今回ようやく一緒に仕事をする機会を得られたことに感謝したい。勁草書房が出してきた数々のフェミニズム・

女性学関連の書物は、それ自体が一つの歴史をかたちづくっている感があるが、その中の一冊として加えていただいたことを嬉しく思う。

二〇〇一年十一月　京都にて

荻野　美穂

著者略歴

1945 年　中国青島生まれ
1987 年　奈良女子大学大学院人間文化研究科博士課程中退
　　　　人文科学博士（お茶の水女子大学）
現　在　大阪大学大学院文学研究科助教授／女性史専攻
主　著　『制度としての〈女〉』（共著、平凡社、1990）、『生殖の政治学』（山川出版社、1994）、『共同研究　男性論』（共編著、人文書院、1999）、『中絶論争とアメリカ社会』（岩波書店、2001）ほか
訳　書　スコット『ジェンダーと歴史学』（平凡社、1992）ほか

ジェンダー化される身体

2002 年 2 月 15 日　第 1 版第 1 刷発行
2003 年 4 月 10 日　第 1 版第 3 刷発行

著　者　荻《おぎ》　野《の》　美《み》　穂《ほ》

発行者　井　村　寿　人

発行所　株式会社　勁《けい》　草《そう》　書　房

112-0005 東京都文京区水道 2-1-1　振替 00150-2-175253
（編集）電話 03-3815-5277／FAX 03-3814-6968
（営業）電話 03-3814-6861／FAX 03-3814-6854
大日本法令印刷・青木製本

ISBN　4-326-65264-0　　Printed in Japan

初出一覧

序　章　書下し

Ⅰ

第一章　性差の歴史学　『思想』1988 年 6 月号　岩波書店

第二章　産むも地獄、産まぬも地獄の……　『現代思想』1990 年 6 月号　青土社

第三章　身体史の射程　『日本史研究』366 号　1993 年 2 月　日本史研究会

Ⅱ

第四章　女の解剖学　荻野美穂・落合恵美子ほか『制度としての〈女〉』1990 年　平凡社

第五章　フェミニズムと生物学　『人間文化研究科年報』第 4 号　1989 年　奈良女子大学大学院人間文化研究科

第六章　男の性と生殖　西川祐子・荻野美穂編『共同研究　男性論』1999 年　人文書院

Ⅲ

第七章　子殺しの論理と倫理　『女性学年報』第 9 号　1988 年　日本女性学研究会

第八章「堕ちた女たち」　松村昌家他編『英国文化の世紀 4　民衆の文化誌』1996 年　研究社出版

第九章　性の衛生学　草光俊雄・近藤和彦ほか編『英国をみる　歴史と社会』11 号　1991 年 1 月　リブロポート

第十章　美と健康という病　井上俊他編『岩波講座現代社会学 14　病と医療の社会学』1996 年　岩波書店

索　引

ア行

カ行

ナ行

ハ行

マ行

ヤ行

ラ行

ワ行

引用・参照文献

阿部謹也　1984　『世界子どもの歴史・中世』第一法規

阿部輝夫　1997　『セックスレス・カウンセリング』小学館

Acton, William　1846　"Observations on Venereal Diseases in the United Kingdom," *Lancet* 3 : 369-372.

――――　1857　*Prostitution, Its Moral, Social, and Sanitary Aspects,* John Churchill.

――――　1865　*The Functions and Disorders of the Reproductive Organs,* 4th ed., London.

――――　1868　"Prostitution Considered in Its Social and Sanitary Aspects," *British Medical Journal,* 5 Dec., in Jeffreys, ed., *The Sexuality Debates.*

赤松啓介　1986　『非常民の民俗世界』明石書店

Alcock, Rutherford　1863　*The Capital of the Tycoon,* New York ＝ 1962　山口光朔訳『大君の都』岩波文庫

天野武　1980　『若者の民俗』ぺりかん社

Anonymous　1850　"Prostitution," *The Westminster and Foreign Quarterly Review*（*WR*）, April-July : 448-506.

――――　1869　"Prostitution in Relation to the National Health," *WR,* July 1 : 179-234.

――――　1870a　"Prostitution : Governmental Experiments in Controlling It," *WR* January 1 : 119-179.

――――　1870b　"Prostitution : How to Deal with It," *WR* 37 : 477-535.

――――　n. d.（1868?）　*Prostitution and Its Repression,* London.

新井康允　1986　『男と女の脳をさぐる』東京図書

Arditti, Rita, Renate Duelli Klein, and Shelly Minden, eds.　1984　*Test-Tube Woman,* Pandora Press ＝ 1986　ヤンソン

由実子訳『試験管の中の女』（抄訳）共同通信社
Ariés, Philip　1960　“Interprétation pour une histoire des mentalités,” *Travaux et Documents Cahier* 35 ＝ 1983a　里見実他訳「避妊の心性史」『学校のない社会学校のある社会』新評論
――――　1953　“Sur les origines de la contraception en France,” *Population* 3 ＝ 1983b 「避妊の起源」中内敏夫・森田伸子編訳『〈教育〉の誕生』新評論
アリストテレス　1969　島崎三郎訳「動物運動論・動物進行論・動物発生論」『アリストテレス全集 9』岩波書店
Arnold, Fred, and Liu Zhaoxiang　1986　“Sex Preference, Fertility, and Family Planning in China,” *Population and Development Review* 12/2 : 221-246.
Aron, Jean-Paul, ed.　1980　*Misérable et glorieuse la femme du XIXe siècle,* Librairie Arthème Fayrad ＝ 1984　片岡幸彦監訳『路地裏の女性史』新評論
有賀夏紀　1981 「アメリカ史における家族と女性の研究」『家族史研究』第 4 集、大月書店
――――　1985 「新しい歴史の創造をめざして――アメリカの女性史研究、最近の動向」『歴史学研究』542 号
浅野千恵　1995 「潜在的商品としての身体と摂食障害」江原由美子編『性の商品化』勁草書房
Badinter, Elizabeth　1980　L’Amour en plus, Flammarion ＝ 1981　鈴木晶訳『プラス・ラブ』サンリオ （＝1991 『母性という神話』筑摩書房）
Baker, Robin　1996　*Sperm Wars,* Fourth Estate ＝ 1997　秋川百合訳『精子戦争』河出書房新社
Banks, Olive　1981　*Faces of Feminism,* Parts I & II, Martin Robertson.
Banks, Joseph A., and Olive Banks　1964　*Feminism and Family Planning in Victorian England,* Schocken Books ＝ 1980　河村貞枝訳『ヴィクトリア時代の女性たち』創文

社
Barker-Benfield, Ben　1975　"Sexual Surgery in Late-Nineteenth Century America," *International Journal of Health Services* 5/2 : 279-298.
Beall, Oth T., Jr.　1963　"*Aristotle's Master Piece* in America : A Landmark in the Folklore of Medicine," *William and Mary Quarterly* 20 : 207-222.
Beauvoir, Simone de　1949　*Le Deuxième Sexe,* Librairie Gallimard ＝ 1959　生島遼一訳『第二の性』新潮文庫　（新訳 1997　井上たか子・木村信子監訳、新潮社）
Behlmer, George K.　1979　"Deadly Motherhood : Infanticide and Medical Opinion in Mid-Victorian England," *Journal of History of Medicine* 34/4 : 403-427.
Benedek, Thomas G.　1977　"The Changing Relationship Between Midwives and Physicians During the Renaissance," *Bulletin of the History of Medicine* 51 : 550-564.
Bennett, Judith　1989　"Feminism and History," *Gender & History* 1/3 : 251-272.
Berridge, Virginia　1978　"Victorian Opium Eating : Responses to Opiate Use in Nineteenth-Century England," *Victorian Studies* 21/4 : 437-461.
Besant, Annie　1876　"The Legalisation of Female Slavery in England," in Sheila Jeffereys, ed., *The Sexuality Debates.*
Birke, Linda　1999　*Feminism and the Biological Body,* Edinburgh University Press.
Blackman, Janet　1977　"Popular Theories of Generation : The Evolution of *Aristotle's Works,* the Study of an Anachoronism," in John Woodward and David Richards, eds., *Health Care and Popular Medicine in Nineteenth Century England,* Croom Helm.
Bock, Gisela　1989　"Women's History and Gender History : Aspects of an International Debate," *Gender & History* 1/1 : 7-

30.
Bordo, Susan　1994　"Reading the Male Body," in Lawrence Goldstein, ed., *The Male Body,* University of Michigan Press.
――――　1999　"Feminism, Foucault and the Politics of the Body," in Janet Price and Margrit Shildrick, eds., *Feminist Theory and the Body,* Edinburgh University Press.
Boston Women's Health Book Collective　1984　*The New Our Bodies, Ourselves,* Simon & Schuster ＝ 1988　藤枝澪子監修、河野美代子・荻野美穂校閲『からだ・私たち自身』松香堂
Boucé, Paul-Gabriel　1982　"Some Sexual Beliefs and Myths in Eighteenth-Century Britain," in Boucé., ed., *Sexuality in Eighteenth-Century Britain,* Manchester University Press.
Boyle, Mary　1997　*Re-thinking Abortion : Psychology, Gender, Power and the Law,* Routledge.
Breuer, Georg　1981　*Der Sogenannte Mensch,* Kösel-Verlag ＝ 1988　垂水雄二訳『社会生物学論争』どうぶつ社
Bristow, Edward J.　1977　*Vice and Vigilance,* Gill & Macmillan.
Browner, C. H.　1986　"The Politics of Reproduction in a Mexican Village," *Signs* 11/4 : 710-724.
Brumberg, Joan Jacobs　1988　*Fasting Girls : The Emergence of Anorexia Nervosa as a Modern Disease,* Harvard University Press.
Buckley, T. and A. Gottlieb, eds.　1988　*Blood Magic : The Anthropology of Menstruation,* University of California Press.
Bullough, Vern L.　1965　"Problems and Methods for Research in Prostitution and the Behavioral Sciences," *Journal of the History of the Behavioral Science,* July : 244-251.
――――　1973　"An Early American Sex Manual, or, Aristotle Who?", *Early American Literature* 7 : 236-246.

——— 1981 "A Brief Note on Rubber Technology and Contraception : The Diaphragm and the Condom," *Technology and Culture* 22/1 : 104-111.

Bullough, Vern, and Martha Voght 1973 "Women, Menstruation and Nineteenth Century Medicine," *Bulletin of the History of Medicine* 47 : 66-82.

Bullough, Vern, and Bonnie Bullough 1987 *Women and Prostitution : A Social History,* Prometheus ＝ 1991 香川檀他訳『売春の社会史』筑摩書房

Burstyn, Joan N. 1980 *Victorian Education and the Ideal of Womanhood,* Croom Helm.

Butler, Josephine 1911 *Personal Reminiscences of a Great Crusade,* Horace Marshall & Son.

Butler, Judith 1990 *Gender Trouble : Feminism and the Subversion of Identity,* Routledge ＝ 1999 竹村和子訳『ジェンダー・トラブル』青土社

——— 1993 *Bodies That Matter : On the Discursive Limits of "Sex",* Routledge.

——— 1999 "Preface" to *Gender Trouble,* 1999 ed. ＝ 2000 高橋愛訳「『ジェンダー・トラブル』序文」（1999）『現代思想』28/14 号

Butler, Judith, and Drucilla Cornell with Pheng Cheah and Elizabeth Grosz 1998 "The Future of Sexual Difference : An Interview with Judith Butler and Drucilla Cornell," *diacritics* 28/1 ＝ 2000 板場純子訳「性的差異の未来」『現代思想』28/14 号

Bynum, Caroline 1995 "Why All the Fuss about the Body? A Medievalist's Perspective," *Critical Inquiry* 22 : 1-33.

Callahan, Daniel 1996 "Bioethics and Fatherhood," in Larry May, Robert Strikwerda, and Patrick D. Hopkins, eds., *Rethinking Masculinity,* 2nd ed., Rowman & Littlefield.

Candib, Lucy, and Richard Schmitt 1996 "About Losing It : The

Fear of Impotence," in *Rethinking Masculinity*（上記）.
Canning, Kathleen　1999　"The Body as Method? Reflections on the Place of the Body in Gender History," *Gender & History* 11/3 : 499-513.
Carrol, Berenice A., ed.　1976　*Liberating Women's History,* University of Illinois Press.
千葉徳爾・大津忠男　1983　『間引きと水子』農山漁村文化協会
Carruthers, Malcolm　1996　*Male Menopause,* Harper Collins ＝ 1998　横山博美訳『男性更年期の謎』人間と歴史社
Christ, Carol　1977　"Victorian Masculinity and the Angel in the House," in Martha Vicinus, ed., *A Widening Sphere,* Indiana University Press.
Cirillo, Vincent J.　1970　"Edward Foote's *Medical Common Sense :* An Early American Comment on Birth Control," *Journal of the History of Medicine* 25 : 341-345.
Code, Lorraine, ed.　2000　*Encyclopedia of Feminist Theories,* Routledge.
Coleman, Emily　1982　"Infanticide in the Early Middle Ages," in Susan Mosher Stuard, ed., *Women in Medieval Society,* University of Pennsylvania Press.
Colen, B. D.　1986　*Hard Choices : Mixed Blessings of Modern Medical Technology,* G. P. Putnam's Sons ＝ 1987　長尾史郎・長尾玲子訳『生と死の演出』文真堂
Conway, Jill　1973　"Stereotypes of Femininity in a Theory of Sexual Evolution," in Vicinus, ed., *Suffer and Be Still.*
Corbin, Alain　1978　*Les filles de noce : Misère sexuelle et prostitution,* Aubier Montaigne ＝ 1991　杉村和子監訳『娼婦』藤原書店
———　1987　"Commercial Sexuality in Nineteenth-Century France : A System of Images and Regulations," in Gallagher and Laqueur, eds., *The Making of the Modern Body.*

Corea, Gena　1985　*The Mother Machine,* Harper & Row ＝ 1993　斎藤千香子訳『マザー・マシン』作品社
Corner, George W.　1951　"Our Knowledge of the Menstrual Cycle, 1910-1950," *The Lancet* 240/6661 : 919-923.
Cortazzi, Hugh　1987　*Victorians in Japan : In and Around the Treaty Ports,* Athlone ＝ 1988　中須賀哲朗訳『維新の港の英人たち』中央公論社
Cott, Nancy F.　1977　*The Bonds of Womanhood : 'Woman's Sphere' in New England, 1780-1835,* Yale University Press.
Crawford, Patricia　1981　"Attitudes Towards Menstruation in Seventeenth-Century England," *Past & Present* 91 : 47-73.
d'Adler, Marie-Ange, and Marcel Teulade　1986　*Les Sorciers de la Vie,* Gallimard ＝ 1987　林瑞枝・磯本輝子訳　『生殖革命』中央公論社
Darwin, Charles　1874　*The Descent of Man,* Murray ＝ 1967　池田次郎・伊谷純一郎訳『世界の名著第 39 巻　人類の起原』中央公論社
Das Gupta, Monica　1987　"Selective Discrimination against Female Children in Rural Punjab, India," *Population and Development Review* 13/1 : 77-100.
Davies, Margaret L., ed.　1978　*Maternity : Letters from Working Women,* W. W. Norton.
Davies, Mel　1982　"Corsets and Conception : Fashion and Demographic Trends in the Nineteenth Century," *Comparative Studies in Society and History* 24/4 : 611-641.
Davin, Anna　1978　"Imperialism and Motherhood," *History Workshop* 5 : 9-65.
Davis, Kathy　1995　*Reshaping the Female Body : The Dilemma of Cosmetic Surgery,* Routledge.
———　1997　"Embody-ing Theory : Beyond Modernist and Postmodernist Readings of the Body," in Davis, ed.,

Embodied Practices, Sage Publications.
Davis, Natalie Zemon 1976 "'Women's History' in Transition : The European Case," *Feminist Studies* 3/3-4 : 83-103.
Degler, Carl N. 1974 "What Ought To Be and What Was : Women's Sexuality in the Nineteenth Century," *American Historical Review* 79/5 : 1467-1490.
——— 1981 "What the Women's Movement Has Done to American History," *Soundings* 64 : 403-421.
DeMause, L. 1974 "The Evolution of Childhood," *History of Childhood Quarterly* 1 : 503-575.
Demetrakopoulos, Stephanie 1983 *Listening to Our Bodies*, Beacon Press = 1987 横山貞子訳『からだの声に耳をすますと』思想の科学社
Dickeman, Mildred 1975 "Demographic Consequences of Infanticide in Man," *Annual Review of Ecology and Systematics* 6 : 107-137.
Donegan, Jane B. 1978 *Women and Men Midwives : Medicine, Morality, and Mysogyny in Early America*, Greenwood Press.
Donnison, Jean 1977 *Midwives and Medical Men : A History of Inter-professional Rivalries and Women's Rights*, Heinemann.
Downs, Laura Lee 1993 "If 'Woman' Is Just an Empty Category, Then Why Am I Afraid to Walk Alone at Night? Identity Politics Meets the Postmodern Subject," *Comparative Studies in Society and History* 35/2 : 414-437.
Duden, Barbara 1985 玉野井麻利子訳「身体を歴史的に読み解く——〈健康〉という名のイデオロギー批判」『思想』736号
——— 1987 *Geschichte unter der Haut : Ein Eisenacher Arzt und seine Patientinnen um 1730*, Klett-Cotta = 1991 trans. by Thomas Dunlap, *The Woman beneath the*

Skin : A Doctor's Patients in Eighteenth-Century Germany, Harvard University Press = 1994　井上茂子訳『女の皮膚の下』藤原書店

——— 1989 "A Repertory of Body History," in Michel Feher et al., eds., *Fragments for a History of the Human Body,* Part III, Zone.

Durden-Smith, Jo, and Diane de Simone　1983　*Sex and Brain,* RLR Associates = 1985　池上千寿子・根岸悦子訳『セックス＆ブレイン』工作舎

Dye, Nancy Shrom　1987　"Modern Obstetrics and Working-Class Women : The New York Midwifery Dispensary, 1890-1920," *Journal of Social History* 20/3 : 549-564.

Dyhouse, Carol　1978　"Working-Class Mothers and Infant Mortality in England, 1895-1914," *Journal of Social History* 12/2 : 248-267.

Easlea, Brian　1980　*Witch Hunting, Magic and the New Philosophy,* Harvester Press = 1986　市場泰男訳『魔女狩り対新哲学』平凡社

Eccles, Audrey　1982　*Obstetrics and Gynaecology in Tudor and Stuart England,* Croom Helm.

Editorial　1985　*History Workshop* 19.

Ehrenreich, Barbara, and Deirdre English　1973a　*Witches, Midwives, and Nurses,* Feminist Press.

——— 1973b　*Complaints and Disorders : The Sexual Politics of Sickness,* Feminist Press.

1973a＋1973b = 1996　長瀬久子訳『魔女・産婆・看護婦——女性医療家の歴史』法政大学出版局

——— 1979　*For Her Own Good : 150 Years of the Experts' Advice to Women,* Anchor Books.

Ellis, Havelock　1894　*Man and Woman : A Study of Human Secondary Sexual Characters,* Heineman = 1913　小倉清三郎訳『性的特徴』丁未出版社

——— 1920 *Sex in Relation to Society,* Philadelphia.
——— 1930 *Studies in the Psychology of Sex,* Vol. 1, F. A. Davis.
Engels, Donald 1980 "The Problem of Female Infanticide in the Greco-Roman World," *Classical Philosophy* 75 : 112-120.
Erickson, Robert A. 1982 "'The Books of Generation' : Some Observations on the Style of the British Midwife Books, 1671-1764," in Boucé, ed., *Sexuality in Eighteenth-Century Britain.*
衿野未矢 1992 「インタビュー衿野未矢さんに聞く」『ヒューマン・セクシュアリティ』8号
Etienne, Robert 1973 "La conscience Medicale antique et la vie des enfants," *Annales de D. H.* = 1983 佐藤さつき・中村哲也訳「古代の医療意識と子どもの生命」『学校のない社会学校のある社会』新評論
Evans, Mary 1997 *Introducing Contemporary Feminist Thought,* Blackwell = 1998 奥野暁子訳『現代フェミニスト思想入門』明石書店
Eyben, Emiel 1980/81 "Family Planning in Graeco-Roman Antiquity," *The Ancient Society* 11/12 : 5-82.
Fausto-Sterling, Anne 1985 *Myths of Gender : Biological Theories About Women and Men,* Basic Books = 1990 池上千寿子・根岸悦子訳『ジェンダーの神話』工作舎
——— 2000 *Sexing the Body : Gender Politics and the Construction of Sexuality,* Basic Books.
Fee, Elizabeth 1978 *Science and the "Woman Question," 1860-1920 : A Study of English Scientific Periodicals,* Ph. D. dissertation, Princeton University.
Fessler, A. 1949 "Advertisements on the Treatment of Venereal Disease and the Social History of Venereal Disease," *British Journal of Venereal Disease* 25 : 84-87.
Figlio, Karl 1978 "Chlorosis and Chronic Disease in Nineteenth-

Century Britain : The Social Constitution of Somatic Illness in a Capitalist Society," *Social History* 3/2 : 167-197.

Fildes, Valerie 1986 *Breasts, Bottles and Babies : A History of Infant Feeding,* Edinburgh University Press.

Filene, Peter 1987 "The Secrets of Men's History," in Harry Brod, ed., *The Making of Masculinities : The New Men's Studies,* Allen & Unwin.

Finnegan, Frances 1979 *Poverty and Prostitution,* Cambridge University Press.

Firestone, Shulamith 1970 *The Dialectic of Sex : The Case for Feminist Revolution,* William Morrow ＝ 1972 （1985） 林弘子訳『性の弁証法』評論社

Flandrin, Jean-Louis 1981 *Le Sexe et l'Occident,* Seuil ＝ 1987 宮原信訳『性と歴史』新評論

Flannigan-Saint-Aubin, Arthur 1994 "The Male Body and Literary Metaphors for Masculinity," in Harry Brod and Michael Kaufman, eds., *Theorizing Masculinities,* Sage.

Flexner, Abraham 1914 *Prostitution in Europe,* Century.

Folbre, Nancy 1983 "Of Patriarchy Born : The Political Economy of Fertility Decisions," *Feminist Studies* 9/2 : 261-284.

Foucault, Michel 1963 *Naissance de la clinique : Une Archéologie du regard médical,* Presses Universitaires de France ＝ 1969 神谷美恵子訳『臨床医学の誕生』みすず書房

——— 1976 *L'Histoire de la sexualité, I, La volonté de savoir,* Gallimard ＝ 1986 渡辺守章訳『性の歴史 I 知への意志』新潮社

Freedman, Estelle B. 1982 "Sexuality in Nineteenth-Century America : Behavior, Ideology, and Politics," *Reviews in American History* 10/4 : 196-215.

Freedman, Rita 1986 *Beauty Bound,* D. C. Heath ＝ 1994 常田景

子訳『美しさという神話』新宿書房
Frisch, Rose E.　1978　"Population, Food Intake, and Fertility," *Science* 199/4324 : 22-30.
Fuchs, Rachel G.　1987　"Legislation, Poverty, and Child-Abandonment in Nineteenth-Century Paris," *Journal of Interdisciplinary History* 18/1 : 55-80.
藤田尚男　1989　『人体解剖のルネサンス』平凡社
藤田苑子　1983　「さまよう未婚の母たち――アンシャン・レジーム末期の私生児出生」『西洋史学』129 号
――――　1984　「里子の死と「母性愛」」『西洋史学』135 号
福田和彦　1988　『江戸の性愛学』河出文庫
福永操　1982　『あるおんな共産主義者の回想』れんが書房新社
船橋邦子　1984　「新しい歴史学の方法論と今後の女性史研究への一視角」『日本婦人問題懇話会会報』41 号
Fuss, Diana　1989　*Essentially Speaking : Feminism, Nature & Difference,* Routledge.
Gallagher, Catherine, and Thomas Laqueur, eds.　1987　*The Making of the Modern Body,* University of California Press.
Geddes, Patrick, and J. Arthur Thomson　1901　*The Evolution of Sex,* revised ed., Walter Scott.
現代風俗研究会編　1994　『アブない人体　現代風俗 94』リブロポート
Gimlin, Debra　1994　"The Anorexic as Overconformist : Toward a Reinterpretation of Eating Disorders," in Karen A. Callaghan, ed., *Ideals of Feminine Beauty : Philosophical, Social and Cultural Dimensions,* Greenwood Press.
Glassner, Barry　1988　*Bodies* = 1992　小松直行訳『ボディーズ』マガジンハウス
Gordon, Linda　1976　*Woman's Body, Woman's Right : A Social History of Birth Control in America,* Grossman.
Green, Shirley　1971　*The Curious History of Contraception,* Ebury Press = 1974　金澤養訳『避妊の世界史』講談社
Greer, Germaine　1993（original, 1971）　*The Female Eunuch,* Fla-

mingo ＝ 1976　日向あき子・戸田奈津子訳『去勢された女』ダイヤモンド社
Grosz, Elizabeth　1994　*Volatile Bodies: Toward a Corporeal Feminism,* Indiana University Press.
———— 1995　*Space, Time, and Perversion,* Routledge.
グループ・女の人権と性　1989　『アブナイ生殖革命』有斐閣
Haffter, Carl　1968　"The Changeling: History and Psychodynamics of Attitudes to Handicapped Children in European Folklore," *Journal of the History of Behavioral Sciences* 4: 55-61.
Halimi, Giséle　1973　*La Cause des Femmes,* Grasset & Fasquelle ＝ 1984　福井美津子訳『女性が自由を選ぶとき』青山館
Hall, Ruth　1977　*Marie Stopes: A Biography,* The Quality Book Club.
———— ed.　1978　*Dear Dr. Stopes: Sex in the 1920's,* Andre Deutsch.
Haller, John S., and Robin M. Haller　1974　*The Physician and Sexuality in Victorian America,* University of Illinois Press.
Hanawalt, Barbara A.　1974　"The Female Felon in Fourteenth-Century England," *Viator* 5: 253-268.
———— 1977　"Childrearing Among the Lower Classes of Late Medieval England," *Journal of Interdisciplinary History* 8/1: 1-22.
原三正　1967　『性神風景』秋田書店
Harley, David N.　1981　"Ignorant Midwives: A Persistent Stereotype," *Bulletin of the Society for the Social History of Medicine* 28: 6-9.
Harris, William V.　1982　"The Theoretical Possibility of Extensive Infanticide in the Graeco-Roman World," *Classical Quarterly* 32/1: 114-116.
Harrison, Brian　1966/67　"Underneath the Victorians," *Victorian Studies* 10: 239-262.

Harsin, Jill　1985　*Policing Prostitution in Nineteenth-Century Paris,* Princeton University Press.
――――　1989　"Syphilis, Wives, and Physicians: Medical Ethics and the Family in Late Nineteenth-Century France," *French Historical Studies* 16/1: 72-95.
長谷川博子　1984　「女・男・子供の関係史にむけて――女性史研究の発展的解消」『思想』719 号
Hay-Cooper, L.　1922　*Josephine Butler and Her Work for Social Purity,* Macmillan.
樋口清之　1985　『性と日本人』講談社文庫
Himes, Norman E.　1936　*Medical History of Contraception,* Williams and Wilkins ＝ 1957　古沢嘉夫訳『世界性学全集 11 受胎調節の歴史』河出書房新社
彦坂諦　1991　『男性神話』径書房
ひろたまさき　1977　「福沢諭吉の婦人論にふれて――近代日本女性史研究の若干の問題点」岡山大学法文学部『学術紀要』39 号・史学篇
ひろた　みお　1998　『環境ホルモンという名の悪魔』廣済堂出版
北條文緒/クレア・ヒューズ/川本静子編　1989　『遥かなる道のり　イギリスの女たち 1830-1910』国書刊行会
Hollis, Patricia, ed.　1979　*Women in Public 1850-1900: Documents of the Victorian Women's Movement,* George Allen & Unwin.
Hopkins, Keith　1965　"Contraception in the Roman Empire," *Comparative Studies in Society and History* 8: 124-151.
Horowitz, Maryanne C.　1987　"The 'Science' of Embryology before the Discovery of the Ovum," in Marilyn J. Boxer and Jean H. Quataert, eds., *Connecting Spheres: Women in the Western World, 1500 to the Present,* Oxford University Press.
Hrdy, Sarah B.　1981　*The Woman That Never Evolved,* Harvard University Press ＝ 1982　加藤泰建・勝本亮三訳『女性

は進化しなかったか』思索社
Hyman, Jane Wegscheider, and Esther R. Rome　1996　*Sacrificing Our Selves for Love,* The Crossing Press ＝ 2001　荻野美穂監訳『愛！？　私自身を生きるために』松香堂
市野川容孝　2000　『身体/生命』岩波書店
板谷翠　1973　「女のからだと文明と」『講座おんな 6　そして、おんなは…』筑摩書房
井上章一　1991　『美人論』リブロポート
井上輝子　1975　「新たな女性史の構築をめざして」『思想の科学』9 月号
犬丸義一　1982　「女性史研究の成果と課題」歴史学研究会編『現代歴史学の成果と課題Ⅱ』第一分冊　青木書店
入澤俊氏・大川玲子　1998　「セックス」『クロワッサン』4 月 25 日号
Jacobs, Mary, Evelyn Fox Keller, and Sally Shuttleworth, eds.　1990　*Body/Politics: Women and the Discourses of Science,* Routledge.
Jaggar, Alison M., and Iris Marion Young, eds.　1998　*A Companion to Feminist Philosophy,* Blackwell.
Jalland, Pat, and John Hooper, eds.　1986　*Women from Birth to Death: The Female Life Cycle in Britain 1830-1914,* Harvester Press.
Jeffreys, Sheila, ed.　1987　*The Sexuality Debates,* Routledge & Kegan Paul.
Joël, Constance　1988　*Les filles d'Esculape: Les femmes à la conquête du pouvoir médical,* Editions Robert Laffont ＝ 1992　内村瑠美子訳『医の神の娘たち』メディカ出版
Johansson, Sheila Ryan　1976　"'Herstory' As History: A New Field or Another Fad?," in Carrol, ed., *Liberating Women's History.*
――――　1979　"Demographic Contributions to the History of Victorian Women," in Barbara Kanner, ed., *The Women*

of England from Anglo-Saxon Times to the Present, Anchor Books.

Jordanova, Ludmilla　1989　*Sexual Visions: Images of Gender in Science and Medicine between the Eighteenth and Twentieth Centuries,* Harvester Wheatsheaf ＝ 2001　宇沢美子訳『セクシュアル・ヴィジョン』白水社

女性史総合研究会編　1983　『日本女性史研究文献目録』東京大学出版会

金子雅臣　1992　『セクハラ事件の主役たち――相談窓口の困惑』築地書館

金塚貞文　1987a　『オナニズムの仕掛け』青弓社

――――　1987b　「オナニズムの出口なし」（上野千鶴子との対談）『現代思想』10 月号

加藤秀一　2001a　「構築主義と身体の臨界」上野千鶴子編『構築主義とは何か』勁草書房

――――　2001b　「身体を所有しない奴隷――身体への自己決定権の擁護」『思想』922 号

鹿野政直　1976　「女性史研究雑感」『歴史評論』311 号

――――　1978　「近代女性史の軌跡」近代女性史研究会編『女たちの近代』柏書房

――――　1987　「『近代日本の民間学』を書いて」『思想の科学』11 月号

鹿野政直・堀場清子　1977　『高群逸枝』朝日新聞社

川越修・姫岡とし子・原田一美・若原憲和編著　1990　『近代を生きる女たち――19 世紀ドイツ史を読む』未来社

川喜田愛郎　1977　『近代医学の史的基盤』上巻、岩波書店

――――　1979　「西欧中世医学史の教えるもの」村上陽一郎編『知の革命史 6　医学思想と人間』朝倉書店

Kellum, Barbara A.　1974　"Infanticide in England in the Later Middle Ages," *History of Childhood Quarterly* 1 : 367-388.

Kelly, Joan　1984　*Women, History, and Theory,* University of Chicago Press.

Kelly-Gadol, Joan　1976　"The Social Relation of the Sexes: Methodological Implications of Women's History," *Signs* 1/4: 809-823.

Kent, Susan Kingsley　1987　*Sex and Suffrage in Britain, 1860-1914,* Princeton University Press.

Kern, Stephen　1975　*Anatomy and Destiny: A Cultural History of the Human Body,* Shirley Burke = 1989　喜多迅鷹・喜多元子訳『肉体の文化史』法政大学出版局

北原恵　1996　「検閲されたペニス」『インパクション』99号

――――　1999　「境界攪乱へのバックラッシュと抵抗――「ジェンダー」から読む「環境ホルモン」言説」『現代思想』1月号

Klein, Renate, ed.　1989　*Infertility: Women Speak Out about Their Experiences of Reproductive Medicine,* Unwin Hyman = 1991　「フィンレージの会」訳『不妊――いま何が行われているのか』晶文社

Klein, Viola　1946　*The Feminine Character: History of an Ideology,* Kegan Paul = 1982　水田珠枝訳『女とは何か』新泉社

Knight, Patricia　1977　"Women and Abortion in Victorian and Edwardian Engalnd," *History Workshop* 4: 57-68.

Knodel, John, and Susan De Vos　1980　"Preferences for the Sex of Offspring and Demographic Behavior in Eighteenth- and Nineteenth-Century Germany," *Journal of Family History,* summer: 145-166.

Kobrin, Frances E.　1966　"The American Midwife Controversy: A Crisis of Professionalization," *The Bulletin of the History of Medicine* 40: 350-363.

高知床志　1947　「戦時無月経に関する統計的観察」『産科と婦人科』14/8号

駒尺喜美編　1985　『女を装う』勁草書房

小南又一郎　1924　「文化と堕胎」『東京医事新報』2352号

今裕　訳編　1931『ヒポクラテス全集』岩波書店
河野真　1981「嬰児殺害とその周辺——近代以前のドイツ刑法と文学」『愛知大学文学論叢』第67輯
古庄ゆき子　1977「近代日本女性史の方法試論——最近の方法論論争によって」『別府大学紀要』18号
——— 1987「解題」古庄編『資料女性史論争』ドメス出版
Krauss, Friedlich S.　1910　*Das Geschlechleben in Glauben, Sitte, Brauch und Gewohnheitrecht der Japaner,* Leipzig ＝ 1957　安田一郎訳『世界性学全集3　日本人の性生活』河出書房（2000　新版、青土社）
Laderman, Carol　1987　*Wives and Midwives : Childbirth and Nutrition in Rural Malaysia,* University of California Press.
Lander, Louise　1988　*Images of Bleeding : Menstruation as Ideology,* Orlando Press.
Langer, W. L.　1974　"Infanticide : A Historical Survey," *History of Childhood Quarterly* 1 : 353-365.
Laqueur, Thomas　1987　"Female orgasm, generation, and the politics of reproductive biology," in Gallagher and Laqueur, eds., *The Making of the Modern Body.*
——— 1990　*Making Sex : Body and Gender from the Greeks to Freud,* Harvard University Press ＝ 1998　高井宏子・細谷等訳『セックスの発明』工作舎
Laslett, Peter　1965　*The World We Have Lost,* Curtis Brown ＝ 1986　川北稔・指昭博・山本正訳『われら失いし世界』三嶺書房
La Sorte, Michael A.　1976　"Nineteenth Century Family Planning Practices," *Journal of Psychology* 4 : 163-183.
Leavitt, Judith Walzer, ed.　1984　*Women and Health in America,* The University of Wisconsin Press.
Legates, Marlene　1976　"The Cult of Womanhood in Eighteenth-Century Thought," *Eighteenth Century Studies* 10 : 21-39.

Lehning, James R.　1982　"Family Life and Wetnursing in a French Village," *Journal of Interdisciplinary History* 7/4 : 645-656.

Lerner, Gerda　1979　*The Majority Finds Its Past : Placing Women in History,* Oxford University Press.

L'Esperance, Jean　1977　"Doctors and Women in Nineteenth Century Society : Sexuality and Role," in John Woodward and David Richards, eds., *Health Care and Popular Medicine in Nineteenth-Century England,* Holmes & Meier.

Levine, David　1977　*Family Formation in an Age of Nascent Capitalism,* Academic Press.

Levine, Philippa　1987　*Victorian Feminism, 1850 - 1900,* Hutchinson.

Lindemann, Mary　1981　"Love for Hire : The Regulation of the Wet-Nursing Business in Eighteenth-Century Hamburg," *Journal of Family History,* winter : 379-395.

Lithell, Ulla-Britt　1981　"Breast-Feeding Habits and Their Relation to Infant Mortality and Marital Fertility," *Journal of Family History,* summer : 182-194.

Lomax, Elizabeth　1979　"Infantile Syphilis as an Example of Nineteenth Century Belief in the Inheritance of Acquired Characteristics," *Journal of the History of Medicine and Allied Sciences* 34 : 23-39.

Loux, Françoise　1978　*Le Jeune enfant et son corps dans la médicine traditionnelle,* Flammarion ＝ 1983　福井憲彦訳『〈母と子〉の民俗史』新評論

McHugh, Paul　1980　*Prostitution and Victorian Social Reform,* St. Martin's Press.

McLaren, Angus　1978　*Birth Control in Nineteenth-Century England,* Holmes & Meier.

――――　1984　*Reproductive Rituals,* Methuen ＝ 1989　荻野美穂

訳『性の儀礼——近世イギリスの産の風景』人文書院
McLaren, Dorothy 1978 "Fertility, Infant Mortality, and Breast Feeding in the Seventeenth Century," *Medical History* 22 : 378-396.
Maclean, Ian 1980 *The Renaissance Notion of Woman : A Study in the Fortunes of Scholasticism and Medical Science in European Intellectual Life,* Cambridge University Press.
Mahood, Linda 1990 *The Magdalens : Prostitution in the Nineteenth Century,* Routledge.
Marcy, Peter Y. 1981 "Factors Affecting the Fecundity and Fertility of Historical Populations : A Review," *Journal of Family History,* Fall : 309-326.
Martin, Emily 1987 *The Woman in the Body : A Cultural Analysis of Reproduction,* Beacon Press.
——— 1991 "The Egg and the Sperm : How Science Has Constructed a Romance Based on Stereotypical Male-Female Roles," *Signs* 16/31 : 485-501.
マルクス、フーゴー 1909 豊岡又雄訳「犯罪的堕胎」『国家医学会雑誌』262号 (*Berlin. Klin. Wochenschr.,* No.20, 1908)
Mason, Mary-Claire 1993 *Male Infertility : Men Talking,* Routledge.
松井やより 1987 『女たちのアジア』岩波新書
松本特派員 1930 「上海の公認棄児所」『公衆衛生』48/11
松永俊男 1986 「近代進化論の成り立ち・7 ダーウィニズムと社会思想」『遺伝』40巻7号
松岡悦子 1985 (増補改訂版 1991) 『出産の文化人類学』海鳴社
Mayhew, Henry (Bracebridge Hemyng) 1861-62 = 1967 *London Labour and the London Poor,* Frank Cass.
Meijer, Irene Costera, and Baukje Prins 1998 "How Bodies Come to Matter : An Interview with Judith Butler," *Signs* 23/2 : 275-286.

Merchant, Carolyn　1980　*The Death of Nature : Women, Ecology and the Scientific Revolution,* Harper & Row ＝ 1985 団まりな訳『自然の死』工作舎
Michelet, Jules　1858　*L'Amour,* Calmann-Lèvy ＝ 森井真訳『愛』中公文庫
Mill, John Stuart　1924（1869）*The Subjection of Women,* Stanton Coit ＝ 1957　大内兵衛・大内節子訳『女性の解放』岩波文庫
Millet, Kate　1973　"The Debate over Women : Ruskin vs. Mill," in Martha Vicinus, ed., *Suffer and Be Still.*
源了圓　1978「徳富蘇峰と有賀長雄におけるスペンサーの社会思想の受容（上）」東北大学『日本文化研究所研究報告』第 14 集
Mitchell, Juliet　1972　*Women's Estate,* Random House ＝ 1973　佐野健治訳『女性論』合同出版
三浦一郎・長谷川博隆　1984『世界子どもの歴史・古代ギリシア・ローマ』第一法規
宮淑子　1991『美の鎖――エステ・整形で何が起こっているか』汐文社
宮地尚子　1998「孕ませる性の自己責任はどう実体化しうるか？」『インパクション』108 号
宮本常一　1984「女の世間」『忘れられた日本人』岩波文庫
宮沢康人編　1985『世界子どもの歴史・産業革命期』第一法規
水田珠枝　1973『女性解放思想の歩み』岩波新書
――――　1979『女性解放思想史』筑摩書房
――――　1984「男女平等への世界的潮流――個人の自立へ向かって」『法学セミナー増刊・女性と法』
Monteiro, Lois A.　1984　"On Separate Roads : Florence Nightingale and Elizabeth Blackwell," *Signs* 9/3 : 520-533.
Morantz, Regina Markell　1974a　"The Perils of Feminist History," *Journal of Interdisciplinary History* 4/4 : 649-660.
――――　1974b　"The Lady and Her Physician," in Mary Hartman

and Lois W. Banner, eds., *Clio's Consciousness Raised*, Harper & Row.
森栗茂一　1995　『不思議谷の子供たち』新人物往来社
杜陵山人　1922　「堕胎に就いて」『医海時報』1481号
森岡正博　1997a　「暴力としての中絶」『月刊フォーラム』6月号
――――　1997b　「男性から見た避妊」『インパクション』105号
諸橋泰樹　1989　「醜い化粧品広告、太る痩身・整形広告」井上輝子・女性雑誌研究会『女性雑誌を解読する』垣内出版
Morse, Edward S.　1917　*Japan Day by Day*, Boston ＝ 1970　石川欣一訳『日本その日その日』平凡社
Moscucci, Ornella　1990　*The Science of Woman: Gynaecology and Gender in England, 1800-1929*, Cambridge University Press.
向谷喜久江　1986　『よばいのあったころ』マツノ書店
村上信彦　1974　「『明治女性史』批判への小論」『歴史評論』294号
村川堅太郎　1969　「古代ギリシャ市民」『岩波講座　世界歴史第2巻』岩波書店
永原和子　1976　「女性史研究動向」地方史研究協議会編『日本史文献年鑑』1977年版　柏書房
中川米造　1988　『医療の文明史』日本放送出版協会
中島梓　1995（1991）「ダイエット症候群2」『コミュニケーション不全症候群』筑摩文庫
中村智子　1983　『女の立場から医療を問う』田畑書店
中沢新一　1988　「春画――ピュシスかテクネーか？」『悪党的思考』平凡社
成田龍一　1990　「衛生環境の変化のなかの女性と女性観」女性史総合研究会編『日本女性生活史第4巻　近代』東京大学出版会
Nead, Linda　1988　*Myths of Sexuality: Representations of Women in Victorian Britain*, Basil Blackwell.
Neustatter, Angela, with Gita Newson　1986　*Mixed Feelings: The Experience of Abortion*, Pluto Press.

Newman, Louise Michele, ed. 1985 *Men's Ideas/Women's Realities : Popular Science, 1870-1915,* Pergamon Press.
Nicholson, Linda 1986 *Gender and History,* Columbia University Press.
——— ed. 1990 *Feminism/Postmodernism,* Routledge.
——— 1994 "Interpreting Gender," *Signs* 20/1 ＝ 1995 荻野美穂訳「〈ジェンダー〉を解読する」『思想』853 号
日本家族計画連盟編 1983 『悲しみを裁けますか——中絶禁止への反問』人間の科学社
日本臨床心理学会編 1987 『早期発見・治療はなぜ問題か』現代書館
二宮宏之 1977 「歴史的思考とその位相——実証主義歴史学より全体性の歴史学へ」『フランス文学講座 5 思想』大修館書店（同 1986 『全体を見る眼と歴史家たち』木鐸社に再録）
——— 1986 「七千人の捨児」『全体を見る眼と歴史家たち』所収
——— 1988 「参照系としてのからだとこころ——歴史人類学試論」『社会史研究』8 号
西川祐子 1989 「女権宣言（1791 年）と人権宣言（1789 年）——パロディの力」『中部大学国際関係学部紀要』5 号
野口武徳 1974 「伝統的社会の「性」」石川弘義・野口『性』弘文堂
Noonan, John T., Jr. 1986 *Contraception : A History of Its Treatment by the Catholic Theologians and Canonists* (enlarged ed.), Harvard University Press.
沼崎一郎 1997 「〈孕ませる性〉の自己責任——中絶・避妊から問う男の性倫理」『インパクション』105 号
Oakley, Ann 1972 *Sex, Gender & Society,* Gower/Maurice Temple Smith.
——— 1976 "Wisewoman and Medicine Man : Changes in the Management of Childbirth," in Juliet Mitchell and Oakley, eds., *The Rights and Wrongs of Women,* Penguin Books.
——— 1984 *The Captured Womb : A History of the Medical Care*

of Pregnant Women, Basil Blackwell.
落合恵美子　1987 「女性学のセカンド・ステージ——みんなのための"両性学"へ」『毎日新聞』夕刊、10 月 13 日
緒方房子　1986 「社会浄化運動と産児制限——自由意志による母性、1870s-1910」『アメリカ史研究』9 号
荻野美穂　1991 「人工妊娠中絶と女性の自己決定権——第二次世界大戦後の日本」原ひろ子・舘かおる編『母性から次世代育成力へ』新曜社
———— 1994 『生殖の政治学——フェミニズムとバース・コントロール』山川出版社
———— 2000 「思想としての女性——〈女性〉史、〈ジェンダー〉史、それとも？」『岩波講座世界歴史第 28 巻　普遍と多元』岩波書店
———— 2001a 『中絶論争とアメリカ社会——身体をめぐる戦争』岩波書店
———— 2001b 「「家族計画」への道——敗戦日本の再建と受胎調節」『思想』925 号
O'Kelly, Charlotte　1986　"The Nature Versus Nurture Debate," in F. A. Bourdreau, R.S. Sennott and M. Wilson, eds., *Sex Roles and Social Patterns,* Praeger Publishers.
太田典礼　1967 『堕胎禁止と優生保護法』経営者科学協会
女のためのクリニック準備会編　1987 『ピル　私たちは選ばない』同会
恩賜財団母子愛育会編　1975 『日本産育習俗資料集成』第一法規
Orback, Susie　1986　*Hunger Strike: The Anorectic's Struggle as a Metaphor for Our Age,* W. W. Norton ＝ 1992　鈴木二郎他訳『拒食症』新曜社
Otis, Leah L.　1986　"Municipal Wet Nurses in Fifteenth-Century Montpellier," in Barbara A. Hanawalt, ed., *Women and Work in Preindustrial Europe,* Indiana University Press,
小沢牧子　1987 「産む性の問題としての早期発見・治療」日本臨床心

理学会編『早期発見・治療はなぜ問題か』所収
Parent-Duchatelet, A. J. B. 1836 *De la Prostitution dans la ville de Paris,* J. B. Baillière ＝ 1992 アラン・コルバン編、小杉隆芳訳『十九世紀パリの売春』法政大学出版局
Parsons, Gail Pat 1977 "Equal Treatment for All : American Medical Remedies for Male Sexual Problems : 1850-1900," *Journal of the History of Medicine* 32 : 55-71.
Pearsall, Ronald 1969 *The Worm in the Bud : The World of Victorian Sexuality,* Penguin.
Peel, John 1963 "The Manufacture and Retailing of Contraceptives in England," *Population Studies* 17/2 : 113-125.
Perrot, Michel, et al. 1986 "Culture et pouvoir des femmes : essai d'historiographie," *Annales E. S. C.,* mars-avril / 2 : 271-293 ＝ 1988 金子春美・福井憲彦訳「女性の文化と権力」『アクト』5月号
Petchesky, Rosalind Pollack 1984 *Abortion and Woman's Choice : The State, Sexuality, and Reproductive Freedom,* Longman.
Poovey, Mary 1987 "'Scenes of an Indelicate Character' : The Medical 'Treatment' of Victorian Women," in Gallagher and Laqueur, eds., *The Making of the Modern Body.*
Porter, Roy 1982 "Mixed Feelings : The Enlightenment and Sexuality in Eighteenth-Century Britain," in Boucé, ed., *Sexuality in Eighteenth-Century Britain.*
——— 1984 "Spreading Carnal Knowledge or Selling Dirt Cheap? Nicholas Venette's *Tableau de L'Amour Conjugal* in Eighteenth-Century England," *Journal of European Studies* XIV.
Quétel, Claude 1990 *History of Syphilis,* Polity Press.
Reed, Amy Louise 1919 "Female Delicacy in the Sixties," *Century* 68 : 855-864.
Rich, Adrienne 1977 ＝ 1986a *Of Woman Born : Motherhood as Ex-*

perience and Institution, W. W. Norton & Company = 1990 高橋茅香子訳『女から生まれる』晶文社
——— 1986b *Blood, Bread, and Poetry: Selected Prose 1979-1985,* W. W. Norton & Company = 1989 大島かおり訳『血、パン、詩』晶文社
Roberts, Helen E. 1977 "The Exquisite Slave: The Role of Clothes in the Making of the Victorian Woman," *Signs* 2/3: 554-569.
Rosenberg, Rosalind 1974 *The Dissent from Darwin, 1890-1930: The New View of Woman Among American Social Scientists,* Ph. D. dissertation, Stanford University.
Ross, Ellen, and Rayna Rapp 1981 "Sex and Society: A Research Note from Social History and Anthropology," *Comparative Studies in Society and History* 23/1: 51-72.
Rousseau, Jean-Jacques 1762 *Èmile ou De l'éducation* = 1965 永杉喜輔他訳『世界教育宝典 21 エミール』玉川大学出版部
Rowland, Beryl, ed. 1981 *The Medieval Woman's Guide to Health: The First English Gynaecological Handbook,* Croom Helm.
Rubinstein, Ruth P. 1995 *Dress Codes: Meanings and Messages in American Culture,* Westview Press.
Ruskin, John 1907 (1865) *Sesame and Lilies,* George Allen and Sons = 1971 木村正身訳『世界の名著第 41 巻 ごまとゆり』中央公論社
佐伯順子 1987 『遊女の文化史』中公新書
斎藤修編著 1988 『家族と人口の歴史社会学』リブロポート
斎藤隆雄 1985 『試験管ベビーを考える』岩波書店
Salaman, Naomi, ed. 1994 *What She Wants: Women Artists Look at Men,* Verso.
佐々木潤之介 1983 「「社会史」と社会史について」『歴史学研究』520 号

佐々木保　1980　『日本の子殺しの研究』高文堂
佐藤共子　1979　「エリザベス・ブラックウェルと家族制限問題」『一橋論叢』6号
Sauer, R.　1978　"Infanticide and Abortion in Nineteenth-Century Britain," *Population Studies* 32/1 : 81-93.
Schiebinger, Londa　1987　"Skeletons in the Closet : The First Illustrations of the Female Skeleton in Eighteenth-Century Anatomy," in Gallagher and Laqueur, eds., *The Making of the Modern Body.*
――――　2000　"Introduction," in Schiebinger, ed., *Feminism & the Body,* Oxford University Press.
Schivelbusch, Wolfgang　1980　*Das Paradies, der Geschmack und die Vernunft,* Carl Hanser Verlag ＝ 1988　福本義憲訳『楽園・味覚・理性』法政大学出版局
Schmidt, Matthew, and Lisa Jean Moore　1998　"Constructing a 'Good Catch.' Picking a Winner : The Development of Technosemen and the Deconstruction of the Monolithic Male," in Robbie Davis-Floyd and Joseph Dumit, eds., *Cyborg Babies,* Routledge.
Scott, Joan W.　1988　*Gender and the Politics of History,* Columbia University Press ＝ 1992　荻野美穂訳『ジェンダーと歴史学』平凡社
――――　1992　"'Experience'," in Judith Butler and Joan W. Scott, eds., *Feminists Theorize the Political,* Routledge.
――――　1993　"The Tip of the Volcano," *Comparative Studies in Society and History* 35/2 : 438-443.
Segalen, Martine　1980　*Mari et Femme dans la société paysanne,* Flammarion ＝ 1983　片岡幸彦監訳『妻と夫の社会史』新評論
Shaw, Evelyn, and Joan Darling　1985　*Female Strategies,* Brockman Associates ＝ 1989　田中和子・三木草子訳『生殖神話が崩れる』有斐閣

柴谷篤弘　1983「ヒトの発生の生物学的事実――日本政府への公開質問状」日本家族計画連盟編『悲しみを裁けますか』所収
渋谷知美　2001「「フェミニスト男性研究」の視点と構想」『社会学評論』204号
Shields, Stephanie A.　1982　"The Variability Hypothesis : The History of Biological Model of Sex Differences in Intelligence," *Signs* 7/4 : 769-797.
Shildrick, Margrit　1997　*Leaky Bodies and Boundaries : Feminism, Postmodernism and (Bio) ethics,* Routledge.
―――― with Janet Price　1999　"Opening on the Body : A Critical Introduction," in Price and Shildrick, eds., *Feminist Theory and the Body,* Edinburgh University Press.
清水幾太郎　1970「コントとスペンサー」『世界の名著第36巻』中央公論社
清水勲編　1981『絵で書いた日本人論　ジョルジュ・ビゴーの世界』中央公論社
―――― 1986『ビゴー日本素描集』岩波文庫
下田次郎　1921『性の原理』同文館
篠原睦治　1987「科学的産み分け法の諸問題」日本臨床心理学会編『早期発見・治療はなぜ問題か』所収
Shorter, Edward　1982　*A History of Women's Bodies,* Basic Books ＝ 1992　池上千寿子・太田英樹訳『女の体の歴史』勁草書房
Shorter, Edward, J. Knodel, and Etienne van de Walle　1971　"The Decline of Non-Marital Fertility in Europe, 1880-1940," *Population Studies* 25/3 : 375-393.
Shostak, Arthur B.　1987　"Motivations of Abortion Clinic Waiting Room Males : 'Bottled-Up' Roles and Unmet Needs," in Michael S. Kimmel, ed., *Changing Men,* Sage.
Showalter, Elaine　1985　"Feminist Criticism in the Wilderness," in Showalter, ed., *The New Feminist Criticism : Essays on Women, Literature and Theory,* Pantheon Books ＝

1990　青山誠子訳『新フェミニズム批評』岩波書店
――― 1986 "Syphilis, Sexuality, and the Fiction of the Fin de Siècle," in R. B. Yeazell, ed., *Sex, Politics, and Science in the Nineteenth-Century Novel,* The Johns Hopkins University Press.
――― 1987 *The Female Malady: Women, Madness and English Culture, 1830-1980,* Virago ＝ 1990　山田晴子・薗田美和子訳『心を病む女たち』朝日出版社
シュトラッツ、C. H.　1956　高山洋吉訳『世界性学全集 4　女体の美』河出書房
――― 1971　高山洋吉訳『女体の美育』刀江書院
シュミット、フランツ　1987　藤代幸一訳『ある首切り役人の日記』白水社
Sigsworth, E. M., and T. J. Wyke 1972 "A Study of Victorian Prostitution and Venereal Disease," in Vicinus, ed., *Suffer and Be Still.*
Smith, Daniel Scott 1974 "Family Limitation, Sexual Control, and Domestic Feminism in Victorian America," in M. Hartman and L. W. Banner, eds., *Clio's Consciousness Raised,* Harper & Row.
――― 1987 "'Early' Fertility Decline: A Problem in Family History," *Journal of Family History* 12/1-3: 73-84.
Smith, Hilda 1976a "Gynecology and Ideology in Seventeenth-Century England," in Carroll, ed., *Liberating Women's History.*
――― 1976b "Feminism and the Methodology of Women's History," in Carroll, ed., *Liberating Women's History.*
Smith-Rosenberg, Carroll 1975 "The New Woman and the New History," *Feminist Studies* 3/1-2: 185-198.
――― 1985 *Disorderly Conduct: Visions of Gender in Victorian America,* Oxford University Press.
Smith-Rosenberg, Carroll, and Charles Rosenberg 1973 "The Fe-

male Animal: Medical and Biological Views of Woman and Her Role in Nineteenth-Century America," *Journal of American History* 60/2: 332-356.
外崎光広　1972「植木枝盛の婦人論をめぐる村上信彦・富田信男・熊谷開作氏の所論批判」『高知短大社会科学論集』25号
――――　1973「村上信彦著『明治女性史』」『歴史評論』276号
――――　1975「植木枝盛の婦人論について村上信彦氏の反論に答える」『高知短大社会科学論集』29号
Speert, Harold　1973 *Iconographia Gyniatrica: A Pictorial History of Gynecology and Obstetrics,* F. A. Davis ＝ 1982　石原力訳『図説　産婦人科学の歴史』エンタプライズ
Spelman, Elizabeth V.　1982 "Woman As Body: Ancient and Contemporary Views," *Feminist Studies* 8/1: 109-131.
Spencer, Herbert　1873 "Psychology of the Sexes," *The Popular Science Monthly* 4: 30-38（Newman 1985: 17-24 に再録）
――――　1876 *Principles of Sociology,* Williams and Norgate.
――――　1963（1911）*Essays on Education and Kindred Subjects,* J. M. Dent ＝ 1970　清水礼子訳「知識の価値　教育論第1部」『世界の名著 36』中央公論社
Stacey, Margaret　1988 *The Sociology of Health and Healing: A Textbook,* Unwin Hyman.
Stearns, Peter N.　1973 "Working-Class Women in Britain, 1890-1914," in Vicinus, ed., *Suffer and Be Still.*
Stearns, Carol Zisowitz, and Peter N. Stearns　1985 "Victorian Sexuality: Can Historians Do It Better?", *Journal of Social History* 18/4: 625-634.
Stone, Laurence　1979 *The Family, Sex, and Marriage in England, 1500-1800,* Pelican Books ＝ 1991　北本正章訳『家族・性・結婚の社会史』勁草書房
Stuard, Susan Mosher　1981 "The Annales School and Feminist History: Opening Dialogue with the American Stepchild," *Signs* 7/1: 135-143.

杉山幸丸　1980　『子殺しの行動学』北斗出版
Sullerot, Evelyne　1966　*Demain, les femmes,* Laffont　=　1966　根本長兵衛訳『未来の女性』朝日新聞社
Sullerot, E. et Odette Thibault　1978　*Qu'est-ce qu'une femme?* Librairie Arthème Fayard　=　1983　西川祐子他訳『女性とは何か』人文書院
Sussman, George D.　1977　"The End of the Wet-Nursing Business in France, 1874-1914," *Journal of Family History* 2/3 : 237-258.
――――　1982　*Selling Mother's Milk,* University of Illinois Press.
鈴木利章　1979　「中世西ヨーロッパにおける幼児殺しをめぐって――社会史のひとこま」『神戸大学史学研究会会報』20号
Szpiner, Francis　1986　*Une affaire de femmes,* Balland　=　1992　福井美津子訳『主婦マリーがしたこと』世界文化社
立花隆　1998　『環境ホルモン入門』新潮社
田嶋一　1979　「民衆の子育ての習俗とその思想」『岩波講座子どもの発達と教育』第2巻
――――　1983　「民衆社会の子育ての文化とカリキュラム」『産育と教育の社会史2　民衆のカリキュラム学校のカリキュラム』新評論
高橋友子　1989　「中世サレルノの女治療師トゥロートゥラの処方箋」『イタリア図書』3号
――――　2000　『捨児たちのルネッサンス』名古屋大学出版会
高群逸枝　1967　「恋愛創世」『高群逸枝全集第7巻　評論集恋愛創世』理論社
――――　1972　『女性の歴史』講談社文庫
高山宏　1989　『黒に染める――本朝ピクチャレスク事始め』ありな書房
竹内久美子　1988　『浮気人類進化論』晶文社
田間泰子　1991　「中絶の社会史」上野千鶴子他編『シリーズ変貌する家族第1巻　家族の社会史』岩波書店
田邊玲子　1990　「純潔の絶対主義」荻野・田邊・姫岡・千本・長谷川・

落合『制度としての〈女〉』平凡社
田中聡　1993　『なぜ太鼓腹は嫌われるようになったのか？』河出書房新社
田原八郎　1987　「漂白の性」『現代思想』10月号
寺崎あき子　1991　「中絶を罰する刑法二一八条をめぐって」原ひろ子・舘かおる編『母性から次世代育成力へ』新曜社
Thomas, Keith　1959　"The Double Standard," *Journal of the History of Ideas* 20/2 : 195-216.
Thompson, C. J. S.　1925　"Anatomical Mannikins," *Journal of Anatomy* 59 : 442-445.
Tiefer, Leonore　1987　"In Pursuit of the Perfect Penis : The Medicalization of Male Sexuality," in Michael S. Kimmel, ed., *Changing Men*, Sage.
Tilly, Louise A.　1987　"Women's History and Family History : Fruitful Collaboration or Missed Connection?", *Journal of Family History* 12/1-3 : 303-315.
Trexler, Richard C.　1973a　"Infanticide in Florence : New Sources and First Results," *History of Childhood Quarterly* 1/summer : 98-116.
———— 1973b　"The Foundlings of Florence, 1395-1455," *History of Childhood Quarterly* 1/fall : 259-284.
Tristan, Flora　1978 (1840)　*Promenades dans Londres*, François Maspero ＝ 1987　小杉隆芳・浜本正文訳『ロンドン散策』法政大学出版局
Trustram, Myna　1983　"Distasteful and Derogatory : Examining Victorian Soldiers for Venereal Disease," in London Feminist History Group, ed., *The Sexual Dynamics of History*, Pluto Press.
塚田清・森テル子　1947　「戦時勤労女子の月経調査」『産科と婦人科』14/5号
上野千鶴子　1986　『女は世界を救えるか』勁草書房
———— 1990　『ミッドナイト・コール』朝日新聞社

上野輝将　1990 「出産をめぐる意識変化と女性の権利」女性史総合研究会編『日本女性生活史第5巻　現代』東京大学出版会
植島啓司　1980 『男が女になる病気』朝日出版社
Valverde, Mariana　1989 "The Love of Finery : Fashion and Fallen Woman in Nineteenth-Century Social Discourse," *Victorian Studies,* winter : 169-188.
van de Walle, Etienne　1980 "Motivations and Technology in the Decline of French Fertility," in Robert Wheaton and Tamara Hareven, eds., *Family and Sexuality in French History,* University of Pennsylvania Press.
Verbrugge, Martha　1975 "Historical Complaints and Political Disorders," *International Journal of Health Services* 5/2 : 323-333.
Versluysen, M. C.　1981 "Midwives, Medical Men and 'Poor Women Labouring of Child': Lying-in Hospitals in Eighteenth-Century London," in Helen Roberts, ed., *Women, Health and Reproduction,* Routledge & Kegan Paul.
Vertinsky, Patricia A.　1987 "Exercise, Physical Capability and the Eternally Wounded Woman in the Late 19th Century North America," *Journal of Sport History* 14/1 : 7-27.
――――　1988 "'Of No Use Without Health': Late Nineteenth Century Medical Prescriptions for Female Exercise Through the Life Span," *Women & Health* 14/1 : 89-115.
Vicinus, Martha. ed　1973 *Suffer and Be Still,* Indiana University Press.
脇田晴子　1983 「歴史学と女性」『歴史学研究』517号
――――編　1985 『母性を問う』上下、人文書院
Walkowitz, Judith R.　1980 *Prostitution and Victorian Society : Women, Class and the State,* Cambridge University Press.

——— 1982 "Male Vice and Female Virtue: Feminism and the Politics of Prostitution in Nineteenth-Century Britain," *History Workshop* 13: 79-93.

Warren, Mary Anne 1985 *Gendercide,* Rowman & Allanheld.

鷲田清一 1989 『モードの迷宮』中央公論社

Weisbrod, Bernd 1985 "How to Become a Good Foundling in Early Victorain England," *Social History* 19/2: 193-209.

Weiss, Penny A. 1987 "Rousseau, Anti-feminism and Women's Nature," *Political Theory* 15: 81-97.

Weld, Tom, and Steve Gould 1992 "Sex with Contraception," in Victor J. Seidler, ed., *Men, Sex, and Relationships,* Routledge.

Wendell, Susan 1996 *The Rejected Body: Feminist Philosophical Reflections on Disability,* Routledge.

Wiesner, Merry E. 1986 "Early Modern Midwifery: A Case Study," in Barbara A. Hanawalt, ed., *Women and Work in Preindustrial Europe,* Indiana University Press.

Willis, Ellen 1981 *Beginning to See the Light,* Alfred A. Knopf.

Wilson, Edward O. 1975 *Sociobiology: The New Synthesis,* Harvard University Press = 1985 松沢哲郎訳『社会生物学』第5巻、思索社

——— 1978 *On Human Nature,* Harvard University Press = 1980 岸由二『人間の本性について』思索社

Winkler, Mary G. 1994 "Model Women," in Winkler and Cole, eds., *The Good Body,* Yale University Press.

Wolf, Naomi 1991 *The Beauty Myth,* William Morrow & Company = 1994 曽田和子訳『美の陰謀』TBSブリタニカ

Wollstonecraft, Mary 1792 *Vindication of the Rights of Women* = 1980 白井堯子訳『女性の権利の擁護』未来社

Wood, Ann Douglas 1974 "'The Fashionable Diseases': Women's Complaints and Their Treatment in Nineteenth-Century America," in M. Hartman and L. W. Banner, eds.,

Clio's Consciousness Raised, Harper & Row.
Wrigley, E. A. 1969 *Population and History,* George Weidenfeld and Nicolson ＝ 1971 速水融訳『人口と歴史』平凡社
Wyke, T. J. 1973 "Hospital Facilities for, and Diagnosis and Treatment of, Venereal Disease in England, 1800-1870," *British Journal of Venereal Disease* 49 : 78-85.
Wyman, A. L. 1984 "The Surgeoness : The Female Practitioner of Surgery 1400-1800," *Medical History* 28 : 22-41.
山崎カヲル編著監訳 1987 『男が文化で、女は自然か？ 性差の文化人類学』晶文社
山崎佐 1930 「明治初年千葉県に於ける育児令」『公衆衛生』48/1
山下重一 1983 『スペンサーと近代日本』御茶の水書房
梁石日 1992 『男の性解放――なぜ男は女を愛せないのか』情報センター出版局
Yates, Wilson 1976 "Birth Control Literature and the Medical Profession in Nineteenth Century America," *Journal of the History of Medicine* 31 : 42-54.
横塚晃一 1975 『母よ！ 殺すな』すずさわ書店
米本昌平 1984 「社会ダーウィニズム」渡辺正雄編著『ダーウィンと進化論』共立出版
ゆのまえ知子 1984 「女性史論の流れと「関係史」への疑問」『日本婦人問題懇話会会報』41号